刘政屏 ◎ 著

坐店说书

政屏说书

安徽师范大学出版社
ANHUI NORMAL UNIVERSITY PRESS

· 芜湖 ·

图书在版编目(CIP)数据

坐店说书 / 刘政屏著 . -- 芜湖：安徽师范大学出版社，2025.1.
-- ISBN 978-7-5676-6254-4

Ⅰ . G236；G252.17-53

中国国家版本馆 CIP 数据核字第 20255KD018 号

坐店说书

ZUODIAN SHUOSHU

刘政屏◎著

责任编辑：李克非　　　　　责任校对：吴山丹
装帧设计：张　玲　汤彬彬　责任印制：桑国磊
出版发行：安徽师范大学出版社
　　　　　芜湖市北京中路2号安徽师范大学赭山校区
网　　址：https://press.ahnu.edu.cn
发 行 部：0553-3883578　5910327　5910310(传真)
印　　刷：苏州市古得堡数码印刷有限公司
版　　次：2025年1月第1版
印　　次：2025年1月第1次印刷
规　　格：700 mm × 1000 mm　1/16
印　　张：31　插　页：2
字　　数：450千字
书　　号：978-7-5676-6254-4
定　　价：85.00元(全二册)

凡发现图书有质量问题,请与我社联系(联系电话:0553-5910315)

总 目 录

政屏说书

有书的日子

关于"政屏说书"

马丽春

有一天刘政屏请吃饭，那是个傍晚，好像是秋冬天，在座的都有谁一个也没记住，只记得饭局快结束时，刘政屏说他想搞个说书栏目，就叫"政屏说书"，然后问我：这个栏目跟你们合作怎么样？

我以前跟他多次合作过读书沙龙，时间跨度有十几年。他这样问我，实很正常。我们俩通常是，有人有想法抛出来，另一个接住，然后就可以考虑可执行方案，如果不行，那就直接给回掉。干脆利落就像打仗。但那次我并没接他的话题。当时我退居二线已有几年，先在传媒研究院做了两年研究员，然后回到老部门做了所谓的新闻总监，我当时沉迷于书画，在工作上并不太想多揽事，也就没去接他的话头，心里却是记着的。

又几个月过去，忽有一天，老同事吴国辉找我，他原先在研究院里做院长，手头三个研究员，外加一个副院长。院长不做后他去做了安徽网的总编辑。他是我们老同事中对新生事物有研究并对工作葆有极端热情的一位。就是这样一个新闻狂人，突然打电话来，问我对做文化访谈可有兴趣？原来我们报社的手机客户端"大皖"即将上线，吴国辉想重点打造一档融媒体文化访谈栏目，名字他都取好了，就叫"徽派"。我记得我在他办公室里坐了不到半小时，就答应出来做"徽派"。那是2017年5月中旬的事。

这档文化访谈将是一个纯粹的高端文化访谈栏目，不会有商业气息。吴国辉也不要求我创收，嘉宾的选择他也不会管——他对我很信任，而我对他亦很信任。

在栏目设置上，我马上想到了"政屏说书"，便立马电话刘政屏，他马上答应和我合作。而另一个栏目，我则想到了诗人、学者祝凤鸣。记得有天早上我在微信里跟他沟通，我说我们即将推出的"徽派"想请他来主持一档节目，可以用他的名字冠名（后来定为"凤鸣锐谈"），嘉宾由他负责邀请。访谈主题和内容由他决定。我充分信赖他，给他很大的空间，他答应了。后来他邀请过不少在国内有影响的艺术家、学者来"徽派"做访谈，极大地扩大了"徽派"的影响力。

我们刚开始的"徽派"，视频时长是两小时。其中一个半小时是主持人和嘉宾的对话，半小时是和现场读者互动。这是开初的设计。那时我们有一个固定的点"三人行"。就在高新开发区，离安徽网不到十分钟车程。而"政屏说书"则在安徽最美书店——三孝口新华书店。

"政屏说书"时长是两小时。刘政屏设计有四个版块。前半场的核心是政屏说畅销书榜单。几个月下来会发现这些榜单高度雷同，没办法，大部分书会一直在榜单里待着不下去，无非名次上会有些变化，这时候你会发现，一次看榜单会很新鲜，但两三次看下来会觉得有些无聊。这就很考验说书者对市场的洞察力和分析能力。幸而政屏君每次都做好了充分准备，他在单调雷同的总榜单下又增加了三孝口书店的借阅榜单和购书榜单，这么一比较，便会发现一些问题，说书者的说书空间由此拓宽了一大步。和说榜单配套的是下半场。下半场的重头戏是嘉宾亮相和主题对话。嘉宾的引入是刘政屏一开始就有设计的，无非每一期的嘉宾和主题是各不相同的，这也增加了这档节目的吸引力。

我们先后和他合作过多期"政屏说书"。第一期的嘉宾是70后小说家陈家桥。谈东野圭吾为什么那么红。东野圭吾老是挂在榜单上不下来，而且他的多部书都会冲到榜单上，这么一个人物，请陈家桥来谈也算请对了人。陈家桥是个对域外小说家非常关注的作家，他涉猎面较广，又在电视台做编导和策划，现在已是省作协的副主席。他思维活跃，笔头快，有学者思维，又有多年小说的创作经验，口才也了得，所以这一期的主题设计和嘉宾都是非常出彩的。

第二期谈简史，因"简史热"引起，邀请到著名作家、时任安徽省作协主席的许辉来做嘉宾，记得还请到了老散文家程耀恺先生。程老先生这几年研究植物，以研读植物为乐，但他对简史亦情有独钟。他们谈的时间还不够用呢，直接冲击了刘政屏设计中的第三、四板块。他的第三版块是说关于书的冷门小知识，而第四版块则是互动。

第三版块恰好也是刘政屏的强项。这就必须介绍一下刘政屏的家庭和他的经历。

刘政屏父母亲都是老知识分子，一位是编剧出身，一位是教师出身。他父亲还是合肥市政府五十年代初期的文化科长。那时候一个科长要管好几个部门。后来他去了剧团做编剧，尔后又做了团长。后来刘老先生的剧本在退休多年后被儿子编了一本书出来，我有幸被赐得一本。老先生的文字之洗练让我们后辈自愧不如。刘政屏是家里的小儿子，但不知道为什么他后来去了书店工作，然后待下来，一直在书店基层做事。就跟榜单中的很多书一样，他在书店雷打不动，做职员，做楼层经理，做书店经理。他做楼层经理时就在我单位不远处，他时不时会送稿子来，那时候他还很年轻，他的稿子散散淡淡的，有一股清和冲淡的气息，这一气质至今保留着，无非他现在的文本紧张度增加、叙事感增强了。显而易见，深耕书店三十多年，他过手书无数，给无数作家主持过签售和读书沙龙活动，人又一直埋在书本中出不来，出品的文字也到了一个惊人的地步，虽然头上已经有了一点白发，眼睛里却依然明亮灵活，他的文字也依然宁静冲淡。他这么多年来除了卖书读书外又成了藏书家。假如诸君有机会到他的住处去看一看，会让你有些吃惊。他家书多，而且多成规模（老作家温跃渊最近写了一篇大作在新安副刊登出来，说的就是政屏君的收书经历和规模，恕不引用），他家书多我不吃惊，因为我看过书很多的藏书家，就在我自己的小区里。他家让我吃惊的是，当他家里衣柜的抽屉一个个打开后，我始料不及——好像有奇人帮他整理一样，那些抽屉都异常的整洁干净。这点让我对他佩服不已。我家里是做不到的，好像别人的家也不太容易出现这样的景观，虽然有些人可以请钟点工把家里搞得很干净，但抽屉里的衣服细软是不会请钟点工帮忙的，而这些居然都是政屏君一个人的杰作。

后来"合肥姐妹"（是一个写作群体，刘政屏冠名，我发起）呼他为"合肥绅士"，但我相信，她们未必都有机会看到他的那些抽屉。

对人性有研究的人看到这一幕恐怕也会得出一些结论。这么一个读书卖书藏书的人，每次见面衣服都很周整，待人处世温和节制，细节考虑周全，做事有头也有尾。他的细心，对细节的挑剔，性格上的坚持，执着，成就了他。所以刘政屏一开始端出来的"政屏说书"板块设置中就有一些小板块，其虽小却又不因其小而无支撑力，那些关于书的冷知识，是他擅长的地方。谈版本，他会拿出自己收集的书出来，告诉你，光鲁迅《呐喊》，他便收集到了200多种版本。

刘政屏从早年文青，给报纸写点豆腐块，变成了写书人、读书沙龙主持人及说书者。他的人生和合肥书店贴得很近。最近十年，他一直在策划着出书。他不光在为自己策划也为他人策划。他自己的书出了多少本谁也不知道，只有他自己知道。我的小书《画画这事儿》就是他催我多次才出来的，现在想起真得感谢他。那些读书沙龙，他也为它们出过书。他前阵子重点工作是在为家族写一本书，好像书稿已完成，他说他在写这本书中获得了不少收获，有一晚我们还在电话中兴奋地谈了半天。写家族史看似容易实不易。从搜集资料到整理资料再到后期写作，难度颇有一些。这是一本值得期待的书。最近他给安徽少儿社写的一本关于傅雷家书的新解读，据编辑说卖得相当红火，这也鼓舞了他。他最近似乎又在策划什么新书了。他说他现在仍然每天都要写作。写什么已不重要，但一个奔六的人还在坚持着写作，这本身便是一件值得赞美的事。

一段时期里，刘政屏写的书和他策划的书，在合肥城里的大小书店里常能撞到。如果拍一部电影，讲述的是一个卖书的小职员，22岁进书店，每天卖着那些书，到最后把自己的书一部一部摆上柜台，虽然电影里的镜头会有些单调，总是卖书写书开读书会与作家们摆龙门阵闲聊，可电影里也会有一些生动且温馨的画面：一个男人在家里细致地整理他那些衣物，一件件在抽屉里摆放整齐，把他那些藏书（他还收集扑克）一会儿拿出一会儿放下，然后走到厨房里，跟夫人（他夫人也是文青）笑着说，今天又可以写篇文章了——这也是一个生动的画面吧？

刘政屏是否真是这样一个人其实不重要，但他爱书爱得要命这是真的。有这样一个人，才有后来的"政屏说书"。

"政屏说书"里出场的嘉宾我记起的有历史学者翁飞、江淮名记常河、刘文典研究学者章玉政、张恨水长孙张纪、皖江历史地理学者汪军、科大少年班的班主任老师江俊博士（他那一期人山人海）、著名艺术家康诗纬、畅销书作家闫红（我同事）、著名小说家许春樵（现任省作协主席）、作家余同友，等等。

如今"政屏说书"已是合肥书店的一个品牌栏目。而政屏先生呢也在不断刷新着自己的写书新纪录：他正计划将之前写合肥的一些文字结集出版，还想再为合肥写几本小书。相信这样的计划会有完成的一天，祝福他。

目　录

2017 年

全新的节奏

01 "政屏说书"顺势开张

"政屏说书"2017年第1期琐记：从东野圭吾说起——

一般来说，做一件事情或者一个活动都会有个由头，即便是一时兴起，也有个积累的过程，否则这个"兴"便无从谈起。"政屏说书"也不例外，说是偶然，其实也想了许久，只不过越来越清晰罢了。

2015年开始，工作的变动和业务的转型，使我对于全国图书出版形势的变化和相关数据的关注度进一步加强，我感觉通过日臻完善和规范的全国图书销售数据分析，以及相应的排行榜受到越来越多人的关注，有必要在书店定期发布最新的全国图书销售排行榜，以利于读者在第一时间了解全国图书市场的行情和基本情况。于是就想到了举办一个"每月一期"这样的活动，正好这时候《新安晚报》大皖客户端"徽派"栏目刚刚开办，风头正劲，栏目由多年在一起做读书沙龙活动的"老搭档"马丽春老师做主编。和以前一样，我们在电话里简单沟通一下，基本上就确定了，合办一档全新的读书沙龙，几经斟酌和踟蹰，将其定名为"政屏说书"。

在书店做了很多的活动，尤其是2010年以后，更是密集开展，安徽图书城"周末七点档·新安读书沙龙"等几个活动影响很大，但是将自己的名字嵌入活动名称中，还是第一次。如何去做，能做多久，感觉心里也不是特别有底。所以才会"几经斟酌和踟蹰"。

活动地点定在三孝口书店五楼社科馆，活动场地虽然不算太大，但四周书架环绕，大家围桌而坐，自在放松，或许还真的能感受到"沙龙"的氛围。

"政屏说书"计划由四大版块组成，"榜单分析"在发布上个月的全国和合肥卖场图书排行榜的同时，进行比较专业的解读，让读者在了解榜单的同时，读懂其背后的故事；"名家在读"邀请知名作家、资深读者讲述他们畅销书阅读的体会和感受；"趣谈图书"则围绕图书，漫谈一些不为读者所了解的一些业内常识和逸闻趣事；"现场交流"则重要是主讲嘉宾和读者互动，沟通交流，解疑释惑。

对于日本文学，我了解不是很多，最根本的原因应该是一种本能的排斥。尽管如此，因为受20世纪80年代中日蜜月期的影响，还是接触过一些日本文学作品的。那时候最火的日本文学作品是推理小说，印象中森村诚一的《人性的证明》《青春的证明》《野性的证明》三部曲尤其是火，由推理小说改变的电影《人证》《砂器》等引发轰动，《人证》的主题歌被广泛传唱。

东野圭吾的作品在中国畅销很长时间了，但我还是相当陌生，排行榜上不俗表现，让我关注起他和他的作品，同时将其确定为第一期"政屏说书"的关注点。为此，我和合作方《新安晚报》"徽派"主编马丽春老师邀请作家陈家桥作为本期活动的嘉宾。

2017年7月20日（周四）下午4:00，活动正式开始，新颖的主题和形式吸引了不少读者，他们陆续停下脚步，听榜单发布和嘉宾解读，专注的目光，自始至终的参与，让人意外而感动。

看过一份资料，东野圭吾在中国统计的外国作家排行榜上是第五位，在6月份虚构类排行榜前十名中，3个是东野圭吾的小说，而且很靠前，感觉他基本上靠中国人挣钱。为了这次活动，我特地读了他的《解忧杂货店》，感觉东野圭吾的确是非常会讲故事的人，其中一些情节会让你感动甚至落泪。

活动现场

陈家桥认为，在消费型的阅读市场，一个像东野圭吾这样纯粹靠故事吸引人的作者，以好看为基础的作品能够成为最主流的、最受欢迎的、最好卖的书，"这说明我们的社会相对来讲处在一个多元、宽容的环境，我们的精神相对来讲处在一个比较松弛的状态。"而东野圭吾的作品畅销的原因，一是它将"灰暗的东西表达了出来"，二是卑微者的焦虑和作家的"抵达之路"。

2017年6月全国畅销图书排行榜虚构类前十名依次为《解忧杂货店》《白夜行》《人民的名义》《嫌疑人X的献身》《追风筝的人》《摆渡人》《夏至未至》《白鹿原》《百年孤独》《红岩》。

如果长期关注排行榜，会发现其中有一大半是长期在榜的，比如《解忧杂货店》在中国出版之后连续上榜35个月。第三名《人民的名义》则是因为电视剧的成功促成了书的热销，现在已经连续上榜3个月，但慢慢会呈现一种回落的状态。和《人民的名义》相仿的是同样有热播剧殿后的郭敬明的作品《夏至未至》，对于他的评价有两个极端，这本书是第一次上榜。《百年孤独》很厉害，上榜

73个月，从未掉过榜。《追风筝的人》也是长期位居排行榜前十位甚至榜首，有资料显示，它已经98个月连续上榜，其加印次数已经超过100次。

"政屏说书"正式开讲

非虚构类榜单中，《绿：陪安东尼度过漫长的岁月》首次上榜即冲至榜首，不容小觑，其他依次为《未来简史：从智人到神人》《天才在左，疯子在右》《人类简史：从动物到上帝》《我们仨》《追问》《好好说话》《中国诗词大会（上下）》。

《新安晚报》"大皖"客户端全程直播，活动结束后网站和报纸均有及时、详细的报道，《新安晚报》整版内容和预告时的大幅头条都让人印象深刻。7月份的合肥，正是高温季节，骄阳似火，"政屏说书"创办伊始，就受到方方面面的热情关注和支持，可谓顺势开张，火热登场。

2017.07.24 星期一　编辑：吴华羽　版式：孙宝林　校对：魏骏峰　　　　新安热线：962000　安徽网www.ahwang.cr　**A15**

新安晚报 文娱

由新安晚报大皖客户端徽派栏目和合肥市新华书店联块推出的"政屏说书"上周首次开讲，资深卖书人、合肥新华书店有限公司业务经理刘政屏与著名作家陈家桥携读解读新华书店畅销书榜单，探讨东野圭吾热。

徽派"政屏说书"首期携手陈家桥开聊
东野圭吾为什么那么红？

东野圭吾畅销原因之一：
将"晦暗的东西表达了出来"

刘政屏抛出一句评斩，东野圭吾在中国统计对外国作家排行榜上高居第五位。他基本上属中国人华传，"我见了个聊快杂货铺，我觉得东野圭吾最初所会讲故事的人，其中一定会有一个隐匿让你感动细节的。"在虚构与真实交揉的架上榜的...

刘政屏（左）和作家陈家桥（右）深度解析东野圭吾热。

东野圭吾畅销原因之二
卑微者的焦虑和作家的"抵达之路"

榜单背后　有经典也有"奇葩"

东野圭吾
白夜行

虚构类榜单
东野圭吾三本进前十

非虚构类榜单
大多数都还是老面孔

王宇 新安晚报 安徽网 大皖客户端记者 蒋楠楠

《新安晚报》2017年7月24日第A15版

02 | 《人类简史》的启示

"政屏说书" 2017年第2期琐记——

被称为"青年怪才"的以色列新锐青年历史学家尤瓦尔·赫拉利因《人类简史》一书而爆红。他用约30万字的篇幅讲述人类10万年的演化历程，试图回答人类的终极问题：我们从哪里来？我们是谁？我们到哪里去？自2012年以来，《人类简史》已经在20多个国家出版，直到现在仍然高居众多图书销量排行榜前列。《未来简史》今年初甫一出版，便居畅销书排行榜前列，引发新一轮"简史热"。

我特地买了一本，看完之后，我发现这本书没有我想象的那么学术腔，它不但不难读，甚至可以说很好看，因此我感觉有必要请作家学者从不同的角度解读一下这本书。

第二期"政屏说书"定于2017年8月20日（周日）下午4：00举行，本期活动关注的热点图书就是《人类简史》。作家和学者许辉、翁飞、程耀恺等参加了这次活动，《新安晚报》大皖客户端全程直播本次活动。

《人类简史》全书名《人类简史：从动物到上帝》，它将从石器时代至今天智人的演化历史分为了四个阶段：认知革命（约公元前70000年，智人演化产生了想象力，出现能够描述故事的语言）、农业革命（约公元前12000年，农业开始发展，智人开始驯化动植物)、人类的融合统一(人类政治组织逐渐融合统一为一个"全球帝国")、科学革命(约公元1500年至今,出现了现代科学)。

有评价说:《人类简史》是一部试图写清人类历史的书,然而它又截然不同于往期读过的历史叙述,那些书大多将目光集中在某一朝代、某一时期或者某一历史事件,他们写作的重点大多在于厘清事实。还有一些人类史、文明史,通常以文明为单位讲述过去,宏观概括,重点在于叙述文明的发展与文明间的互动。

这本书的翻译者是林俊宏,不同的文化背景使得其译文有着不同寻常的感觉,这也让读者感到新鲜和好奇。

所以要说《人类简史》给我们什么启示的话,我感觉首先它让我们明白历史类的作品可以这样写,其次我们的思维方式不能僵化、固化,全新的角度和写作方法有利于吸引读者,提高读者的阅读兴趣。

活动现场(一)

嘉宾的解读和分享让大家感觉受益匪浅,许辉认为,《人类简史》可以定位为历史学著作,但也不是传统的历史著作,而是普及类的作品。这样的书更多的是要去感知体验，通过这本书，可以对历史的脉络进行宏观的了解和把握。在阅读过程中感知这本书用文字和知识体系构造出来的强大气场。

翁飞博士以一个历史学者的角度对两本《简史》的走红进行了总结。他说人类社会发展到今天，每到一个历史节点，总会出现一个大师级的人物来对人类社会的发展规律进行总结，并思考人类社会的终极命运。尤瓦尔·赫拉利是不是大师还有待观察，但不可否认的是，他的这两本《简史》，已经不是纯粹的历史著作，而是思考整个人类发展的哲学作品。

还有一个细节让人印象深刻：程耀恺阅读的《人类简史》书本都快翻烂了，上面写满了标注和批阅。或许正因为此，程老对《人类简史》见解独特，对于书中许多细节信手拈来。

特意参加本期活动的读者明显多于第一期，许多读者一直站着旁听，他们对于畅销书榜单的关注出乎我的意料。

活动现场（二）

　　2017年7月全国畅销书虚构类榜单，东野圭吾依然是大赢家，他的作品《解忧杂货店》《白夜行》《嫌疑人 X 的献身》分列第1、2、4位，其中《解忧杂货店》7月份全国销量达到5万多本。第三名是《追风筝的人》，可谓创造了出版界的传奇，已经印刷101次，目前累计上榜99次，也就是说8年多的时间里它都在榜单上。第五至七名依次是《红岩》《摆渡人》《百年孤独》。

　　非虚构类第1名的是埃德加·斯诺的《红星照耀中国》，我注意到一些书和排名第六的杨绛先生《我们仨》一样，一直没有换过封面，在我看来，优秀的经典的书应该具有这种自信。第3名《天才在左，疯子在右》，已经上榜19个月。第4名就是新锐天才作家尤瓦尔·赫拉利的《未来简史》，他的另一部作品《人类简史》排在第七名。第五名是法布尔的《昆虫记》。

　　长期关注榜单会发现，一段时间的榜单具有一定的稳定性。大家公认的好书总是会在榜很久，只不过排名顺序会有一点变化。

03 | 小街小巷的意蕴

《合肥的小街小巷》，一本由三十多位居住在合肥的作家撰写的散文集，2017 年 3 月出版以后，在没有做任何宣传的情况下，居然在几个月内销售一空，以至于 9 月 10 日在中国黄山书会上举办首发式暨签售会之前，出版社紧急加印，也算得上一段佳话。更让这本书的作者们感动感慨的是，首发式当天，场面之热烈，读者热情之高，出乎大家的意料，特制的 60 本毛边书更是被抢购一空。

本书作者之一，《新安晚报》大皖客户端"徽派"的主编马丽春很有感触，当场表示可以专门为《合肥的小街小巷》做一期节目，于是，2017 年 9 月 15 日（周五）下午的"政屏说书"里"名家在读"的主题就这样定下来了。

我在《合肥的小街小巷》前言里，有这样一段话："一个城市里的小街小巷所承载的，不仅仅是民风民俗、人文历史，还有着许多个人的情感和经历。独特的景致和风格背后，是它的特有的记忆和内涵。作家们此次将目光转向身边的小街小巷，就是要挖掘这些记忆和内涵，让一条条看似普通甚至有些雷同的小街小巷展现出自己特有的魅力和色彩。"或许正是这样的一种认知和态度，让这本书广受社会各界的关注和欢迎。

本期"政屏说书"邀请了许春樵、陈频、程耀恺、常河等《合肥的小街小巷》的10位作者，围绕着《合肥的小街小巷》受到热捧这一文化现象，进行分析和解读，同时还会透露一些这本书成书前后的一些故事和花絮。兼具作者和读者两种身份的作家们从创作和阅读的角度，说出自己的心得和感受，也使得本期的"名家在读"显得不同寻常。

78岁的陈频老师是老合肥人了，因此他说出的一些往事和俗语合肥味十足，听了很过瘾。他认为《合肥的小街小巷》的出版是对合肥的一个贡献，做了本该是官方做的事。这本书里的文章都有记忆、有感情，娓娓道来，很好看也很耐读。他动情地说："我这个年近八旬的老人很着急，很多地方都被人忘记了。"

著名作家许春樵写的是距离三孝口书店不远的飞凤街，他说他很开心有这样一个下午谈书论文坐而论道，甚至有点感动，"很多年以后会发现它独特的价值。"飞凤街和城隍庙，在许春樵看来不再是文化想象，是现实对街巷赋予了新的意义。许春樵说他当年带着孩子每个月去吃一次"老头小鸡店"，吃得"热血沸腾"。"在这座城市的外来者笔下，合肥的小街小巷是文学的小街小巷，不是考据式考证式溯源式的小街小巷。杂货铺当然是存留记忆的方法，更重要的是非物质的文学的街巷，这就是我们这本书做的工作。"

许春樵说飞凤街

　　同样是外来者（新合肥人）的著名文化人常河从一次讲座说起，历数合肥版图的演变和地名、路名的特点，从隋唐至今的文化沿革，到园林城市建设时期有了香樟大道、玉兰大道，然后有城市扩张时期的繁华大道、锦绣大道，到如今滨湖新区的道路命名，"几乎可以拼出又一个中国地图，合肥人的胸襟开阔"。在常河看来，每个人都有自己独特的地图，也就是《合肥的小街小巷》这本书中的每篇文章。"虽然我是一个外地人，但生活了二十多年，我肯定有我的记忆和地图。挖掘打捞合肥的烟火文化、市井文化这件事，真的还要继续做下去。"

　　马丽春老师说她想了很久，没敢对芜湖路下手，工作过的安庆路和环城路在她看来没有挑战性，于是她写了新居旁的书箱路，一条历史很短富有挑战性的路，"一气呵成，真的抓住了很多点。小区有很多牛人，书法家作家学者。"

　　的确，无论是本地"土著"，还是外来的移民，他们用笔写下他身边或者印象深刻的那条路，有温度的记忆，有感情的文字，其本身就很令人感动。虽然这些文字并不是一条街一个巷子的完整记录，但是它们却有着其独特的价值。个人的角度、感受和记忆，赋予那些街巷以个性与色彩。

　　翁飞老师认为："一座城市的文化建设和传承，总需要这么一批人，出于对文字的喜爱和执着，来写这个城市的方方面面，让这个城市活生生地出现在读者面前。《合肥的小街小巷》在今天是了解城市的窗口，明天就是这个城市的历史见证。"

　　2017年8月全国畅销书排行榜虚构类前十名分别是：《解忧杂货店》《白夜行》《后来时间都与你有关》《追风筝的人》《嫌疑人X的献身》《摆渡人》《百年孤独》《斗罗大陆：龙王传说》《活着》《红岩》。总体印象是老面孔居多，东野圭吾作品势头不减，销售量分别超过5万册和2.5万册，余华《活着》的精装版的快速上榜，也很能说明问题。

活动现场

　　非虚构类的前十名分别是：《红星照耀中国》《未来简史》《人类简史》《天才在左疯子在右》《习近平的七年知青岁月》《我们仨》《半小时漫画中国史》《好好说话》《朗读者》。也是老面孔居多，《我们仨》封面也是老字号的感觉，8月的销量超过1万册。《半小时漫画中国史》持续畅销。显然很受欢迎。《好好说话》这样关于如何说话的书卖得好，说明现代人更在意我们的表达。董卿的《朗读者》，也是一个奇迹，栏目的火爆带动了图书的畅销。

　　说说身边的书，很是亲切；说说全国畅销书，颇受启发，走到第三期的"政屏说书"，通过现场和直播，以及之后的网络与报纸的报道，为越来越多的人所了解和关注。

2017.09.18 星期一　编辑：徐海燕　版式：袁皓　校对：陈晨　　　　新安热线: 962000　安徽网www.ahwang.cn　A15

新安晚报 文化

"政屏说书"解读《合肥的小街小巷》，民间记忆温故庐州街巷地图

永红路上有多少棵树，你知道吗？

由合肥新华书店和新安晚报大皖客户端徽语栏目合作打造的"政屏说书"第三期于上周五下午在新华书店三孝口店举行。除了排行榜分析，本次活动特别推出了感受合肥温度的《合肥的小街小巷》，读书的众位作者纷纷到场。而著名学者鲁彦也来到现场。

A 榜单分析

刘政屏（左一）与现场嘉宾分享新书。

虚构类榜单
有老面孔也有新面孔

作为国内相对权威的"开卷"排行榜，是全国几百家书店的数据反馈之后形成的排行榜。在八月份全国虚构类图书销量排行榜中，新面孔依旧比较多，但还是排在变化。东野圭吾作的《解忧杂货店》和《白夜行》分别雄踞榜单前列，全国销量都分别是五万本和四万五千本。第三名则来自张嘉佳的《后来我们都会哭》。

"会读现心故事的小神童，据说不下于要来三孝口店签售。"随后那么多老师在三孝口店签售"随着那些老师的《这只等的人》《解忧杂货人》的献身，人《摆渡人》和《青年独孤》。

漫画中国史《真的是非常受欢迎的一本书，好好说话关于这的马《半小时漫画中国史》《好好说话》《白夜行》、《解忧杂货人X的献身》，榜单中的新面孔是《自律力和原则旧书地旧细窗。是学霸我们都来，紧随其后这那我们行动《摆渡人》、《七本书都是全国前十名的销量书籍，受到流行的那影响。三孝口书店市窗口架的量排十名的是《解忧杂货店》《半小时漫画中国史》《深圳的人鱼之家》《自律力》《放开我北鼻》：我是学霸我的北鼻《自律力》《摆旅的人》《我们行》《目送》《解忧人X的献身》成最重要的榜单。

共享借阅榜单
与全国榜单基本重合

作为一家共享阅读书店，新华书店三孝口店也专门统计了共享阅读榜单，排名前十的阅读图书分别是《解忧杂货店》《深圳的人鱼之家》《半小时漫画中国史》《好好说话》《白夜行》...

小贴士榜单，刘政屏分享了版次和时代的知识。"现在只要定位改变了，读者平装装精装，那叫改变了，都可以再版的次数和甲数都取决于印刷的次数和甲数都取决于销需求，其它的都不影响。比如精装和平装，当然第三印次和甲数的了一可惜《合肥的小时小巷》版本上也很好印少。

非虚构类榜单
《朗读者》是个奇迹

《红星照耀中国》在榜首，可能和推荐学校推荐有关。上期政屏说书"分钟了探讨的厉害热"农业，《未来简史》,人类简史》两本书在非虚构类第二三名。接着就是《未来简史》久天《在我笑了这天一书新面孔在榜首的位置了这样，但销量的七年军身前了惊讶了这天。"我们门小贴给销着有，同起就是军身了跟踪，永远今换旧啦，八月的销量就是上万的，《半小时

B 名家在读

"男人帮"的小街小巷
这条街那条巷里有的没的

《合肥的小街小巷》是义仓巷，老合肥陈颖颖记忆了很多伤痛"农业社会"时代的合肥记忆。"这是对合肥的一个改变，貌离跟许眼前阅读。我这个年近八旬的老人很着急，很多地方都被人忘记了。本来应应该是官方在做的事情，革命尚未成功，同志仍需努力。"

程履绚的老家在刘老井子弄去，当年红旗柳子就是合肥上子了，勉写的是女儿住的地方永红路，跳进这条路的原因则是写天楼的外小巷套记忆、让她对这条Y型的路有了那的认识。"我就写永红路这个胡巷东西，没有电影就设有可用各可司各的东西太多了，但这最从动引同大学都有的胡巷，等于是一条学生们、接受的家伙，学生下周社的步伐，看就美般漫人人，"书中自有黄金屋，十弄邮来的黄和玉么？外称基本上杏实。这栽提醒您四了多多，"读书为了什么了？年轻的时候觉得月是为了改变命运！到现在才有解读住在这个学生们上来时回的意，他们想找稀碎就为了这条路上的111棵树，还是道日来。

同样是作者的常河写道榜单茶榜和柳榜...从阳安新至今的文化得变，到同林里期起来造重大道的香椿大道、玉兰大道、然后有城市扩张张起来起来是温度的攀升大道、旗椿大道......直到到过的，涓淖新区的道路命名，几乎可以叫出出一个中国地图。合肥人的胸怀是开阔的。"雨在常河看来，每个人都有自己的口子弄，也就是合肥的小街小巷这本书。"当然我是一名生活于合肥市的市民读读者，把那个合肥的历史文化和城市形象的记忆和地图，把那份合肥市的这文化的价值承传有意义的，也有了跟踪。"读读的论文上面记录。甚至有点

"女人帮"的小街小巷
在不在他乡都有人来人往

马的春思了组头，合肥吸引好天消隙下平，工作过的梦宵永和环辖都在地看看这经过挑战。才是她好了来看那所的芳菲路，历史街坊有挑战悟的一条路，一气呵成，那小个小时还差三个小时，真正把住了了是手点。我们小区有几个人都发了，社我有他多个人，书这家我买字着。这是我写历史的一个上品。"雏被一起人人，出于时文工作之多着离条的巷子，现在有一转，我觉得发现，我这社化岁这么多年。我偶然有同已记忆很悠久的。我将永和巷子都人人了深情，把一条各各子那都有人的记忆留下了下来。"

袁平的文学爱好了在都人往前进巷，自真从处买字爱好者的能够很大性无烟纸，所以很前下了首是佳，一条她好了恋那所的小如和必分待，他们五天几五次点餐时在绿化收、做风水气好别，有很饭店在是隐的，化收收设置应应程书中的，我天天看得他的《偶有趣的活动》。"她做文写了《部阳的很了苦酒的颜的》,吴家街巷。"我是青稞商所生产的合肥不好财。我的很了了我们川东医院穿梭过的巷子，现在有场一转，我觉得发现，我这社化岁这么多年。我偶然有同已记忆很悠久。把一份各各子那都有的记忆留了下来。

点评 今天是窗口 明天是见证

作为刘政屏主编的《合肥文学》系列的又一部整体作品，《合肥的小街小巷》是一部充满了人文关怀的合肥志，对着历史、对着历史记，现在合肥是老合肥城围的20倍。一部用记忆织成为合肥城里的面，那和的城绩布和行身的的发展系并行，如何有别各合肥的时候。"无论走过往的庐阳八景，这是将永和彻底了大地带、城里那的相同的，这是现了生活的根地，一部用文化的价承有意义的，也有了跟

在自飞青来，合肥融解评价发理更大，追比晚好看有历史字下眼看关。"我百另个小街巷，居住在休验都的文化建设的当这东来，当花参爱和拔着，我再送个城市的方的出现往事民的，《合肥的小街小巷》今天是这个城市的窗口，明天这是了这个城市的历史见证。"

新安晚报 安徽网 大皖客户端记者 蒋楠楠/文 陈群/摄

《新安晚报》2017年9月18日第A15版

04　"一带一路"与"一年一度"

"政屏说书"2017年第4期琐记——

"一带一路"是热词，大家都知道，"一年一度"则要解释一下，它也是我们起初拟定的主题：关注"一年一度"的诺贝尔文学奖。后来由于没有找到合适的嘉宾（几个回合下来，颇有挫败感），同时也是为了与当时的大形势距离近一些，便决定做"一带一路"这个主题，同时宣传展示一下"一带一路"主题图书。时间是2017年10月20日（周五）下午4：00。

至于"一年一度"的诺贝尔文学奖，得主是日裔英国小说家石黑一雄，不是期待中的中国人（我们总是在期待），自然就有点小失落。

"一带一路"是"丝绸之路经济带"和"21世纪海上丝绸之路"的简称。它将充分依靠中国与有关国家既有的双多边机制，借助既有的、行之有效的区域合作平台，"一带一路"旨在借用古代丝绸之路的历史符号，高举和平发展的旗帜，积极发展与共建国家的经济合作伙伴关系，共同打造政治互信、经济融合、文化包容的利益共同体、命运共同体和责任共同体。

"一带一路"受到公众的广泛关注，几年来，相关图书出版呈现持续深入状态。

本期"政屏说书"邀请著名文化学者、历史学博士翁飞，就

"一带一路"图书一直热度不减这一文化现象进行专业分析，同时还围绕"一带一路"这一主题进行比较深入和广泛的解读。

翁飞现任安徽省社科联安徽历史文化研究中心主任、《学术界》编审，兼任安徽省政协文史资料委员会委员，安徽省炎黄文化研究会副会长，安徽省李鸿章研究会副会长；安徽大学历史系、上海大学文学院、安徽师范大学社会学院兼职教授。

碰巧的是，翁飞老师正好有现成的PPT课件，稍加修改，便可以拿过来用，这也是主讲嘉宾第一次使用PPT。翁飞老师有学养有激情，从古今到中外，图文并茂、信手拈来。给我印象深刻的是翁飞老师说"一带一路"倡议不仅是经济上，也是文化上的。整场讲座激情澎湃、一气呵成，读者很是过瘾。

在翁飞老师看来，"一带一路"是和你我的生活息息相关的事情。皖江经济带的开发开放也让合肥变得重要，合肥成为长三角副中心城市，而且成为"一带一路"12个风口城市之一，从站起来到富起来再到强起来，"一带一路"是中国人民强起来的抓手，"这个倡议不仅是经济上，也是文化上的。"

"安徽为什么能成为风口城市，和安徽的历史是不能割裂的，翁飞老师介绍说，曾经拍摄《淮军》的导演叶海鹰，拍摄《天下徽商》的经历就证明徽商是跨文化的代表，"已经拍到英国和美国去了，徽商的第一桶金是海外贸易，海禁的时候只有广东十三行，其中徽商四行，菲律宾马尼拉和东南亚的丝绸之路都是徽商的商帮。"翁飞介绍，英国人制茶的手艺就是当年从安徽休宁松萝茶那里学去的。而海禁以后，徽商对内做贸易也是蜚声四方。

一场活动主题确定之后，寻找合适的主讲嘉宾就显得尤为重要，表达能力，感染力，同时能够根据听众的反应做一些适时的调整，而不是一味地自说自道。某种意义上，主讲嘉宾的表现决定了一场活动的成功与否。

说书是件有意思的事

"趣谈图书"环节，我和读者朋友们聊了聊图书的封面、书脊和腰封。如何让书名显眼，如何让有限的书脊出众，怎样的腰封才是成功的，需要仔细琢磨，认真打磨。

在2017年9月全国畅销图书排行榜中，虚构类第1位依然是东野圭吾的《解忧杂货店》，这也是它连续第九个月蝉联第1。人民文学出版社的《西游记（上下）》冲至第2位看似有点奇怪，但如果注意到开学季、中小学生推荐阅读书目及人民文学出版社这些元素，也就没什么奇怪的了。它加上排名第5位的长春出版社"无障碍阅读系列"《西游记》及进入榜单的另外一个版本《西游记》的销售量放在一起，成为榜单第1名也不是不可能的。

其他几本进入虚构类畅销书榜单的分别是第3位《追风筝的人》（销量18000多本），第4位东野圭吾《白夜行》（销量15000多本），第6至第10位的依次是：《红岩》《嫌疑人X的献身》《后来时间都与你有关》《摆渡人》《活着》。张皓宸的《后来时间都与你有关》上榜显然与他全国巡签有关。

在9月非虚构类榜单中，《习近平的七年知青岁月》以170000多本的销售量位居第一，这本书确实很引人关注，个人购买也不少。第二名《我不》是畅销书作家大冰的第五本书，刚出版就上榜，和巡回签售以及书籍本身注重策划性、更注意时尚有关，抓住读者的阅读兴趣和导向。其实价格并不便宜，但依然有50000多本的销量。第三是埃德加·斯诺的《红星照耀中国》青少年版，三种版本的鲁迅作品《朝花夕拾》分列第四第五和第八位，分别来自天津人民出版社有限公司以及译林出版社的两种，三个加起来销量达到45000多本，总量能冲到第三。《未来简史》和《人类简史》分列第七和第九位，第十位是《天才在左疯子在右》。

图书无论是与国家的大政方针还是与普通老百姓的生活，都是密不可分的，而关注图书市场的变化，何尝又不是关注我们的国家和我们自己呢。

读者听得很专注

新安晚报　2017年10月29日　星期日

编辑：吴华英
版式：袁苗
校对：陈晨

家·文化
FAMILY WEEKLY

文化学者、历史学家翁飞教授表示，从人民出版社的《你好，一带一路》这样的视频图文版，到高级社设录以及中共中央党校出版社的《一带一路》战略，相关专题的图书正在变得严谨而深刻。

"政屏说书"领读《一带一路》
九月图书销售榜单出炉，看开学季列出的"经典和重点"

由合肥新华书店和新安晚报大客家户端"徽迹"栏目联合举办的"政屏说书"，本期结合开学季，对九月份新华书店销售榜单进行了解读。著名文化学者、历史学博士翁飞，从"一带一路"图书热度不减这一文化现象，以专业角度进行了分析，同时还围绕合肥作为"一带一路"十二个风口城市之一，进行了深入解读。

和大皖徽派合作的"政屏说书"已成功举办四期。

著名学者、历史学家翁飞现场解读图书热点。

□九月榜单

虚构类图书——《西游记》好"热"

非虚构类榜单——《朝花夕拾》有魅力

□名家阅读

"一带一路"的图书热潮

□趣谈图书

细节处处是匠心

销售借阅榜——二混子漫画历史很奇葩

21

05 | "鸡汤"为什么好喝？

"政屏说书" 2017 年第 5 期琐记——

图书里的所谓"鸡汤类作品"，是指那些可以给人以启迪，促人思考，暖心治愈类作品，在 2017 年 10 月全国畅销图书排行榜里，"鸡汤类"作品占据不少位置。

虚构类榜单中，东野圭吾的《解忧杂货店》依旧坚挺，五期"政屏说书"里，《解忧杂货店》的霸主地位没有改变过，10 月卖了 4 万多本。第二名是刘同的《我在未来等你》，作为刘同的第一部长篇小说，上周六在三孝口书店一个卖场就有上千本的销量，非常受欢迎。可见刘同是有才又有财的人。《摆渡人 2：重返荒原》的上榜，源自《摆渡人》的畅销，直接造成了续集的火爆，全国 26000 多本，刚上榜就是这么多，非常难得。《嫌疑人 X 的献身》《追风筝的人》和《摆渡人》分列四到六位，唐家三少的《斗罗大陆 3 龙王传说 20》冲到前十中的第七位。《红岩》《白夜行》和张皓宸的《后来时间都与你有关》分列八到十位。

非虚构榜单中，《习近平的七年知青岁月》以全国 16 万多本的销量遥遥领先。处于第二位的是大冰的《我不》，《红星照耀中国》持续在榜单中，和校园推荐有关，《未来简史》上榜，是因为很多人看了《人类简史》追过来的，里面很多观点很新颖。《天才在左，疯子在右》《人类简史》《我们仨》分列六到八位，《朝花夕拾》（经典译林版）跻身第九，《朗读者》第一辑定价52元，不便宜，它的热销和节目火爆有关，央视平台，全国一个月内卖了7000多本，这个定价卖到这个量还是可以的。

"心灵鸡汤"长期占据朋友圈，"暖心""治愈"系的内容日益受读者欢迎，这不只是一个微信文化话题，也是一种阅读文化趣味的折射。毋庸置疑，"暖心"和"治愈"类作品也成了开卷非虚构类榜单的常客。如大冰的新书《我不》和畅销书《好吗好的》《乖，摸摸头》《阿弥陀佛么么哒》均傲居榜单前列。为何"暖心""治愈"系内容的书受欢迎程度呈爆发式增长？读哪些书可以治疗焦虑？为此，2017年11月20日（周一）下午2:30举办的第五期"政屏说书"邀请了著名媒体人、作家闫红和大家聊一聊这个话题。

闫红说"鸡汤"

闫红现为安徽新安晚报社编辑，腾讯大家人气作者年度作家，屡获安徽文学奖。资深红迷，擅长于字缝间发现历史的有趣之处。著有《刹那芳华——误读红楼》《她们谋生亦谋爱》《诗经往事》《彼年此时》《哪一种爱不千疮百孔》等，其作品深受广大读者的关注和追捧。

活动现场

闫红认为，鸡汤文有个发展历程，早期是《围城》时代，方鸿渐去相亲，在女孩的书架上看到了怎么追女孩的"鸡汤"，颇有些不屑；而小说里面的范小姐，不但喜欢看"鸡汤"，笃信活着就要勇敢，死了就要干脆。"鸡汤就有这样的问题：道理我都懂，但是我做不到。就像韩寒电影里说的那样，听过太多道理，还是过不好这一生。'鸡汤'需要一个有魅力的人说出来，而且不能是缥缈的魅力、高尚深刻这种看不见的东西。"

在闫红看来，压缩了别人存在的空间，是自己不喜欢鸡汤文的主要原因。另外，"鸡汤还是很强悍的，《你只是看上去很努力》，标题就藏着巨大的敌意，是挑衅式、冒犯式、指责式，这是侵略性的表达。"

为了做这期活动，我专门读了大冰的《我不》，刘同、大冰、张皓宸都来过合肥，引发轰动。我在想，年轻人为什么那么喜欢？或许跟这些作品能满足他们对未曾经历的生活的好奇心有关。大冰的书封面风格一直保持一个模式：蓝色边框，一个小孩的照片，谈不上很时尚。他的作品实际上没那么简单，其成功不仅仅因为作者的精明，还有很多技巧和智慧。他的作品还是很煽情的，痞痞的，能吹能侃，水分多，文字时尚轻松，能抓住人。但我看来，大冰的《我不》肯定还是"鸡汤"，是放了点黄连的鸡汤，解决年轻人的好奇：诗和远方，我走不了，看别人怎么走。不过，我挺认同《我不》中有关"支教"的观点："不要居高临下，像是去拯救别人，要考虑别人的感受。很多人支教是有荣誉感和使命感的，很多人其实就是为了自己。"

总之我认为，此类书籍真要是熬一碗鸡汤也可以，年轻人困惑的时候给他们一点鼓励也挺不错，但实际上很多书是标题党，心不是很诚的，本身的动机很可疑，喝到最后发现里面好多味精鸡精，就反胃了。因此我希望这样的作品可以更真诚一些，更友善一些。

2017.11.22 星期三 编辑：吴华丽 星级版式：禹惠洁 星级校对：史崇勇 新安热线 962000 安徽网 www.ahwang.cn A14
新安晚报 文化

"读家书·谈家风"征文评选揭晓

"政屏说书"关注治愈系作品，作家闫红解读"鸡汤文"内核：

"我反感的是侵略性的表达"

《新安晚报》2017 年 11 月 22 日第 A14 版

06 | 读书话题很温暖

"政屏说书" 2017 年第 6 期琐记——

之所以将 2017 年度"政屏说书"最后一期的主题定为年度阅读记忆，旨在通过此次活动，让大家回顾一下自己在即将过去的一年里，读过哪些书，其中印象最为深刻的又有哪些？是值得反复阅读的经典名著，还是一直处于畅销书榜首及前列的东野圭吾等国外作家的作品？是异军突起以《人类简史》《未来简史》为代表的简史类图书，还是势头强劲的治愈系新作？是解疑释惑、掌握方法、增强自信的实用型书籍，还是因为研究和写作需要的专业论著？

为此还专门邀请我省著名作家余同友、程耀恺和读者一起分享他们的 2017 年阅读记忆。

12 月 23 日（周六）上午 10：00，活动在新华书店三孝口店五楼社科馆举行。《新安晚报》大皖徽派全程直播本次活动。

程耀恺老师去年下半年就规划了 2017 年的读书方向：读树木方面的书。"从我的知识结构我的精神特质，认树认草的书更贴近我的需求。2018 准备看自然文学。"程耀恺读书读树读草，现场还带来已经翻阅完毕的众多装帧精美的"草木之书"，《原野漫步》《种子的胜利》《树的生命》等，信手拈来，滔滔不绝，有介绍，有思考，引人入胜。

程老师还谈到鲁迅的《从百草园到三味书屋》，在这篇文章里鲁迅写了8种植物，皂角树，桑葚，菜花，何首乌，木莲，覆盆子，蜡梅，桂花等。覆盆子就是树莓，之所以叫覆盆子，是因为覆盆子是保水的，"吃了晚上不起夜。夜壶不用了，就盖过来了，所以叫覆盆子。"

余同友2017年印象最为深刻的一本书是沈佳的《寻找苏慧廉》，"苏慧廉是一个传教士，一生都在中国。作者花了十几年的时间来搜罗资料和写作，虽然他不是专业研究历史的作家，但是这本书得到史学界的认可。"余同友说通过这本书他了解到很多之前误解的东西。在余同友看来，读书是一件非常享受的事。创作之余，他阅读了不少作品，从中了解一些史实，弄清一些问题，得到一些启发。

余同友说读书是一件非常享受的事

他还现场为读者朗读了鲁迅文学奖得主周晓枫的《有如候鸟》片段："草叶上的蜻蜓，像枚盛夏的胸针——用如此轻盈的金属，精湛得像天使才能打造的首饰。它们漫天飞舞，不像现实主义的昆虫，更像幻境中的精灵，镀满梦想、诗意与唯美的虚幻之光……"

马丽春老师也谈了她的读书记忆和感受，感叹道：不读书不知道自己无知，而读书会开阔人的视野和格局。

马丽春谈读书记忆与感受

作家吴玲说她家里有很多书，先生还在不断买书。今年她开始迷上听书，感觉是一件非常享受的事。

几位读者也分享了自己的2017年阅读记忆，各自的经历、角度和感受，真切感人。

2017年11月全国畅销书排行榜虚构类前三名和10月的榜单一致：《解忧杂货店》《我在未来等你》《摆渡人2：重返荒原》，四至九位依次为《追风筝的人》《摆渡人》《嫌疑人X的献身》《白夜行》《斗罗大陆3龙王传说21》《活着》，《平凡的世界》成功回到前十。

在我看来，畅销书榜单会受到很多因素的影响，严歌苓的《芳华》，因为电影的波折，吊足了胃口，冲入了榜单，11月是第十九位，相信在12月的榜单上一定还会往前走一走。治愈系图书周期相对较短，尤其是在签售等营销活动较少的情况下。

非虚构类榜单前几名是：《习近平的七年知青岁月》《我不》《人类简史》《未来简史》《红星照耀中国》《天才在左，疯子在右》《好吗好的》《我们仨》《乖，摸摸头》。这期榜单比较"恐怖"的是大冰的作品，《我不》《好吗好的》《乖，摸摸头》，加上第十一位的《阿弥陀佛么么哒》，一共4本。如此集中上榜，且表现不俗，与他的巡回签售有关。大冰的确很会说故事，抓住了青少年读者的胃口。

在三孝口书店的销售榜单上，刘同《我在未来等你》《谁的青春不迷茫》《你的孤独虽败犹荣》和《向着光亮那方》4本书的销售量两千多本，与他到三孝口书店签售有很大关系。

"政屏说书"还有一个"趣谈图书"栏目，聊一些不为读者所了解的业内常识和逸闻趣事，前几期说的是毛边书，版次和印次，封面、封底和书脊，版权页，这一期则谈一谈一本书的"序"和"跋"，它们的种类和作用。这个环节颇受读者的欢迎，不少读者表示，之前对于这些概念很迷糊，似是而非，现在总算明白了。

年底的气温已经很低了，但书店里依然温暖如春，说一说有关读书的那些事，盘点一下过去一年读过的书，则更是让我们的内心平静而温暖。

《新安晚报》2017年12月26日第A11版

2018年

改变即出路

07 | 大雪天围炉话榜单

"政屏说书"2018年第1期琐记——

2018年的冬天注定是令人难忘的。

第一场雪，措手不及，应对失当，造成不小的损失和很大的负面影响。第二场雪比预定的时间晚了近一天，而且似乎也没有那种来势汹汹的势头，不紧不慢地下，渐渐积累起来，影响人们的出行。周五消停了一天之后，又开始下。一夜之后，到处又是白茫茫的一片。干粉一样的雪，已然成灾。

"政屏说书"是否如期举行？我的答案是肯定的，开年第一期，不能不办，也没必要延期，无非是人少一点。活动当天（1月27日，周六）的上午，面对着依然在下的大雪和越来越艰难的出行，许多人都在犹豫和退缩了。我也犹豫过，也想打退堂鼓，但最后，我还是决定按照原计划进行。因为在我看来，无论怎样的原因，都应该坚持去做，2018年这个头必须开好。

我已经做好思想准备：哪怕只有一两个人，也一定要做，因为我知道有很多人通过现场直播关注和收看这场活动。

本期嘉宾约请也是一波三折，原先拟请的嘉宾因为时间冲突没有办法参加，确定下来的两位嘉宾之一，著名媒体人章玉政则被大雪困在长沙，好在他终于在活动当天凌晨1点多回到合肥。

经过调研和思考，我对于2018年的"政屏说书"有了一些新的计划和变化。我在预告里写道:"从本期开始,'政屏说书'在板块设计和内容形式上都会陆续有些新改变。'榜单分析'中全国榜从以往的前十种扩大为前三十种。增加'本月上榜'栏目,以便读者了解图书排行榜的最新动态。"当然变化不仅仅是这一点,场地与嘉宾的多元化,形式的多样化,都将会逐步实现。而这一切的变化的目的,是让"政屏说书"能够给广大读者传递更多的信息和知识,让这个比较专业的沙龙活动能够赢得公众更多的关注。

本期"政屏说书"关注的重点有两个:第一,去年12月份全国畅销书榜单有哪些新变化,其背后的原因是什么?第二,2017年全年全国畅销书榜单有哪些特点,它们所折射出哪些信息?这样的内容对于读者来说无疑还是有着一定的吸引力。

2017年12月虚构类榜单中,前十名变化不大,排名依次为《解忧杂货店》《芳华》《我在未来等你》《摆渡人2:重返荒原》《白夜行》《摆渡人》《追风筝的人》《嫌疑人X的献身》《斗罗大陆3龙王传说21》《活着》。而如果把榜单扩大到前三十位,就能看到东野圭吾的风采,《恶意》《沉睡的人鱼之家》《秘密》和《圣女的救济》4本东野圭吾的作品分列十二、十五、十九和二十九位,也就是说,前三十名中有7本东野圭吾的小说,当然"小鲜肉"和治愈系也比较厉害,《追风筝的人》《活着》《三体》等经典常青树也比较多。

如果说虚构类榜单中有什么亮点的话,那就是《芳华》从上月的第十九名跃居本月第二名,也正因为这,我们最终决定将本期的话题确定为"我看《芳华》"。

非虚构类榜单没有新书上榜,《习近平的七年知青岁月》依然是第一名,《我不》《人类简史》《未来简史》《天才在左疯子在右》《我们仨》《半小时漫画中国史》《孩子你慢慢来》《好好说话》让榜单显得老面孔扎堆。同样扩大到前三十位,《好吗好的》《乖,摸摸头》《阿弥陀佛么么哒》分列第十六、二十一、二十五位。大冰的作品在非虚构类榜单颇有些和虚构类榜单中东野圭吾双峰并峙之感。

2017年全年畅销书虚构类榜单，共有89种图书上榜，其中7本书全年均在榜，17本图书全年在榜时间为6—11个月（另30本图书全年在榜时间为2—5个月），35本图书全年仅1个月上榜。

据专业人士分析：7本全年均在榜图书中，东野圭吾的《解忧杂货店》一直位居榜单前两名，《嫌疑人X的献身》也一直位居前十；《红岩》排名幅度变化较大，1—10月在第3—10名之间，近两月在10名之外；《三体》系列和《偷影子的人》虽全年在榜，但排名均处于中下。

活动现场

在榜时间在6—11个月的图书中，既有《百年孤独》《骆驼祥子》《穆斯林的葬礼（2015年版）》《海底两万里》《围城》这样的经典文学名著，也有像《白夜行》《岛上书店》以及《平凡的世界》这样的近年畅销小说。两本在榜时间较长的2017年新书，《沉睡的人鱼之家》是东野圭吾最新引进作品，《人民的名义》在同名电视剧开播后的两个月，排名均为第一名。

新书占比较少，且在榜时间较短，排名靠后，多数图书仍为往年畅销图书，是2017年虚构类畅销图书榜单特点。

在2017年非虚构类榜单中，《天才在左，疯子在右（完整版）》《文化苦旅（增补版）》《我们仨》《孩子你慢慢来（插图新版）》《好吗好的》《亲爱的安德烈：两代共读的36封家书》《人类简史：从动物到上帝》《未来简史：从智人到神人》等基本上一直在榜。此外，一些受影视节目或时政等因素带动的阶段性畅销书，学生寒暑假期推荐阅读等周期性图书系列也是很重要的畅销热点之一。

从2017年非虚构类畅销书榜单来看，70%的畅销书都是近三年上市的新书，其中2016年和2017年的新书所占比例更是达到57%以上，可见读者更倾向于时尚新书。

说到活动，让我感动的是，特邀嘉宾许若齐和章玉政两位老师都提前到达书店，老作家程耀恺、作家朱群生等也都冒着大雪赶到了活动现场。还有一些不认识的读者，还有新安晚报徽派栏目马丽春、吴华丽、蒋楠楠、陈群、赵明玉、刘友强等6位编辑、记者和技术保障的朋友，他们的到来，无疑让我的心里踏实了许多。

许若齐说他雪夜看《芳华》小说看到1点钟，先看电影再读书也是拉动小说销量的典型案例，"小说和电影的文艺样式存在互相拉动的关系，书火是和冯小刚电影联系在一起的，给《芳华》的火添了一把火。"许若齐觉得，一部好的小说拍出好的电影一定是双赢的结果。

章玉政认为"一部作品值不值得尊重，要看作者有没有诚意。冯小刚版的《芳华》是有诚意的作品。"他在这部作品中更多的是去看人性很复杂的一

许若齐说他雪夜看《芳华》

面，人在面对现实磨难时的姿态。"每个人都会有不为人知的坎坷艰难、委屈和不幸，尝试原谅别人和原谅自己，就会达到电影中两位主人公的状态，他们都很艰难，但是从来没有埋怨别人，接受这一切。因此无论是《芳华》的书还是电影，都很值得看一看。"

章玉政说《芳华》值得一看

大雪天，书店里居然有那么多读者，活动开始前预告阶段，不少人渐渐聚拢过来，原以为准备太多的椅凳坐满之后，很多人就这么一直站了一个多小时。这样的场面在前六期"政屏说书"里也是不多见的。

感动，振奋，因为的确是大大地出乎意料。据马丽春老师观察，今天无论是主持人吴华丽，还是作为主讲人的我，还是嘉宾许若齐、章玉政，都有着很好的发挥。而在我这儿要特别表扬三孝口的营销团队，无论是前期准备，还是开场、服务和收尾，都很用心尽力。

不用说，活动很成功，"政屏说书"新年第一期不但经受住天寒地冻的考验，也为2018年开了一个好头。

"政屏说书"解读小说《芳华》热销背后

电影与图书彼此拉动
虽有错位但可以理解

"政屏说书"现场人气高。

上月榜单汇总
老面孔扎堆霸榜　新面孔只有一张

许若齐：先看电影后看书

章玉政：小说比电影出色

《习近平的七年知青岁月》领跑年度构成榜单。

《解忧杂货店》领衔虚构类榜单。

年度销量排行
共有89本书上榜　7本总在前30位

《新安晚报》 报影

08 | 喜欢的就多读一点

"政屏说书" 2018年第2期琐记——

对于读者和写作者来说，都会有或多或少有关读书和写作方面的问题，或者说困惑，这些问题或困惑对于他们的阅读、理解和创作，形成很大的障碍，而举办相关的专题讲座，请专业人士为他们解疑释惑、指点迷津，对于他们来说无疑是最大的福利。

2018年2月24日（周六），农历正月初九，"政屏说书"开始它的新春第一期活动，主题正是"聊一聊小说的阅读与创作"，主讲人是著名作家许春樵。现在看来，这真是一个不错的想法，许春樵专业而激情的讲座，让现场的读者感觉很过瘾。

许春樵笑言，以前人们说俄国可以没有沙皇，但是不能没有托尔斯泰，现在在中国不少人可以没有小说，但是不能没有钞票，"不要有太多抱怨。现在的阅读在往回走，文本阅读有特定内涵要求和价值。"

在许春樵看来，阅读有三个类型，"第一是消费性和娱乐化的阅读，这是主体，包括我们看手机看微信，也可以说是大众阅读，占到阅读量的七成；第二是工具性和实用化阅读，带着目的去的，怎么做菜养花给孩子喂奶，怎么做人怎么消除烦恼情绪，和我们的生活构成同步，构成因果关系；第三是审美性和意义化的阅读，属于精英式的阅读，是边缘化的。"

"文学在我们的日常生活中是趣味、爱好和人生乐趣，作为职业是很危险的。作家要这么多没用，就像歌星和球星一样，最后出来的能有几个，天赋、努力、平台很多要素。"在许春樵看来，很多人读小说，觉得小说可能就是讲一个好看好玩的故事，他觉得这个想法是有问题的，"好的故事是不够的，一个好故事和讲好一个故事是不同的。小说不是说一个好故事，好故事后面的好的立意、感悟和体验，没有独特的东西，也就没什么意思。如果一个人凡常生活里没有体验到、把握到、感受到的东西，作家给表现出来，读出来价值立场和对真理的探索，就相当成功了。"

"中国现代作家都受过西方影响，至于写没写好就要看自己。中国作家在努力往里面写，伤痕小说带有批判性反思性，和时代切合太紧了，也是一种思想启蒙的工具，批判质疑激愤，还没有纵深往里写。20 世纪 90 年代以后才真正往里写，鲁彦周《天云山传奇》，我和鲁老探讨过，良心发现人性复活，也触及忏悔和赎罪。不是完全写死亡和毁灭，慢慢触及人性。"

许春樵总结道，短篇小说看意味，中篇小说看故事，长篇小说看命运，"每一种小说有它的指向。"

对于目前的大众阅读，许春樵感慨，现在的好书还是很多的，只是大家没读。如今很多人都忙着挣钱，小说、文学和阅读被边缘化了，这是时代裹挟的结果，而不是大家没有审美需求。

而对于好多人觉得自己时常会和所谓经典没有共鸣、看不进去的情况，许春樵坦言，阅读者和作品之间是需要缘分的，"不是和这本书的缘分，人生经历和情感体验达到默契，才能产生愉悦效果。"当许春樵举例说自己十几岁时就是读不进去《红楼梦》，读了几遍只是把诗词全背下来。对于张爱玲的小说也是这样，很久都读不进去，感觉自己对于"风花雪月的主题也没法走进去。"许春樵表示，这些问题都不必惊慌，如果碰到有共鸣的真心喜欢的，就多读一点，"每个人的秉性经历不同，不同的作品产生不同的效益。"

许春樵的论述和观点引发读者们的共鸣，他们频频点头，发出会意的微笑，有读者说：听了许老师的话，很受启发，心里也踏实多了，"喜欢的就多读一些"。

许春樵说小说的阅读与创作

在全国畅销书榜单发布环节里，我依然是先介绍了虚构类前十名：《解忧杂货店》《芳华》《就喜欢你看不惯我又干不掉我的样子（3）》《追风筝的人》《摆渡人2：重返荒原》《海底两万里》《骆驼祥子》《白夜行》《假面山庄》《嫌疑人X的献身》。对于《就喜欢你看不惯我又干不掉我的样子（3）》能够进入前三名，我的确是有些不理解，55元钱一本漫画书，一个月居然卖了一万多本，这样的销量蔡志忠和阿桂有过，很长时间没有出现了。这本书的主角是只猫，实际上是一个个描绘猫的片段和章节，不能不说我们的读者群审美和喜好的变化，阅读不只限于文字一块，漫画图书的趣味性和思想性也都达到一个新的境地。

另外，东野圭吾作品这次在前十名里有4个。前三十名里还有《恶意》和《秘密》，的确是很火。而《钢铁是怎样炼成的》《穆斯林的葬礼》等不少文学名著和畅销书返榜，在前三十名中三分之一多点，应该是与寒假期间学校要求和学生自己的兴趣有很大关系。

在非虚构榜单里，第一名毫无悬念是月销七万本左右的《习近平的七年知青岁月》，《我不》《人类简史》《天才在左，疯子在右》《未来简史》《傅雷家书》《傅雷家书》（译林版）《我们仨》和《半小时漫画中国史》分列其后。《傅雷家书》是学生推荐阅读书目，依然和寒假有关。《半小时漫画中国史》更受青少年欢迎，因此闯入前十。我省作家李筱懿作品《情商是什么?》第一次上榜，销量4000多本，排名20，可喜可贺。

在本期的"趣谈图书"环节，我介绍了图书的开本，实物的展示让大家有一个直观的认识，有读者笑言，总算是弄清楚什么是开本了。

"新安晚报"大皖"徽派"对本次活动进行了全程直播，《新安晚报》2月27日整版报道了此次活动。

活动现场

2018.02.27 星期二 编辑：徐海燕 版式：孙宝林 美编：张军 校对：王捷 　　　新安热线：962000

新安晚报 文化

▶ 由合肥新华书店和新安晚报大皖客户端徽派栏目联合举办的"政屏说书"新春第一期（总第八期）上周六下午在新华书店三孝口店五楼社科馆举行。本期"政屏说书"除了分析2018年第一个月的榜单，还邀请到著名作家许春樵开聊小说的阅读与创作。

许春樵：
短篇小说看意味
中篇小说看故事
长篇小说看命运

许春樵给读者签名。

阅读在往回走 大体三个类型

"过年期间，手头的书没写完接着写，出版社催得紧，压力比较大，期待比较大。一二十种《放下武器》上过榜，我自己也买到过三个版本的盗版书。"许春樵感慨，现在的好书还是很多的，只是大家没读，"如今很多人都忙着挣钱，小说、文学和阅读被边缘化了，时代裹挟的结果，不是大家没有审美需求。"许春樵笑言，以前人们读图圈可以没有价值，但是不能没有花钱，不要有太多抱怨。现在的阅读在往回走，文本阅读有特定内涵要求和价值。"

在许春樵看来，阅读有三个类型，"第一是消费性和娱乐化的阅读，这是主体，包括我们看手机看微信，我就不看，一个人对抗一大时代潮流——经常说微信通知过了，我不知道，也可以说是大众阅读，占到阅读量的七成，看视频也是一种阅读，后现代阅读——就是消费化碎片化消解深度等等；第二是工具性和实用化阅读，带着目的去的，怎么做养花给孩子喂奶，怎么数人怎么消除烦恼情绪，和我们的生活构成同步构成因果关系；第三是审美性和意义化的阅读，属于精英式的阅读，是边缘化的。"

懂小说的读法 找共鸣的可能

"文学在我们日常生活中是趣味、爱好、人生的乐趣，作为职业是很危险的。作家那么多名用，就像敢氧和球星一样，最后出来的能有几个，天赋、努力、平台都是要素。"在许春樵看来，很多人读小说，觉得小说就是讲一个好看好玩的故事，他觉得这个想法是有问题的。"小说肯定是以故事为载体，一个好故事未必就能写出一个好故事，这就是技术；大家看不享受故事，懂小说的不是故事，而是独特的隐含的秩序和其他隐含的东西，表象的生活之外看不到的东西。"

对于好多人觉得，经常和所谓经典没有共鸣的情况，许春樵直言阅读者和作品之间是需要分的，"不是和这本书的缘分，人生经历和情感体验达到默契，才能产生愉悦效果。"许春樵举例，自己从十几岁就开始读不进《红楼梦》，读了几遍是把诗词全背下了，"我当初和他妈妈为什么不考虑粮食简明天早餐的问题；譬如很久都读不进去，是很久都读不进去，风花雪月的主题也没法走进去。"许春樵表示，这些问题都不会很惊愕，倒是如果碰到有共鸣的喜欢、喜欢的就多一点，作为一个研究性的阅读。每个人的秉性是经历不同，不同的作品产生不同的效益。"

一个好故事和 讲好一个故事

"《放下武器》是反腐小说里比较另类的，叙事语言爆发力比较强，但语言过于扩张，气太足；《男人立正》读者反响最大，《酒樵》则整一点，《屋顶上空的爱情》比较薄弱。"许春樵对自己的几部长篇有中肯的自我评价，他对自己的中篇反倒更有信心，"好的故事是不够的，一个好故事和讲好一个故事是不同的。小说是讲一个好故事，好故事后面的的好的立意、感情和体验、没有独特的东西也就过了一点，用光粉抖】说的是犯罪不可恨，可恨的是内

心的瓶颈，人性的挣扎。如何完成精神的上岸。小说带是什么东西呢？如果一个人写常生活里没有体验到，把捆到、感受到的东西，作家给表现出来，说出来价值立场和对真理的探索，就相当成功了。"

许春樵表示，大家老在说抗战神剧，就是因为这是娱乐不是战争故事真正揭示出来，《苏菲的选择》和《血战钢锯岭》，不是肉体的死亡，而是对人性死亡后带来的精神创伤无休止的延续，这才是真正的困惑。战争没有正义和非正义，长崎和广岛两颗原子弹，战争上是正义的，人性上是罪恶的。"许春樵表示，神剧的"神"就是没有审美和深度的意思，"没有人性的审美和复杂性、人与战争的关系是没有表现的。正义的战争一定能战胜非正义的战争，这个判断是对的，但在小说中没有意义和意义。再比如，反腐小说写腐败分子如何坏、如何被抓黑】以法了，这样的东西只是符合主流判断。"

批判质疑激愤 意味故事命运

"中国现代作家都想过西方影响，写没写好很重要了。中国作家在努力往里面写，伤痕小说带有批判性反思性，和时代切合太窄了，

也是一种思想启蒙的工具，批判质疑激愤，还没有保探往里写。20世纪90年代以后才真正往里写，鲁彦周《天云山传奇》，我和鲁老探讨过，良心发现人性复活，也触及到忏悔和橡塑】，不是完全写死亡和覆灭，慢慢触及到人性。"

"《白鹿原》是我比较喜欢的，小说还足是建议大家多读国外的，巴尔扎克、托尔斯塔代，本哈特的《阴读者》，托尔斯泰的《复活》。"除了《白鹿原》，许春樵比较欣赏《围城》，"在当年有新鲜感的，你没见过中国小说是这样写的，就是西方新批评里面的通感体验式写事，个人主观化叙事，这个世界是被我感知的，用我们的心灵来感觉体验这个世界。钱钟书学贯中西，现在的小说家都会玩了，在那一代还是很新鲜的。"许春樵总结道，短篇小说看意味，中篇小说看故事，长篇小说看命运，"每一种小说都有它的指向。"

完成"人"最重要 小说发现真理

许春樵觉得，《金陵十三钗》对中国战争电影有一点的反思，"所有的故事情节和思想都是为人服务的，人的本性道义和良知，回到人的本位上来。'人'没站起来，小说写不好。"在许春樵看来，"人"的完成是最重要的，《悲悯世界》的阅出，《复活》的灵魂复苏，救赎自己贴灵魂，完成灵魂之的复苏，为灵魂之的活着。小说什么呢？无奈的人生，真相的世界，隐秘的人性。"许春樵还特别强欢苏菲·玛奎主演的电影《心火》，"种种人生的无奈，看似畸形的感情，又有真实丰富的人性。"

"我们面对的世界看上去是真实的，实际上是虚假的；小说世界看上去是虚假的，但实际上是真实的。许春樵觉得，正如奥地利作家赫尔曼说的一——小说只有发现小说才能发现的真理，这才是小说的道德。官场小说仅仅写写暖官子孙丁斩，那不是我的真意。一个人如何从正直善良到下沉堕落沦陷的，这是《放下武器》要写的。但我也不会把命运不管，哪怕回报最丰。"

新安晚报 安徽网 大皖客户端 记者 蒋楠楠 李燕然

《新安晚报》2018年2月27日第A15版

43

09 | 做重复的事会限制想象力

"政屏说书" 2018年第3期琐记——

阿西莫夫《银河帝国（1）——基地》连续两个月进入榜单，刘慈欣 "三体" 系列持续在榜，由于霍金去世引发的霍金作品销售阅读热，这么几个现象促使我决定在第九期 "政屏说书" 里说一说科普科幻图书。

真是很感谢中科大出版社知名编辑杨振宁，接到我的电话后，一口答应，并很快落实了江俊教授。

江俊，中国科学技术大学教授，博士生导师，瑞典皇家工学院化学博士，入选中共中央组织部青年高层次人才，国家科技部重大基础研究计划（青年973）项目负责人，任科大少年班学院两届班主任。

杨振宁，中国科学技术大学出版社人文经管编辑室主任、精品教材编辑室主任，主持国家古籍整理出版专项经费资助项目、"十三五" 国家重点出版规划项目、安徽省文化强省建设专项资金资助项目等，所策划或编辑图书多次获奖。

活动于2018年3月24日（周六）下午4：00在新华书店三孝口店五楼社科馆举行，两位嘉宾针对目前我国科普和科幻小说的现状发表了自己的看法，认为这一类作品对于作家的要求比较高，尤其是科幻作品，需要作家 "有更全面的、文理科交叉的知识体系，首先对作者的学识就是一个很大的考验。"

江俊首先分享了自己阅读科幻小说的体验，他说自己非常喜欢刘慈欣的《三体》。"科技不但改变人生，而且改变宇宙，'三体'的这个基础立意，给人一种宏大的宇宙观。人这辈子都不可能跨越星空，但这样的种子种下了，就是一种超越。"

江俊说，阅读科幻小说，就是思维开拓的过程。"小学的时候看阿西莫夫的'基地'，开始思考社会的规则；大学的时候看《时间简史》，思想的广度打开了。但之后的十多年我都没看过科幻小说，因为很多作品没有想象力和科学成分。"

江俊博士谈他的科普创作

几年前读到《三体》，让江俊很是惊喜，虽然是科幻小说，但其中揭示了很多人性的东西。"科学和人性其实是分不开的。所谓人性，是事件和人的生理构造发生共鸣，更多人是产生一种模糊的感觉，但背后是有科学的东西。"

江俊说他创作科普科幻的目的，就是为了把孩子们从游戏中拉回来。《指尖上的魔法——计算化学》是他正在写的一部科普作品。"科学探索很枯燥，很孤独，要觉得自己很酷，不要放弃；要有传奇，传奇激发梦想，故事促进记忆、思考和升华；要有生活，道法自然，科学就在身边；要有超越，少年的征途，是星辰大海。科学来自平凡的生活，超越平凡的生活。站上高处，才能触及未来。"

杨振宁坦言，由于市场需求的不同，目前国内科幻图书类的作家并不是很多，纯粹靠写科幻小说养活自己的作家并不多。"科幻作品需要想象力，但是现实是，无形中有很多规则限制了我们，不去想象，不敢想象；还有就是科幻小说的层次感在一个更高的维度，要用自己的知识、合适的语言去表述，这也是需要一个过程。"

对于孩子的教育和培养，两位嘉宾也是警句频出：

"做重复的事会限制想象力。""尽量让孩子多去看一些书，不一定跟学习挂钩的书，喜欢看书、学会思考很重要。"（江俊）

"规则限制了我们的想象力。""培养孩子的过程应该少一点功利心。读一本书就想让他得到什么，这是误区。"（杨振宁）

其实做任何事情都是这样的，当你重复做一件事的时候，也许很熟练顺手，感觉轻松，但是渐渐地你会松懈麻木，安于现状。而太多的规则和限制，同样也会让我们缩手缩脚，产生畏难情绪，不思进取。如果说前两种情况外部因素比较多一点，那么功利心则基本上源于自身，过于注重功利，急于求成，是我们做事情时的大忌，它会让我们不能有一个平和的心态，导致动机和手段上出现偏差，乃至会误入歧途。

2018年2月全国畅销书榜单虚构类前十名依次为：《解忧杂货店》《追风筝的人》《海底两万里》《活着》《骆驼祥子》《红岩》《钢铁是怎样炼成的》《摆渡人（2）：重返荒原》《三体》《摆渡人》。《三体》这次则是一整套进入榜单。榜首依然是东野圭吾的书，如果将榜单扩大到前三十位，则有6本是东野圭吾的。其中新面孔也有6种书，读者的选择越来越多样化了，这也是我们所期待的局面。

读者们听得很过瘾

非虚构类榜单也比较精彩，榜首是一匹黑马：《原则》。随后排名依次为：《天才在左，疯子在右（完整版）》《傅雷家书》《我们仨》《习近平的七年知青岁月》（平装）《傅雷家书（全新修订版）》《我不》《浮生六记》《人类简史：从动物到上帝（新版）》

《原则》第一次上榜，很厚，很专业，但它很真诚地告诉你一些东西，颇有见解，值得借鉴和学习。如果你有足够的耐心和兴趣，可以看一看，此书出版后当月再版，足见其受关注程度。

本期活动人气很旺，独特的嘉宾，新颖的主题，吸引了众多读者的关注。活动现场，大皖客户端徽派栏目将进行视频直播，《新安晚报》则于3月26日整版报道了此次活动。

2018.03.26 星期一 编辑：吴华丽 版式：袁皓 校对：魏骏峰　　新安热线：962000　安徽网www.ahwang.cn　A16
新安晚报 文化

少年的征途，是星辰大海

在徽派直播看"政屏说书"，听中科大教授"科普"《三体》和人性

上周六，由新安晚报大皖客户端徽厨派和合肥新华书店合作的"政屏说书"第九期继续与大家相约新华书店三孝口店五楼壮科馆，刘政屏也继续带来2月份的图书销量排行榜，并对连续两月入榜的科幻小说，阿西莫夫的《银河帝国(1)——基地》进行了精彩解读。读及科普科幻图书的创作与阅读，本期活动还特别邀请了中国科学技术大学教授江俊和中国科学技术大学知名编辑杨振宁，两位也给出了自己专业领域内的独到见解。

□政屏说书

读者的选择越来越多样化

2月的虚构类书籍榜单中，进入前十名的畅销书就有6种书，排名依次为《解忧杂货店》《追风筝的人》《海底两万里》(新)、《活着》《狼子》《红岩》《到底是怎样炼成的》《摆渡人(2)一重返荒原》《三体》《摆渡人》。"榜首依然是东野圭吾的书，《三体》这次则是一路冒进入榜单。"

"把将榜单扩大到前三十位，就可以发现，有4本是阿西莫夫的。阿西莫夫作为科普作家被介绍到中国，是很受欢迎的，上个世纪七八十年代，《生命的起源》等小册册都在中国出版，而且一直没大起来。2000年之前，总量也就几万本。2001年《三体》火了之后，2002年，有公司花大价钱买下了阿西莫夫这套书的版权，《银河帝国一套书陆续推出了，现在每天口岸都有几千本，非常火爆。"

□对话嘉宾

江俊：站在高处才能触及未来

江俊

《三体》的立意：
它塑造了一种新的宇宙观

中科大教授、博士生导师江俊在昨天的活动中首先分享了自己阅读科幻小说的体验，他说自己非常喜欢刘慈欣的《三体》，"科技不但改变人生，而且改变宇宙，'三体'的这个基础立意，给人一种很大的宇宙观。人这辈子都不可能跨越宇宙，但这样的种子种下了，就是一种超越。"

江俊说，阅读科幻小说，就是想象拓开的过程。"小学阶段就看到西莫夫的'基地'，开始思考社会的源头，大学阶段很快就回到简化，思想可以放开了。但之前的十多年我都没看过这种科幻小说，因为很多作品没有想象力而对科幻太……"

几年前读到《三体》，让江俊震撼是始终，虽然是科幻小说，但江俊表示这里中揭示了很多人性的东西。"科学和人性其实是分不开的，所谓人性，是事件和人的内心构造发生共鸣，更多人产生一种模糊的感受，但背后是有科学的东西。"

科幻与现实

对人工智能大可不必恐慌

很多人在阅读科幻小说时会引发对"时间"的思考，而这样提到了爱提的时间。江俊说举例分析，"这个时间就在另外一个维度里，虽然现在还没有找到办法，但随时可以通过物理学，可以类比规模的感觉。设计一个电脑游戏，很多……"

人在里面生活、如果我们调整CPU的核心频率，影响时间现就在是以时现就会相应缩缓减缩。

作为科学家，江俊波是当今人工智能的相关研究者表示，人工智能的强大就在于其思考的纬度上，"我们当今的近期能的模式有二维：三维，最多四维、而人工智能的世界里接着最多没有限制的，至于科幻小说中常见的人工智能超越人类的情况，江俊也表示大可不必恐慌，"人工智能的发展跟我们是怎么有关系的，我们知道的是去了解它、学习它，想办法控制它、有层心用好它。"

未来在加速，科学在融合，少年强则中国强。江俊称，科普科幻上述中究阅读，《指尖上的魔法——》也是能这正在开着那些科幻的作品、他总结道，科普科幻要有乐趣，"科学探索很枯燥、很孤独，要突破自己创造，不要疲失；要有传承、传命激发梦想，收获要进记忆，思考和升华；要有生活，道法自然，科学要在身心上生命的丰中你未来、不管征途、超越平凡的生活、去上高处，才能触及未来。"

江俊笑称，很多孩子来少年要被问到源因就，都计算玩实身是不想高高三。"家长们也会说，高二高三中时侯看孩子的作文还疑有息思，有担不会真能打动人，到了高三，再看孩子的作文就想吐了。"想象力不可能被尽一件值复的中时带来、不要重复玩。三维，少年的三生没的想玩边是最没寥复的，你在一点就那疲复复说起，以应孩子就会没了对趣。"

□聚焦创作

杨振宁：规则限制了我们的想象力

在聊到科幻小说创作现状时，中国科学技术大学出版社社人文经营编辑主任杨振宁宣言，由于市场需求的不同，目前国内科幻图书类的作家并不是很多，"科幻图书作家需要比较全面的，文理科交叉的知识体系，首先对作者的学识就是一个很大的考验，"而现实生活中，纯科学与科幻小说序本内己的作家并不多，很多《三体》的作者都愿意一开始就是推翻写作。"科幻作品需要想象力，无形中有很多规则限制了我们，不去想

象，不敢想象；还有就是科幻小说应该依赖在一个比高的维度，要用自己的知识、合适的语言去表达，这也是需要一个过程。"

活动现场，杨振宁也带来《宝宝的物理学ABC》等书送给现场的幸运读者，他书也囊是儿童的姊妹女儿读的第一本绘本而名之大嘱。现场不少爸子来参加活动的时候都表达了对孩子教育问题的一些困惑，比如一位年轻的妈妈担心自己的孩子会不会错过的时候不能完全融会作者的意思，对

此，杨振宁表示，培养孩子的过程应该少一点功利心。"读一本书就想让他得到什么，这是误区。作者想表达的东西或许重孩子看的不一样、但这并不妨碍孩子从阅读中获得的乐趣和体验。就像孩子去背诵的课本中的片段，孩子长大后会觉得豁然开朗，这就够了。孩子刚出生时就是一张白纸，需要少上墙留有1层验告试其种起多养料、慢慢浇润、等待一天阳光，水分在这些条件够了、种子自然就会长大。"

杨振宁

2月的非虚构类榜单跟比较稳定了，榜单第一名还是《平凡的世界》(原版)，榜名依次为《原则》(天才在左疯子在右)、《完整版》，《细谱家35》(我与《三体》)《细谱家版》《习近平的七年知青岁月》(平装)，《蒋富家35》(全新修订版)《我不》《浮生六记》《人类简史》《三体1》合订《蒋富家版》。"《原则》是第一次上榜的书，很厚，很专业，但是很真诚被他告诉你一些东西。很有意思，非常值得很薄和学习。有很多都是一套书都能可以看，2018年1月出版与当月再版，是见其受关注程度。"刘政屏表示，2月的榜单变化很大，也呈现出比较新的态势，"前6种书都是第一次入榜。"

在三本红谱精缩版中，排名第一的是少儿类书，杨红樱的《又见小约狗》，闻于关键日记系列。此前大热的《万暇》全国榜如预第15位，徽猜榜如到第5位。记录着身边占了3席。"距上个月比变化非常大，跟泄程、新书出版现有关系，比如徽生身每变化依然很大。"而书后销售树上，实时最终的是还这样五岁七年的后的知青岁月、又来小河行、《错肤好爱容色好》，潘谱容也好写、著院的新书调查值是什么随着上月入榜后，持续上升势头。本土作家受欢迎程度可见一斑。"这期榜单变化大，显现出我们排够的动面，读者多了阅读选项，我们的见识随着多一点，是总认定好。"

新安晚报 安徽网 大皖客户端记者 李燕然 蒋楠楠

《新安晚报》2018年3月26日第A16版

10 | 读书日聚焦"读书与慢生活"

"政屏说书" 2018年第4期琐记——

　　每年的4月都会有不少的活动，2018年4月的活动显得格外的多。统计了一下，我策划、主持和参加的活动一共有17场，包括策划主持活动13场，参加书店活动2场，参与店外读书活动2场。而这些活动大多集中在4·23世界读书日前后几天，21日和22日每天都有多达5场的活动。其中化学工业出版社"慢生活"丛书的两位作者解彩艺、蒋畹参与的活动多达7场。

　　因为一套"慢生活"丛书，密集开展了这一系列活动，可谓出版社和书店合作的一个范例，化学工业出版社发行的老总王向民在此之前多次与我沟通、协调，最终促成了这次系列活动。

　　网名"好摄女的解彩艺"是独立摄影师，好摄女频道创始人。她在七年时间里，用文字和影像，记录中国实体书店的成长和变迁，拍摄中国书店百余家，媒体称其"用相机拍出了中国独立书店地图"。出版《独立书店之番外：好摄女泡书店》，并拍摄纪录片《有一种生命叫书店》，最新作品《慢半拍，我的书店时光》由化学工业出版社出版。

　　蒋畹，杭州悦览树主理人。著有《晚上好，亲爱的陌生人》《不告而别》《宁波有意思》等书，其最新作品《深夜书房》由化学工业出版社出版。

这一期"政屏说书"场面很大

两天时间内，两位作家分头行动，解彩艺先后走进瑶海区梦和雅居、龙腾家园，蜀山区乐读书吧等城市阅读空间，她讲座的主题是："书店，让我慢下来"；蒋瞰则先后走进瑶海区合铁家园、大兴新居，蜀山区十里书香城市阅读空间，讲述"那些有故事的读书人"。我和小同事们密切配合，在两位作家的活动地点间来回穿梭，可谓分秒必争。

22日（周一）下午，我匆匆参加完外面的两场活动之后，赶回三孝口书店。下午4点，"政屏说书"读书日专场正式开始。

此次活动有几个亮点，第一，活动场地在一楼大厅，使用的是专门制作的大背景；第二，两位嘉宾全部是来自外地的新面孔；第三，现场很多的读者中有两位是特地从广州赶来的。所有这些，都让第十期"政屏说书"显得有些不同寻常。

活动主题是"读书与慢生活"，在一切似乎都是急吼吼的当下，这样的主题有它的意义和价值，慢下来，静下来，读几本书，是一个不错的建议，所谓的"慢生活"实际上是一种心态上的淡定和从容，而读书则是一种支撑和充实。

解彩艺说："她刚开始就是喜欢书店，泡书店的过程中喜欢上了拍书店。开始写博客，在微博上分享，后来就有出版商找她出书。现在到哪儿我用手机也爱拍。"出版了第一本书以后，她渐渐对自己有了要求，难道我只是再拍50家书店而已吗？于是就想到要做深入的对书店店主的采访。如今拍摄书店已经成为她的生活方式。

蒋瞰说她没开书店前，对这个业态也有过怀疑和迷茫，因为对自己来说，看书最好的状态是穿着睡衣躺在床上，后来开了书店就很好奇晚上什么人会来书店，于是有了《深夜书房》里18个有故事的读书人。"写作，把看到的听到的写下来是我们对内心不耐烦生活的反抗，生活非常无聊，每天大同小异，不能期待惊心动魄的事情发生，都是柴米油盐的事情。庸常生活里去发现人和人之间的故事，是我写这本书的初衷吧。"

自然还是要说榜单的。和往期图书销售排行榜不同，本期销量将网上书店和实体书店的销售量放在一起分析统计，更为全面和权威。《解忧杂货店》被拉下虚构类畅销书榜单第一名则是另一个改变。

从2017年开始，东野圭吾的《解忧杂货店》霸占全国畅销书榜单虚构类10个月之久，3月份，余华的《活着》（作家出版社出版）跃居榜首，值得庆贺。《活着》虽然是常销和畅销的经典作品，但在榜单中进入前三都很少，与此同时，另外一个版本的《活着》也销售得不错。

《活着》之后的第二至十名是《我在未来等你》《解忧杂货店》《追风筝的人》《摆渡人》《三体》《三体Ⅲ·死神永生》《刺杀骑士团长》《三体Ⅱ·黑色森林》《摆渡人（2）：重返荒原》，其中《追风筝的人》已经51次连续上榜,《刺杀骑士团长》是村上春树的新作。

作为世界最大的对冲基金公司——桥水基金的创始人,达里奥在投资领域的成就是斐然的,其回顾一生经历经验的作品《原则》在上个月非虚构类畅销书榜单中是第一名。3月14日霍金先生去世后,其代表作品《时光简史》的销售果然有一个暴发,冲至第二名。后几名分别是《天才在左,疯子在右(完整版)》《我们仨》《我不》《浮生六记》《习近平的七年知青岁月》(平装本)《皮囊》《自在独行:贾平凹的独行世界》和《自控力》。

与东野圭吾作品相仿,非虚构畅销书排行榜前十名之外还有好几本大冰的作品,可谓国外有东野圭吾,国内有大冰,这种现象值得我们关注和思考。

手持玫瑰花合个影

2018.04.24 星期二　编辑:徐海燕　星级版式:马莉　校对:魏骏峰　　新安热线:962000　安徽网www.ahwang.cn　　A10

新安晚报 文体

"政屏说书"聚焦"读书与慢生活"

慢下来，在文字中对抗烦躁无聊

解彩艺：心情烦躁时找本书读

网名好雅女的解彩艺是独立摄影师，好摄女晚读创始人。七年前的她，用文字和影像，记录中国实体书店的成长和变迁，打捞中国书店百余家，探访称其"用相机拍下了中国独立书店地图"。出版书籍《独立书店之歌》。好摄女的书店，并拍摄有纪录片《有一种生命叫书》，其最新作品是《解彩艺的书》，该书项目光2自由化学工业出版社出版。

"解彩艺就是爱读书，在书店的过程中又爱上了书。只要打书籍，去翻翻上分享，刚好到书店找书，就会带刚好我去使用其他人的……"

关于读书，解彩艺表示十多岁的自己还看过那时候大不太出名的内驱动时的书，"持续关注一直没有丢。开始的安安妮宝贝的东西……"

蒋瞰：无聊的时候读书是稀释

蒋瞰，杭州"晚读柜"24小时书店主理人，曾经的媒体人。自称是个急性子。"关于24小时书店……"

"最好是好读，没开书店的……"

"读书也是稀释，无聊的时候，陷入孤寂的时候，有事做，有事做……"

□记者 蒋楠楠 李燕然 安

《活着》将东野圭吾拉下头把交椅

虚构类

非虚构类

CBA下赛季变化多
常规赛20队分为4组，季后赛扩至12队

辽宁队夺冠后在颁奖仪式上自拍。

综体

《新安晚报》2018年4月24日第A10版

11 | 听张纪聊"我的祖父张恨水"

"政屏说书"2018年第5期琐记——

第一次见到张纪时的情形，我记得很清楚。2018年4月26日傍晚，我应作家王张应的邀请，到位于金屯立交桥西南角的同庆楼大酒店，据张应兄说，张恨水先生的长孙张纪路过合肥，晚上约几位文友聚聚。

张恨水先生的作品我读的不多，但接触得比较早，他的《创作回忆录》给我留下了很深的印象。博学、勤奋、高产，是一位了不起的大作家。

我到达酒店天色已晚，等电梯时，见一中年男子拉着一个箱子，高个，大脸，似乎有一点点背肩，眉宇之间有那么一点熟悉的东西，于是我冒昧地问了一句："是张纪先生吗？"他马上答道："是的，我是张纪。"我们就这样认识了，然后边走边聊进了包厢。

那天晚上气氛很好，在座的多为省市文化名流，大家放松地喝酒聊天，主要话题自然是张恨水先生。正说在兴头上，我忽然想到，请张纪先生做一期"政屏说书"，因为是临时增加的，可以作为特别活动。我这么一说，大家都觉得好，可以做，张纪先生尽管有些懵，不清楚"政屏说书"是一个怎样的活动，但还是答应了。

酒席散了的时候，已经九点多，我首先联系《新安晚报》的马丽春老师，她听了后说可以啊，就是时间有点紧。我说没关系，马上就准备和落实，报社那边则请她费心，安排《新安晚报》大皖客户端徽派对活动进行全程直播。接着我就在马路边上给书店的小同事打电话，请他们明天一上班就赶紧落实活动背景和海报，同时将张恨水先生的作品收集到一起，在活动现场展示。第二天早晨，我继续盯着活动的准备工作，直至最终一一落实。

张纪说"我的祖父张恨水"

张恨水先生是我们安徽省潜山人，被尊称为现代文学史上的"章回小说大家"。他1911年开始发表作品，1924年凭借九十万言的章回小说《春明外史》一举成名；此后，长篇小说《金粉世家》《啼笑因缘》的问世让他的声望达到顶峰。有评价说，张恨水对旧章回小说进行了革新，促进了新文学与通俗文学的交融，雅俗共赏。

张纪曾任中国人口报编辑部主任，北京劳动就业报总编辑等职务，高级记者，北京吉利大学新闻与信息传播学院教授，著有《我所知道的张恨水》。在张恨水先生的后代中，张纪是唯一继承了祖父写作和新闻编辑出版事业的，因此我对于这场活动充满了期待。

4月27日是周五，卖场里读者不是太多，但"政屏说书"特别活动"我的祖父张恨水"还是吸引了不少读者的围观。张纪先生也很快适应了活动的形式和氛围，开始时还有些谨慎地斟词酌句，后来则比较放松了，侃侃而谈。他是张恨水先生的长孙（年龄最大的孙子），因此对于家里的事情相对来说知道得多一些，一些细节和感受独特而真切。

张纪说《金粉世家》是他爷爷的代表作，在不同年代拍过很多次了，而导演李大为拍得很唯美，流传最广的就是沙宝亮演唱的《暗香》，在任何场合听到它都会不由得激动起来。

张纪介绍说，张恨水一生写下107部中长篇小说，85篇短篇小说，5000余篇散文杂文，几千首诗词，共计三千多万字。这些作品散布于民国期间各种报纸杂志的连载上，战争年代有的报刊自己办着办着就支撑不住停刊了，有的是因为经济原因断了稿费，毕竟张恨水是靠一支笔养活一大家子的，因此有一些没有写完。

张纪说，作为张恨水的后人，最头疼的是人家说我爷爷是"鸳鸯蝴蝶派代表人物"，因为我爷爷从不承认他是"鸳鸯蝴蝶派"。我爷爷的朋友张友鸾在改革开放初期就撰写文章，说张恨水不是"鸳鸯蝴蝶派"。如果问我张恨水是什么派？我会说"他是平民派"，他的小说素材来自社会，来自平民，也走向最广泛的平民，他的小说雅俗兼容，因此也赢得了最广泛的读者，最终形成了自己的风格。

总体感受，对于张恨水先生及其作品的挖掘和研究还是不够的，对于其在中国文学史上的贡献和地位也缺乏一个比较公允的评价，因此应该加强宣传的力度，在由其作品改编的电视剧热播的同时，让更多的人能够阅读他的原作，让"张恨水热"真正热起来。

活动最后，张纪说他每次回老家都有要途经省会合肥，这个城市给他留下了极其美好的印象，特别是安徽大学，繁茂的树木，优雅的环境，真是做学问的好地方。什么是宜居城市？这里就是，未来最值钱的是空气。

张纪说，当他步入合肥新华书店三孝口分店大门，一股书香扑面而来，人们穿梭于书的海洋之中，在楼梯边我看到几位年轻人坐在那里安静地读书，这种景象真好。真难得！

活动从下午3:30开始，到5点左右结束，前前后后有一个半小时，出乎我们的预料。

我在当天的微信朋友圈里写道："从昨天晚上7点见到张纪先

生，到今天下午5点，'政屏说书'特别节目'我的祖父张恨水'即将结束，不过22个小时。一群人紧锣密鼓地准备，使得今天的活动很有特色和吸引力。很多事情不可能一蹴而就，很多问题不会一下子弄清楚，但只要开始做，就会有希望。作为一个安徽人，宣传和致敬张恨水，不仅是一种情结，也是一种义务。"

的确是这样。

活动现场

2018.05.05 星期六　编辑：徐海燕　星级版式：马莉　美编：张军　校对：吕娜　　　　新安热线：962000　安徽新www.ahwang.cn　A09
新安晚报 文化

张纪"路过"合肥做客"政屏说书"——

我的祖父张恨水是个"平民派"

往日里填籍贯就要填安徽，回潜山老家经常路过合肥，但张纪很难逗留合肥，基本都是路过。4月23日世界读书日，张纪受邀前往江西农业大学，为读者月开幕式做演讲，因缘际会辗转返程途中，应邀参加了新安晚报大皖客户端徽派栏目"政屏说书"，在合肥三孝口书店，和读者聊聊爷爷张恨水。

← 张恨水1966年与家人合影。

张纪

江西，梦开始的地方

主持人：先说说张恨水与江西农大的缘分？

张纪：让我吃惊的是江西农大图书馆在梳理馆史时，发现我爷爷曾在江西高等农业学堂中等农林科读书，1912年7月，改名为江西农林专门学校甲种农林科。他们的考证和我爷爷回忆的学校地址都吻合的。

在江西农大，我看到校史馆里杰出校友部分展示着张恨水的照片，学生们在共读月中推荐阅读张恨水名著《啼笑因缘》，校广播站的学生们也在每天一回地诵读，让我很非常感动。如果一位作家的作品征服的不仅仅是一代读者，而是一代又一代读者，那他的作品就不会死，就能流传于世。

在我回到黎川三百多公里，一个海拔零公尺的高端跑车便可到达，而在我爷爷十岁时随曾祖父赴任官职，要乘船数日。在前往黎川的乌篷船上，我爷爷第一次读到了小说，一本《唐演义》，这本让十岁的他着迷了，从此跌入了小说和诗词的圈子里不能自拔。江西黎川这个地理坐标对我爷爷非常重要，一个契机影响人一生，这里是爷爷文学梦的起点。

暗香长留，何人来嗅

主持人：这是张恨水作品里的句子，"世上的东西都能坏，只有才子没法坏。"日子是以后，不是过去的，通你地未达是看寻不着代的人生理想。

张纪：《金粉世家》是爷爷的代表作。在不同年代拍过很多次了，同导演亦是拍得很难道，流传最广的就是那个亮的《暗香》。在任何场合听到它都会不由激动起来。

我曾经和一位大学生有过这样的对话："听说过张恨水么？""听说过。""看过张恨水的小说么？""没看过。""看过张恨水的电视剧么？""没看过。""为什么在应该读小说的年龄不读小说？""因为高考不考。"现在中学生的每一分每一秒都被规定死了，他们的时间都属于老师，属于家长，不属于自己。不是不能看小说，是不敢看小说。

知道当今的状元们都哪里去了吗？都在重点大学的经

管学院里，在做总裁梦，多数状元们在学金融。你们应该记住，阅读文学作品，是个非常有用的风骨，但它是人的风骨，是人的基石，它会使人活得更像人。我们当然要读与我们专业相关的书，但我们不读一本生命意义的书也不看，那样我们会渐渐失去做人的深度。

卷帙浩繁，几人能懂

主持人：都说张恨水是个误读最严重的作家，有哪些误读？

张纪：我在江西农大的演讲题目是《不一样的张恨水》。我爷爷一生写下107部中长篇小说，85篇短篇小说，5000余篇散文杂文，几千首诗词，共计三千多万字。这些作品散布于民国期间各种报刊杂志的连载上，战争年代有的报刊会停着停着就支撑不住了。在中长篇小说里，他的半截作品就有29部之多。将张恨水小说在民国旧版书中统统打捞出来，就是一个了不起的工程。

我特别感动于一位民间收藏家，他无门无派，不是科班出身，是出于对张恨水先生的崇敬，付出了几十年的心血，打捞张恨水先生的轶文。他逐渐成为张恨水研究专家，已经出版有专著《张恨水作品图志》，还有两部专著《啼笑因缘绝异录》正待出版，他就是武汉黄陂区的宋海东先生。还有一位他州所有的教授谢家顺，在旧纸堆里，翻越民国报刊的一座座山峰，用了十多年时间，走遍张恨水活过的地方，甚至寻访了我真祖在江西广信和景德镇的所有痕迹，采访了很多张家亲属，写下《张恨水年谱》，他们填补了研究张恨水领域的空白。

怎一个鸳鸯蝴蝶了得

主持人：谈到张恨水我们脱口而出的便是"鸳鸯蝴蝶派"。

张纪：作为张恨水的后人，最头疼的是人家说我爷爷是"鸳鸯蝴蝶派代表人物"，因为我爷爷就不承认他是"鸳鸯蝴蝶派"。我爷爷的朋友张友鸾在改革开放初期就撰写文章，说张恨水不是"鸳鸯蝴蝶派"，张恨水研究会，也做了几十年

泪，相留醉，几时重，自是人生长恨水长东。"爷爷从小就喜欢古诗词，从这里选出两个字，做笔名，那是在武汉带助别人办小报，补白时用的笔名，用这个笔名时他还是一个默默无闻贫困潦倒的青年。

现在如果人只喜欢恨水是什么意？我会说"他是平民派"，他的小说家村来自社会，来自平民，也走向最广泛的平民，他的小说雅俗兼容，因此也赢得了最广泛的读者，最终形成了自己的风格。合肥《学术界》里最广泛的"张恨水是最接地气的作家，所以他的作品流传最广，影响最巨影响最大。尽管他的产量极大，但都来自于生活，这是非常可贵。

主持人：作为张恨水后人，有没有路必来维承爷？

张纪：这是所有名人之后都会遇到的问题。我的爷爷确实希望他的长子、我的大爷继承小水能够子承父业，我父亲从小也有过严格的文学训练，在诗词写得甚好，是搞文学的基石，后来他考上了华北大学，就是现在的中国人民大学，那时候国家急需人才，构建社会主义理论体系，研究计划经济体系，我父亲就读了政治经济学，而我二叔则选择了清华大学的石油冶炼专业。国家的需要就是他们那一代人的志向。在长兄的表率下我的几个叔叔，都选择了带工资，管吃管穿的学校，先想到的是节省减轻负担，没有搞文学的。到了孙辈，我爷爷留下"基因遗传"走上文学的道路，工作后走上了新闻传媒的这条路，和爷爷一样办报几十年，最个大。但我真没有文学创作的天分。有一条就比不了，我爷爷特别善失眠，而我爷爷喜欢浓茶，脑烟烟，抽两三几箱，我会一休息的时候，爷爷他够放下笔，倒头便睡，这也是天分！

主持人：坊间说的张恨水与爱情有关，能否详述？

张纪：我遇到的最多的段子是"恨水不结冰"，我恨水追求水心不得的传说。由于这太具有传奇性，流传了大十多年，几乎约定俗成，我们家屋中出多个解释都合格。

"恨水"名字的来由，来自李煜《乌夜啼》的结尾，"胭脂

基地。2012年，我弟弟张朝，为纪念馆捐献了他多年淘宝来的一箱子民国版张恨水小说，都是珍贵资料。

每次回家自然要谈经营会合肥，这个城市给我留下了极其美好的印象，特别是夜里的教授，繁花四射水，优雅的环境，真是做学问的好地方。什么是宜居城市？这里就是，当下的速度在加快，我需想，如此弄四一个，省下享点功夫的我该往哪去了？这次拜访你们，在合肥新华书店三孝口书店和每年轻人坐在那里安静地读书，让稍景象真好。真刷刷！

此处书香别有安静处

主持人：最后能否谈谈读书对合肥的感受？张恨水始的我们的启示是什么？

张纪：从上世纪八十年代初期，我作为记者，做第一次路上故土，就有一种莫名的感动。我祖父是在家乡的黄土屋里励志，从黄土屋里吸取着传统文化和西方外来文化的养分，从而走向社会，干了一番事业。我会经常回安徽潜山老家，因为祖父已经安葬在潜山。家乡小说，潜山有两宝，"山是天柱山，水是张恨水。"爷爷初心中，张恨水有着崇高地位。合肥建了张恨水墓园和张恨水纪念馆，纪念馆收藏极为丰富，是研究张恨水的很好

新安晚报 安徽网 大皖客户端记者 蒋楠楠 李燕然

江泓
周日做客徽派聊"纯棉系"生活

本报讯 本周日下午三点，著名作家江泓将做客新安晚报大皖新闻客户端徽派栏目，谈一谈"纯棉系"的生活方式。

江泓是著名作家、高级编辑、资深电视媒体人、中国科技大学硕士生导师，著有作品《活出那份飘逸道来》《步步莲花》《一半明媚一半忧伤——民国那些女子》《人生转折上一二事》《月白流苏》《风动玉兰满庭芳》等，并起起微信公众号"纯棉系"。江泓的作品堪称"女人书，岁月书"，包罗书、文学书，读者具有丰富多又文混沌的别的感受，此番做客徽派，江泓将结合自己的职业、生涯聊一聊"纯棉系"的生活方式。本周日下午，徽派将在高新区科学大道与银杏路交口向东50米（华地紫园小区北门向东20米）华地紫园楼远小部举行。届时，徽派将全程视频直播。

新安晚报 安徽网 大皖客户端记者 蒋楠楠 李燕然

《新安晚报》2018年5月5日第A09版

12 | 找寻城市文化的独特密码

"政屏说书"2018年第6期琐记——

2018年第五期"政屏说书"，5月20日（周日）下午4:00开始，一本书，一个书榜，吸引了不少文化界的朋友参与。

一座城市有它独特的文化密码，一座城市也会有一群它文化的研究和保护者，汪军就是这样一个人。2017年11月，他做客《新安晚报》大皖"徽派"，我参加了那次活动，事后他采纳了我们的建议，历时半年多，出版了《记忆场：晚清民国安徽省会安庆城市文脉》。据介绍，在这本书里，作者将历史事件、历史人物、街巷有机地融为一体，将历史和旅行深度结合。

近年来汪军涉足小说、摄影、策展等领域，均有不俗成果，并善于利用博客、微博、微信等新媒体。他有一段话我印象很深："这七八年时间，我坚持阅读历史文献，辄有发现就记录下来，在微博发布，研究和传播同步进行。文化研究就是日积月累，信息不断汇聚，就成为了一篇文章，或是一本书，这样的模式会延续下去。另外，对好的题材要进行深度挖掘，除了对历史文脉进行梳理，对拥有信息量较多的东西进行深度加工。"

汪军说，过去我们国家的文化是乡村宗法文化，以宗族为本位，现在正在转化为都市的市井文化、平民文化。在快速城市化的今天，乡村文明在凋敝，很多自然村落在消失，人口向城市集中，从"乡愁"到"城愁",梳理和建构城市文脉非常迫切,否则城市也就是一堆钢筋混凝土。如果我们这代没人做这件事,以后也就没人做了,因为这一代人还承载了乡村文化向都市文化转型的记忆,还有这个情怀,如果现在没人及时去做,城市文脉也就断裂了。

汪军认为,全球化和本土化并行不悖,城市全球化,文化心灵本土化。人口现在大规模向城市集中,他们有这个文化需求,需要了解这个城市。搞文化不是孤芳自赏,是传承,要有国际视野。

出版社代表朱移山,著名学者翁飞、陈劲松,著名媒体人、学者:吴国辉、章玉政、张扬、程堂义等参加活动并发言。

说榜环节内容也可谓相当有料。在2018年4月全国畅销榜单虚构类,作家出版社出版的《活着》蝉联榜首。不仅如此,北京十月文艺出版社版的精装本《活着》也杀入前十。前十名的榜单中有两个不同版本的《活着》,很有意思,足以见到这本书的影响力之大,创了很厉害的纪录。当然这也跟之前世界读书日的网络营销活动密不可分,最近读余华的作品应该是件很时尚的事。

汪军侃侃而谈

第二第三名是《解忧杂货店》和《追风筝的人》,这两本书已经分别连续在榜46个月和52个月,可谓虚构类畅销书榜单中的"常青树"。紧随其后的是《百年孤独(50周年纪念版)》《三体》《三体Ⅲ·死神永生》《三体Ⅱ·黑色森林》《活着》(北京十月文艺版)《摆渡人》《岛上书店》。

值得注意的是,本次前十名榜单首度出现中外图书旗鼓相当的局面。各占五本,当然我希望

活动现场

有更多新面孔和本土图书出现在榜单上。

　　除了余华作品爆发性的销售增长外，东野圭吾有5部作品入选前三十位榜单，表现亮眼。另外共有4种图书是首次上榜，其中《苏菲的世界（新版）》《放学后（2017版）》和《许三观卖血记（新版）》均是再版图书，只有《房思琪的初恋乐园》是真正意义上的新书。

　　非虚构类榜单前十名是：《天才在左，疯子在右（完整版）》《浮生六记》《习近平的七年知青岁月》《自控力》《我们仨》《我不》《原则》《时间简史（插图本）》《半小时漫画中国史（全新修订版）》《皮囊》。

　　《天才在左，疯子在右（完整版）》冲至第一位，多少有些意外；《原则》掉到第七位属于回归正常；《我们仨》《我不》名次稳定，尤其是《我们仨》，简洁的装帧，平实的文字，似乎并不起眼，但真的很不简单。

　　其实从畅销书榜单是能看到不少东西的，有书里的，也有书外的，不可能那么单一，作为局外人，看看就可以了，也没必要过于纠结。

2018.05.23 星期三　编辑:後遠猕　版式:莽巧男　校对:魏婧嫱　　新安热线:962000　安徽网www.ahwang.cn　A14

新安晚报 文化

汪军携新书《记忆场》做客"政屏说书"

梳理皖江文化　建构安庆文脉

上周日下午，由合肥新华书店和新安晚报大皖客户端徽派栏目联合举办的"政屏说书"如约而至。除榜单分析外，皖江文化学者汪军携新鲜出炉的著作《记忆场:晚清民国安徽省会安庆城市文脉》再度做客徽派，畅聊这部由徽派催生出的新书的创作体会。活动当天，还有知名学者、作家、媒体人、出版人等也纷纷到场，并带来精彩发言。

□大家之言

建构城市文脉迫在眉睫

徽派:为什么会做这样一本书?

汪军:这本书的缘起是去年11月份徽派的专访，主题是讲以老省城安庆为中心的皖江文化。上次讲了以后，很多人建议可以出一本书，老省城安庆的旅游是一种精神遗产，老城改造得越来越不到多少遗迹，必须要有当地文化人做引导。鉴于大家有这个需求，历时半年出了这本《记忆场》，做安庆深度旅游的导游图。

徽派:作为文化学者，你觉得在保护文脉方面可以做哪些努力?

汪军:每个城市的文化人都应该有使命感，对政府的决策也会有一定的引导作用。历史文化名城保护有三个层面，第一是宏整的历史街区保护，第二是街道格局、地形地貌保护，第三是建筑保护。历史文化名城保护，要留文化人去发掘历史信息，对政府决策造成影响，有很多空白空要审辨、要亲力亲为。

人文追溯中获得满足

徽派:如何理解"记忆场"?

汪军:记忆场就是对历史街区的构建，城市的每个街区都有独特的色彩。我们用文明

件事，以后也就没人做了，因为这一代人还承载着乡村文化的都市文化转型的记忆，还有这个情怀，如果现在没人及时去做，城市文脉也就断裂了。感触徽派给我的鼓励和信念，让我控控性地把这些事做成了。

结合的方式呈现出来。书中揭多照片都来源于市井、西方的药衔、东方的市井，是当代人灵魂栖息的地方，这几年我拍了很多安庆市井的图片，可能过几年就看不到了，那些菜市、民间小吃、人生百态，都是文化的附着物。文化不是高大上，一定要结合市井，结合民间，才有生命力。

徽派:安庆有让你印象深刻的"记忆场"吗?

汪军:书出大南门那一带，我的印象比较深。我小时候就在古玩方，是安徽大创校的地方。古玩一直被不消楚，真到一直被人去拍那的历史信息，和小的时候，每次经过礼堂的时候都很有气场，也珍藏有我很多的记忆，挖掘数料之后，将了解开了我多年的谜团，圣公会是最早中文出现的，安文安徽大学时期，正是中西方文化交汇的一个巅峰时期。

文化不是孤芳自赏是传承

徽派:在全球化的今天，你的研究有什么现实意义?

汪军:全球化和本土化并行不悖，城市全球化，文化必须本土化。人口在大规模向城市集中，他们有这个文化需求，需要了解这个城市。在这个扁平化的社会，每个人都有话语权，都需要得到尊重，资本位的话语体系已经不适用了，而取而代是平民化的，因此对文化价值的重新认识，确文化不是孤芳自赏，是传承。要有国际视野，只要是充满人文情怀的东西，其他国家的人也能得到满足，在城市获得精神满足。

徽派:接下来您还有什么创作计划?

汪军:这七八年里间，我坚持阅读历史文献，镇有发现就记录下来，在徽博发布，研究和传播同步进行。文化研究就是日积月累，信息不断正紧，或是一篇文章，或是一本节，这样的模式会延续下去。另外，对好的题材进行深度挖掘，除了对历史文脉进行梳理，对哪有信息最较多的东西进行深度加工，两种写作模式并行不悖。

朱建山(出版人): 汪军先生的这本书把我时对文化的激情推向了一个高峰。皖江文化是一个宝矿，很多人都是泡沼着皖江文化成长的，像汪军先生这样，先于斯长于斯研究于斯，再累勤像几十年的孜孜以求的，我很欣赏他就有了这个研究的成果，非常佩服他能把自己的生命和他研究对象的生命融为一体，注入了激情和思想。

鲁飞(历史学博士): 江军对城市有概念非常清晰。皖江有玉个安庆，八百里皖江，老龙头在安庆。从生态地理上看，安庆非常重要，谁来建安庆，先就自己的故事讲好，读去江军做得非常好，这本书把自己说的大事，满长城校的文化审视价值，真解有六六年研究我才把古迹挖掘出来。

张扬(《安徽商报》楹周刊主编): 汪军是上下五千，江军此读来流言下，延续至今，他做学问不是机械的去找活的，是文化的格局，并不局而就江流域，通过这个平台把出想象，不仅仅是文化地圈，还有很好的学术深度，信息量很大，汪军通过文字图片重活达个城市记忆文脉，带带进人。

吴国辉(安徽网总编): 汪军不仅仅是学者、研究者，他还是文化传播者。看过本书，对文化传播有一定要素。这是真实，新闻也是，你记录故事，做叙迷点不可取；二是专志，这本书要经过查证辨识，不是废构；三是创新，文化必须每自下结合起来，不能做踱发失，任何一种文化必须发场光大才有意义。汪军颗的取材，都是选择体气的，也是很严谨的，不是完全都在书写里，他的本都是用脚市走量起来的。

章玉政(学者): 时江军最大的感受就是他真正把学术研究的"顶天立地"都做到了。他对桃江文化有价恢宏的构思，也为安庆的历史文化做了许多有待的研究，这本书就是安庆的历史文化地图，可以成为文化研究的范本。汪军把整个桃江文化的掌握，也括文字，都非常有意趣，既有学术的严谨，也是动有趣，是不可多得的学者。

新安晚报 安徽网 大皖客户端
记者 李燕然 蒋楷楠

《新安晚报》2018年5月23日第A14版

13 | 贴近市场 常变常新

"政屏说书"2018年第7期琐记——

当"政屏说书"做了12期之后，我和小伙伴们就在琢磨，是不是可以在形式和内容上做一些改变甚至突破，以期进一步贴近图书和市场，于是就有了2018年6月23日（周六）全新的第13期。

首先依然是"榜单发布"。

2018年5月全国畅销书榜单虚构类前十名是：《活着》《解忧杂货店》《我在未来等你》《三体》《三体Ⅱ·黑色森林》《三体Ⅲ·死神永生》《追风筝的人》《活着》（北京十月文艺版）《摆渡人》《百年孤独（50周年纪念版）》。

《活着》连续3个月位居虚构类榜首，应该是5月份的全国图书销售排行榜最大热点。两种版本同时进入前十位也属罕见。冯骥才的《俗世奇人》、张皓宸的《听你的》首次进入榜单，即排名十一和十三，很不简单。

5月非虚构类榜单前十名是：《习近平的七年知青岁月》《半小时漫画世界史》《浮生六记》《半小时漫画中国史（全新修订版）》《天才在左疯子在右（完整版）》《原则》《正面管教》《我不》《自在独行：贾平凹的独行世界》《时间简史（插图本）》。

业内人士在评价《半小时漫画世界史》的表现时，用的是"强势入榜"这样的词，可谓到位。这本新书的书名是"二混子"的本名陈磊，也颇有些意思。第七名《正面管教》（简·尼尔森）、第十二名《自控力》（凯利·麦格尼格尔）都是首次入榜，表现不俗。

第二个环节是"深度解读"，本期活动一共有5位解读人，他们有一个共同特点：都是书店的员工——图书发行员。

李新解读的是高铭的《天才在左疯子在右（完整版）》。他说他是花了两个夜晚加一个白天读完了这本书，但夜晚读书时的感觉不是很好，有点"惊悚"。看到最后，感觉似乎那些病房里的患者才像是正常人，而"我们"反倒有了问题。李新坦言不是每个人都适合读这本书，我挺认同他这个观点，同时认为作为一本非虚构作品，时常会让人有虚构的疑惑。

李新解读《天才在左，疯子在右（完整版）》

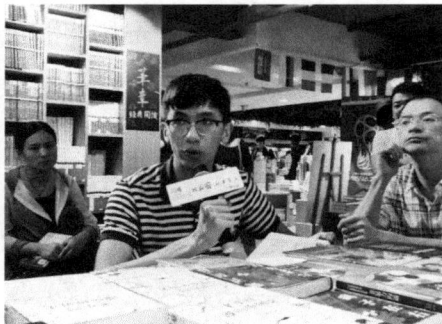

冯春宇解读《时间简史（插图版）》

冯春宇解读的是霍金的《时间简史（插图本）》。他坦言自己没完全读懂，但他找到了自己理解的途径，并将它们分享给现场的读者，同时提出了自己的疑惑：霍金先生是一名无神论者，但是在本书中却不止一次提到了上帝。其中蕴藏了怎样的含义？

四楼文学馆馆长丁莹解读的是我省作家李筱懿的《情商是什么？——关于生活智慧的44个故事》，在她看来，这本常年位居三孝口书店借阅榜与销售榜前列的图书，有着自己很明显的特色，通俗实用。书中所列举的事例，能够引发共鸣，得到启发。

五楼社科馆长馆助理夏毓鹏解读的是马歇尔·卢森堡的《非暴力沟通》。这本书经常出现在非虚构畅销书榜单里，在三孝口店的借阅和销售量也很可观，夏毓鹏详细解读了这本书的特点，并与读者分享了其中一些内容，让大家在短时间内对这本书有了大概的了解。

最后，刘啸啸解读了《半小时漫画世界史》。虽然冠名"半小时"，半小时也的确能够看完，但它生动有趣的漫画形式，展现大量历史事件和人物，很容易让人沉迷其中，花费很多时间去回味和联想，甚至会去阅读相关的图书和专著，因此，他认为这本书堪称了解和学习历史的入门书。

因为都是来自一线和准一线的管理员和员工，又经过比较充分的准备，几位同事的解读和分享都很接地气，大家听了之后觉得很难得很过瘾。

但凡爱书之人，都会收藏一些自己喜爱的图书，时间久了，就会有了自己的收藏方向和特色，有关收藏及版本的故事自然也不会少。新设置的"藏书展示"版块将陆续邀请这些有特点和个性的藏书者，为大家展示他们的藏书，分享他们的经历和快乐。

本期邀请的也是图书发行业内人士叶纯，他给大家展示的是他收藏的连环画书，一些稀有甚至绝版的版本引发大家极大的兴趣，围拢过来，看着那些早些年太平常不过的小人书，感叹着收藏者的有心和用心。的确，收藏需要毅力，更需要眼力和学识。

"现场特惠销售"是针对活动参与者的福利。由书店提供虚构类和非虚构类榜单前十名的图书各10本，由读者现场抽出低于8折的销售折扣，按照读者报名顺序依次销售。

6.5折，8折，都是低于会员价，可谓惊喜

叶纯展示他收藏的连环画

连连。此时不买，更待何时？选书，付款，又是一轮小高潮。

贴近市场，常变常新。活动结束了，但热乎劲还在持续，在卖场微信公众号随后的回顾微信里，有这么一段内容：

关于新版"政屏说书"，看看他们怎么说：

"刘老师的政屏说书，我算是常客了。从去年的第一期我就作为听众参与了。很高兴看到每一期的栏目都有新变化，也很喜欢刘老师风趣幽默地解读榜单。"

——王大大的兔耳朵

"我今天第一次参加这个活动，觉得这个很有意义，告诉我接下来应该读哪些书。"

——中心幼儿园丁

"很感谢刚刚那位读者抽到了6.5折，我沾着他的光买了三本书，太划算了。我想要《三体》这个系列很久了。"

——木白

14 躁动之下的优雅阅读

"政屏说书" 2018年第8期琐记——

7月的合肥,已然进入酷暑,21日(周六)下午4:00,"政屏说书" 2018年第七期正式开始,参与者中,除了前几天报名的读者,还有不少驻足旁听者,他们随着活动的进行,时而安静地听,时而围拢过来看,时而参与竞购,场面生动而有趣。

首先还是由我解读上个月的全国畅销图书榜单,相对于不温不火、缺乏变化的市场,本月榜单显然要精彩得多。

2018年6月全国畅销图书榜单虚构类前十名是:《活着》《三体》《三体Ⅱ·黑色森林》《三体Ⅲ·死神永生》《解忧杂货店》《我在未来等你》《就喜欢你看不惯我又干不掉我的样子(3)》《平凡的世界(全三册)》《摆渡人》《追风筝的人》。

《活着》连续4个月位居虚构类榜首,《平凡的世界(全三册)》回归前十,都不容易。当然,更让人意外的应该是一本名字如此之长(16字)、价格如此之高(55.00元)的漫画书:《就喜欢你看不惯我又干不掉我的样子(3)》,居然直接从上个月第二十五位上升到第七位。

非虚构类榜单前十名是:《你坏》《红星照耀中国》《所有失去的都会以另一种方式归来》《浮生六记》《习近平的七年知青岁月》《半小时漫画中国史(2)》《半小时漫画世界史》《自控力》《我不》

《天才在左疯子在右（完整版）》。

活动现场

应该说这份榜单很有看头，4种进入榜单前十名的图书，上个月都不在榜，这个月异军突起。其中两种新书一个榜首（《你坏》）、一个第六（《半小时漫画中国史（2）》），而两位作者大冰和陈磊（二混子）分别还有一本书在前十名，真是不容小觑。

随后又介绍了2018年上半年畅销图书排行榜的总榜单，虚构类榜首是《活着》，非虚构类榜首是《习近平的七年知青岁月》。

第二个环节是"深度解读"，本期活动一共有3位解读人，和上期一样，都是书店的员工，这也算是这两期活动的特色了。

刘啸啸介绍和解读的图书是大冰《你坏》，他还特地带来了大冰的早期作品《他们最幸福》进行对比。他说："每次读大冰的书我都挺惊讶。他的文字中的灵性、纯净与他本人外形反差颇大。这本书不仅仅是他对早期著作的补充，也是他这几年行走的见证"。

四楼文学馆馆长丁莹解读《所有失去的都会以另一种方式归来》。她说："两年前，有位读者来咨询耿帅的著作，促使我留意到这本书，并想要去了解这位作者。在关注他之后，我发现他是个特别有才的人，只是很可惜，了解他的人太少。而最近这本书大火，起因则是由于抖音上一位大V的视频。再加上这本书的优秀内容，使得它冲上了排行榜"。

五楼社科馆夏毓鹏解读了《就喜欢你看不惯我又干不掉我的样子（3）》。夏毓鹏唯一喜欢的喵星人，就是"吾皇"。从他带到现场的各种吾皇周边（衍生产品），就能看出来。"这只胖胖的猫'吾皇'给我的生活带来太多欢乐，每次翻阅，都会让我开怀大笑。它的一些金句比如'遇事冷静，脸小三分'让人感觉好笑的同时，还富有一些道理。而作者白茶，想象力也是极为丰富，几乎每一个热点，都能用一只霸气十足的猫和一只贱兮兮的狗COS出来。"

实际上，每一次介绍和解读，对于员工来说，都是一种测试和锻炼，对于图书的熟悉和理解程度，语言的组织和表达能力，现场的互动和应变能力，等等，对他们或多或少形成挑战。以至于有的员工在活动之前颇有压力，反复看书做笔记，写出发言提纲，等等，即便如此，依然压力很大。不过我相信通过这样的体验或者说锻炼，他们一定会有收获的，对于他们以后的工作也会起到一定的促进作用，而这，才是最终的目的。

程耀恺老师收集的《诗经》版本之多，我是知道的，但他带来两大包《诗经》的各种版本还是让我感到意外，读者们不用说大开眼界了。线装本，全本，各种各样的选本、注

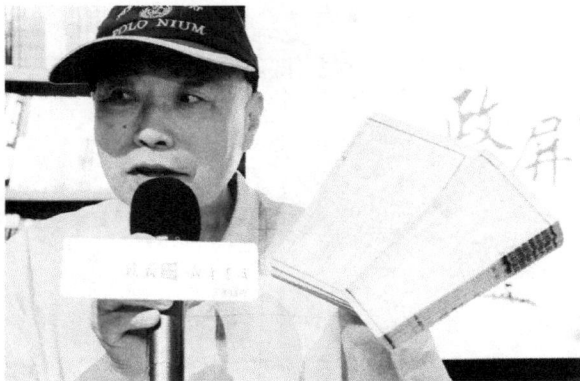

程耀恺展示他收藏的《诗经》版本

释本，最早的已有近八十年的历史，程老师他一边展示一边介绍，不少读者围拢了过来，大家啧啧慨叹，议论纷纷。而程老师随口说来的几十年研读《诗经》的心得体会，更是让大家感觉受益匪浅。

让读者们开眼界、长见识，了解一般阅读之上的作品研读和版本收藏，对于读者来说，无疑是有益和有趣的。毕竟，阅读是一件好事，也是一件雅事。

现场抽去优惠购书折扣也爆了冷门，非虚构类图书6.5折，立刻引发一阵购书热潮。因为正常情况下，这样的折扣是不可能出现的，而销售的又全是畅销书榜前十名的品种，的确是机会难得。

另外，本期活动由于有在摄影方面比较专业的同事加入，所以收获了一批好照片，感觉不错。

还有一件事，让我很感动。合肥市灯谜协会的骆岩先生在身体刚刚恢复的情况下，不顾高温酷暑，赶到"政屏说书"活动现场，并赠送他专门为本活动制作的谜语："政屏说书——猜三国演义人物"。至于谜底，大家可以猜一猜。

7月份的天气是躁动的，本期的榜单也可以说是躁动的，但通过对于《诗经》的阅读和了解，通过参加"政屏说书"的活动，大家的心慢慢安静了下来，气氛和谐而优雅。

认真地想了一下，所谓优雅和优雅阅读，不是形式上的，而在于心灵，它是一种境界，做作不出来的。

一书在手，物我相忘，自然会沉静下来，优雅起来的。

15 | 腹有诗书之后的底气

"政屏说书" 2018年第9期琐记——

2018年8月26日（周日）下午4：00开始的"政屏说书"活动，又有新意。用微信预告的话来说就是："政屏说书"又双叒叕新花样啦！

的确，这期"政屏说书"预告做得有新意，虽然有几个字估计有点识别困难，但十个"又"：一次又一次改变，倒是我们一直在追求的。

本期活动一次性请来了4位阅读达人、一位藏书达人（也是读书达人），其精彩和丰富程度可想而知。

中国科技大学MBA读书会理事兼管理研习社社长周立敬，围绕中科大MBA读书会"读书好，好读书，读好书"的宗旨展开他的发言。倡导悦读，大家一起快乐读书。同时，读书要知行合一，王阳明先生说："饿了想吃饭，就是知。吃了就能饱，就是行。知行是辩证统一不可分割，知道做到方为知行合一"。他认为要提倡"读书、分享、交友、悟道"的读书理念，引领更多人读书，用一本书连接更多的读书人。

樊登读书会合肥企业授权点会长程新，现场为读者讲述如何高效读好一本书——观光式、漫步式学习。真正感受到沉浸式学习的威力，带来巨大改变的学习方式。当你遇到了某些问题时，想学什么的时候，找一本书来看就好了。他认为人世间的苦恼没有新鲜的，你所苦恼的东西，别人都苦恼过，他们就把这些内容写成了书，放在了书本里。所以，读书是一件一劳永逸的事。

高新区语文教师、合肥市十大读书之星周恒，出身教师家庭，自幼受家庭熏陶，开启阅读之门。作为"玩玩"读书会负责人，以"书好玩""读好玩的书""读书好玩"为命名由来，倡导把读书当成一件好玩有趣的事。周恒老师还介绍了胡适先生的观点——读书的原因有三：其一，读书是为了传承人类祖宗智识遗产并发扬光大；其二，读书是为了更好地读书；其三，读书可以帮助解决困难。

胜利路街道好妈妈读书会牵头人孙国丽，生活中常与社区街道的同事和居民一起读书，她认为，读书可以充实自己，修身养性的同时美化心灵，让我们拥有一颗饱满、温柔的心；其次，随着时光的流逝，孩子也渐渐成长，阅读的书籍会更多，为了保持和孩子有心灵的沟通，产生精神上的共鸣；读书是人类进步的阶梯，在美好漫长的时光里，我们不断前行，通过读书让心灵去旅行，遇见未知的自己。

潜心于李清照作品版本收藏和研究的丁伟，是一位知名企业家，他酷爱研读和收藏李清照的作品集。这些年来，也一直在关注李清照作品的出版发行。他每见到一本李清照的书，都会收藏、阅读、品味。有时，为了一本好版本书，他要花费不少的钱。记得其中价格最高的一本，是我关注到该书有特惠活动时，及时分享给他，为此我俩开心了好一会儿。藏书之乐，可见一斑。

在几位阅读达人发言时，我有一种很强烈的感受：自信满满，侃侃而谈，入情入理，言之有物。究其原因，就是有心得，有底气。而腹有诗书之后的"底气"，就是实力和动力。对于现场的参与者来说，自然是很受启发很有收获，这也算的是活动的福利吧。

经过几天的策划准备，"政屏书坊"微信公众号如期在活动现场揭开盖头。其实这个公众号对于我和我的小伙伴们是一个考验，坚持有效不仅仅是说说而已，它需要很多踏踏实实的工作和努力，而于人于己都有好处其实是一个很高的目标。

2018 年 7 月份的全国畅销图书榜单有些变化，有黑马也有意外。

虚构类榜单前十名是：《活着》《云边有个小卖部》《红岩》《三体》《三体Ⅱ·黑色森林》《平凡的世界（全三册）》《解忧杂货店》《三体Ⅲ·死神永生》《追风筝的人》《围城》。

《活着》连续五个月位居虚构类榜首，张嘉佳新书《云边有个小卖部》不但入榜，而且位列第二，可谓强势入榜。

活动现场

另外，全国畅销图书榜单受寒暑假期（尤其是暑假）的影响的确是太大，本期虚构类排行榜前三十种图书竟然有 14 种是大中小学校的推荐书目中的。

非虚构类榜单前几名是：《红星照耀中国》《你坏》《梁家河》《所有失去的都会以另一种方式归来》《浮生六记》《习近平的七年

知青岁月》《亲爱的安德烈：两代共读的36封家书》《半小时漫画中国史（2）》《我们仨》。

杨绛先生的《我们仨》与钱钟书先生的《围城》约好似的同时进入前十，巧合而不容易，也颇能说明问题。

活动结束后，我在微信朋友圈写了几句话：

不能辜负/那些早早就报名参加的读者/那些一直站在那聆听的读者/那些不停地记着笔记的读者/那些热心支持和参与的嘉宾/那些始终关注和关心的人们/那些努力做得更好的小伙伴/不能辜负他们

——这是我真实的感受，既有感动和感悟，也有压力和责任。

写这篇回顾时，已是近3年以后了，由于有微信朋友圈在，有书店微信公众号预告和回顾在，感觉颇为轻松。当然也很有感慨：每一场活动，实际上都少不了一些人的付出和辛苦。因此，回顾的同时，也在回味——那时的氛围，那时的时光，一直在我心中流淌。

参加活动的嘉宾合影

16 十年只为一人痴的执着

"政屏说书" 2018年第10期琐记——

9月22日（周六）下午3点举办的第十六期"政屏说书"，由合肥新华书店与《新安晚报》大皖客户端"徽派"栏目联合举办，由大皖"徽派"现场直播。

本期活动"新书发布"环节，关注青年学者章玉政和他的新作《刘文典传》。

2018年是安徽大学建校九十周年，也是著名学者刘文典先生逝世六十周年。7月出版的《刘文典传》，以刘文典的成长经历为脉络，重点展现其特立独行的个性、严谨治学的精神，为读者呈现一位不畏强权、甘于寂寞、狂狷不羁、热忱爱国的知识分子的形象。在行文中，大量采用新发现的第一手材料，澄清过去文献中关于刘文典的许多传闻轶事，如脚踢蒋介石、怒斥沈从文等，以史料说话，不渲染，不讳言，真实再现了历史人物的细部图景。

章玉政系新安晚报编委、策划运营中心主任，高级记者。左手新闻，右手历史。近年来，致力于探寻新闻与历史的真相复归，并重点关注转型期中国知识分子的思想史与心灵史。著有《狂人刘文典》《刘文典年谱》《光荣与梦想：中国公学往事》等书。

章玉政说他进入历史研究领域，其实出于偶然。"2005年左右我在北京采访全国两会时买到一本书，是刘文典儿子编写的《刘文典传闻轶事》，汇集了有关刘文典的媒体报道。我刚好毕业于安徽大学，上学时对刘文典也有一点了解，因此买了下来。"2007年，由于工作需要，章玉政离开了采访一线。"作为媒体人，不能放下手中的刀和剑，换一种方式继续我的爱好。历史研究与写作可以不需要外出采访，在家看书找资料也能完成，于是我开始翻查资料去考证，开始关注刘文典。"

十多年来，章玉政孜孜以求，收集到大量有关刘文典的文献资料，因此本期的"藏书展示"依然是他，而章玉政果然出手不凡，吸引众多嘉宾和读者的围观和赞叹。

其中有刘文典翻译的著作《进化论讲话》《基督抹杀论》，刘文典写给商务印书馆王云五的书信复制件等。还有刘文典在"二次革命"后逃亡到日本使用的印章，刻有当时的化名'平子'字样。这是刘文典先生儿子刘平章赠送给章玉政的，非常珍贵。另外，据章玉政透露，家里有两万余册藏书，其中大多数是关于近现代知识分子的，还积攒了满满一大柜子关于刘文典的史料。由此可见，章玉政用心之专，投入之大。

章玉政说文典

为了在本期活动里主持好新书的发布，以及随后与章玉政对话，我赶在活动开始前，于琐碎与各种所谓理由中，匆匆读完了《刘文典传》，感觉心里有了一些底。在我看来，没有读过嘉宾的作品而主持活动并与作者对话，不免轻率而荒唐。

放下书，我在微信朋友圈里写了一段话，最后两句是："刘文典真了不得！章玉政真不简单！"刘文典的"了不得"自不用多说，章玉政的"不简单"在于他的热爱，更在于他的执着。"十年只为一人痴"的执着，是一种精神，是一道风景，是他一本又一本专著坚实而有力的基础和后盾。当然，执着的同时，也会有"福利"，那就是沉浸其中的乐趣和享受。

章玉政有一句话我印象很深：忙完一天的工作，回到家，坐进书房，找找资料，做做研究，对自己来说是一种放松，也是一种乐趣。特别是发现新资料的时候，尤其开心，就像是发现了宝贝一样，有一种想请人吃饭找人来共同分享这种乐趣的冲动。

有关"榜单发布"环节的内容，直接截取于《新安晚报》的报道，引号里的话，基本上是我说的，换一种叙述方式，也挺有意思。

解读书榜是"政屏说书"的规定动作

　　8月份虚构类全国畅销书榜单上，余华的《活着》连续六个月名列榜首，张嘉佳的新书《云边有个小卖部》冲到第二位，东野圭吾的《解忧杂货店》再度回到第三，路遥的《平凡的世界》位居第四，刘慈欣的《三体》三部曲分别占据了榜单的第五、六、七位。克莱尔·麦克福尔的《摆渡人》、钱钟书的《围城》和卡勒德·胡赛尼的《追风筝的人》占领了前十位的最后三个名额。"前十名的榜单中，本土作家的书比较多。张嘉佳的书受到年轻读者的追捧，刚上市不久就排到第二位，表现抢眼。而受假期因素减退的影响，很多书的排名回落下去。"

　　再看非虚构类全国榜单，埃德加·斯诺的《红星照耀中国》和大冰的《你坏》依然位列前两名，陈磊的《半小时漫画中国史（3）》排名第三，尤瓦尔·赫拉利的《今日简史：人类命运大议题》位居第四。同样是陈磊的《半小时漫画中国史（2）》《半小时漫画中国史（全新修订版）》和《半小时漫画世界史》包揽了榜单的第五、六、七位，沈复的《浮生六记（翻译本）》《习近平的七年知青岁月》（平装）分别拿到了第八、九位。"总体来看，也是老面孔比较多。二混子的历史漫画系列深受读者喜爱，知名度越来越高了，他也改成了本名陈磊。"

活动现场

2018.10.8 星期一 编辑:崔恒 星级版式:韩伶俐 校对:何凤霞　　　新安热线:962000 安徽网www.ahwang.cn　**A15**

新安晚报 文娱

『政屏说书』关注《刘文典传》

章玉政：十年为一人 乐趣最难得

刘文典

历史将永远记住的文学大师

近日，由合肥新华书店和新安微报大皖客户端联袂派出且联合举办的"政屏说书"第十六期如期而来。除了精彩的榜单分析外，活动邀请还举行了解安徽客座高级论者、著名作家章玉政最新出版的首发式《刘文典传》。新书大量采用新发现的第一手材料，还原一个真实的大师级人物，澄清坊间关于"狂人"刘文典的误读。

缘起 研究出于偶然

章玉政说，进入历史研究领域，其实出于偶然。"2005年左右我在北京采访全国两会时突到一本书，是刘文典儿子编写的《刘文典传纪轶事》，汇编了有关刘文典的媒体报道。我刚好毕业于安徽大学，上学时对刘文典也有一点了解，因此定了下来。"2007年，由于工作调整，章玉政离开了采访一线。"作为崇拜人，不能放下手中的刀和笔，换一种方式继续我的爱好。历史研究与写作可以不用亲自外出采访，在家看书找资料也能完成，于是我开始翻查资料去考证，开始关注刘文典。"

万事开头难，最初的研究过程是殷苦的。"基本找不到资料，研究刘文典的人不多，那时候网络也不友达，也找不到什么人。"花费三年多时间，章玉政才做了他的第一本书《狂人刘文典》，可以说，在很大程度上填补了国内关于刘文典研究的历史空白。

澄清 段子不是历史

谈到刘文典，章玉政如数家珍，访间关于刘文典的传闻和误读有很多，最经典的就是"脚踢蒋介石"。章玉政表示，这只是后人的演绎而已，"刘文典当时再怎么愤头青也不可能做出这种事，毕竟他是一个有修养的知识分子。看到有人记录，当时刘文典'把脚一跷'，结果被被人演绎成了'飞起一脚'。"如今谈到刘文典，这也是我们讲好中国的一种方式，"这也是我们讲好中国的一种方式，这也是我们讲好中国的一种方式。"

心得 发现新史料是乐趣

章玉政在新闻媒体从事，说真，忙完一天的工作，回到家，坐进书房，找找资料，做做研究，对自己来说是一种放松，也是一种乐趣。"特别是发现新资料的时候，尤其开心，就像是发现了宝贝……有一种想请人家喝一杯来共同分享这种珍藏的冲动。"章玉政表示，做历史研究，谨慎是做新闻的道理相通的，很多要尽量把所掌握的第一手资料展示给读者看，"而且我掌握的证据都是可以立此存在的，做新闻就这样。"

关于历史，章玉政自称有一点心得，他还曾专门写过一篇论文。主要是谈如何找资料。"从事学术研究，关键是要耐得住住寂，坐得起冷板凳十年功，只要可以，住往就能发现其某一个人、某一件事的很多独家史料。"他说，这给了他很多的人生启迪，其实做任何事都是这样，"可也许也是最重要的是最重要的是。"

新安晚报 安徽网 大皖客户端记者 李燕然 蒋楠楠

连续五个月《活着》高居榜首

8月份虚构类全国榜单上，余华的《活着》连续五个月名列榜首。

张恨水小女儿张明明今天做客徽派

旅美艺术家、作家，张恨水小女儿张明明今天下午将做客新安晚报大皖客户端徽派栏目。

今年80多的张明明是美国中华文化艺术同盟主席、美国华文作家协会主席。记者了解到，张明明此次回国家乡安徽，专程为张恨水手稿的搜集、保存而来。其父张恨水是安徽安庆潜山县人，鸳鸯蝴蝶派代表作家，被称为现代文学史上的"章回小说大家"，著有《春明外史》《金粉世家》《啼笑因缘》等。其作品上承章回小说，下通俗小说，雅俗共赏，促进了新文学与通俗文学的交融。张明明将于今天下午三点半做客徽派直播，谈一谈女儿眼中的父亲张恨水。

新安晚报 安徽网 大皖客户端记者 蒋楠楠 李燕然

《新安晚报》2018年10月8日第A15版

79

17 | 全新有料的信息传递

"政屏说书" 2018 年第 11 期琐记——

一

在我看来，每一次活动成功与否的关键点，首先在于它的主题。对于"政屏说书"来说，解读全国畅销图书榜单属于规定动作，除此之外还必须要有两三项内容，而活动的主题，则就出自它们全部或者其中的一个。因此，找出合适的主题便成为"政屏说书"活动的关键。为了这，有时候颇费思量，有时候犹豫不定，外部的种种因素也会左右和改变主题的确定，当然也有很顺利的时候，甚至是无需多想，唾手可得。所以确定主题这件事，说难很难，说容易也容易。

确定"政屏说书"主题必须遵循一个原则：贴近图书，大众关注。这是它的特点，也是它的局限。当然在这样的"局限"里，可操作的空间、可以做的事情，还是很多的。因此我从不担心缺少主题，我担心的是自己的懒怠和准备不足，以及客观条件的制约。

基于这样的思考，有时候我觉得如果想做，"政屏说书"可以一直做下去。即便是有些迷茫的时候，我也会长舒一口气，对自己说，只要不泄气，办法一定会有的。于是，即便是到了最后的时刻，还是会想出办法的。虽然有些办法现在看来不是那么妥帖，但在当时，却是一个坚持下去的目标，具体而不可或缺。

其实人生有时候也是这样的。

二

10月20日（周六）下午4：00开始的"政屏说书"，可以说是第十二届合肥国际文化博览会的吹风会。合肥市新华书店时隔多年再次参加文博会，书店上下都十分重视，从年中开始筹备，到九、十两个月紧锣密鼓地准备，方方面面的工作量很大，也很辛苦。

经过多方联系协调，一共邀请到14位作家到会，举办读者见面会和新书首发式。其中有著名作家叶辛、周大新、范小青、岳南、许辉、许春樵、洪放、余同友等，新锐人气作家刘同，央视财经频道主持人章艳，著名儿童文学家秦文君、伍美珍、薄其红等。

我的新书《撮造山巷上空的月亮》也将在文博会上首发。这本书是我2015—2016年的散文随笔集，里面有很多关于合肥的内容，在合肥文博会上首发，应该是合适的。

与此同时，还有10月26日文博会开幕当天的"阅读代言人"证书颁发仪式，28日的"阅读达人"和"一日店长"颁奖仪式，10月29日上午的"阅读之星"座谈会。因此，书店展区每天的活动安排都很满。

介绍合肥文博会的活动

因为有如此之多的新元素的加入，特别是有包括"茅盾文学奖"得主在内的众多文化名家的到来，本届文博会引发市民特别是读者们的高度关注，对于他们来说，这是一次难得的文化盛宴，而及时地将相关信息传递给他们，是"政屏说书"的义务和责任。对于这一点，我有清醒的认识。所以我在活动中做了尽量详细的介绍，并现场发放相关宣传资料。

本期的"藏书展示"版块邀请安徽地域文化独立研究人萧寒，他长期从事地方文史及民俗文化的探索和研究工作。

线装书，老画报，珍贵的手稿，稀缺的文史资料，萧寒为大家带来他所收藏的合肥地方文化资料品种之多之少见，他在收集过程中的故事，都深深地打动了读者，也让大家有一种强烈的感受：我们应该关注我们这座城市的历史和文化，我们不但要建设好我的城市，还应该记录和保存好这座城市的点点滴滴，每一个合肥人对此都有义务和责任。而这也是一种信息的传递——生动，明确。

三

说榜环节照例会让许多人停下脚步，拿出纸笔，一边听一边记录。对于我来说，这样的场面是一种安慰和暗示，也是我一直做下来并将继续做下去的动力和理由。

2018年9月全国畅销书榜单虚构类前十名是：《活着》《平凡的世界（全三册）》《西游记（上下）》《平凡的世界（普及本）》《追风筝的人》《解忧杂货店》《云边有个小卖部》《三体》《百年孤独（50周年纪念版）》《三体Ⅱ·黑色森林》。

随着9月开学季的到来，中小学生必读书目又起畅销热潮，《平凡的世界》《西游记》《围城》各有两个版本进入虚构类畅销书排行榜，《红楼梦》《水浒传》《许三观卖血记》等名著纷纷返榜。不过《活着》依然位居虚构类榜首，已经连续七个月了，非常厉害。我不止一次说过，二十多年前出版的一本书，再度畅销，且数月高居

82

排行榜榜首，是一件很了不起的事情。

非虚构类榜单前几名是：《红星照耀中国》《你坏》《十九岁的时差》《浮生六记》《半小时漫画中国史（3）》《天才在左疯子在右（完整版）》《习近平的七年知青岁月》《半小时漫画中国史（全新修订版）》《半小时漫画中国史（2）》。

解读榜单

"半小时漫画系列"4种书同时入榜，其中3种进入前十名，另一种是第十一名，是本期热点。漫画系列书，39.90元的定价，居然能够有如此之好的销售，不能不让人刮目相看。

每月都有新热点，每期都有新话题，这或许就是"政屏说书"的活力和魅力所在；而紧扣热点文化事件，提供展示和交流的平台，自然会让人伫立围观，有所收获和启发。还是那句话，你只要坚持并且用心，其他都不是问题。

18 | 关于各种各样"墙"的思考

"政屏说书"2018年第12期琐记——

在我们的一生里，会遇到很多的"墙"，有些可以绕开，可以打破，更多的则是毫无办法，只能望"墙"兴叹。在我省老作家黄复彩的长篇小说《墙》的里面，女主人公韩七枝生活在艰难岁月，历经苦难与痛，和她一生所爱的人之间永远隔着一道不可逾越的墙，他们这一代人的命运在坚硬的命运之墙面前显得不堪而脆弱。然而，就是这样一位命运多舛的女性，却依然坚守爱情，积极面对生活。我想这或许也应该是我们的生活态度，承受一切的无奈和不堪，尽力让生活里多一些明快和阳光。

坦然面对而不放弃和屈服，即便是面对一堵无法逾越的坚硬无比的墙——某种意义上，就是一种战胜和超越。

黄复彩，中国作家协会会员，安徽省作家协会理事，安徽省禅宗文化研究会理事，安徽省赵朴初研究会常务理事，九华山佛学院教授。著有长篇小说《红兜肚》，长篇历史小说《梁武帝》等五部，中短篇小说集《魂离》《菩提烟魂》，散文集《心如明镜台》《一花一世界》《乌篷船》《和悦洲小上海》等。其长篇小说《红兜肚》获安徽省政府文学奖一等奖，长篇小说《墙》为安徽省作协第三届重点扶持项目。散文作品十多次获得国家和省级文学奖。

2018年11月25日（周日）下午4:20在新华书店三孝口店五楼

社科馆举办的第十八期"政屏说书"活动中，黄复彩老师的长篇小说《墙》首发，多位作家、评论家出席活动。

1949年，黄复彩出生在千年古镇大通。写作长篇小说《墙》之前，他以故乡为背景创作了散文集《和悦洲，小上海：古镇大通的水墨风情》。当时就有一个出版商找到他，说那么有特色的一个镇子，能不能为它写本书。2013年，黄复彩回到故乡做了采访，了解了许多人和许多事，不少都变成了新书《墙》中的人物和故事情节。"其中有人就跟我说了九姑这个人，很多家乡人都认识的，我也是从小就知道。"黄复彩曾在散文集《下午茶：乌篷船》里对九姑有过专门的篇章介绍，九姑也是《墙》这部小说女主人公韩七枝的原型。

对谈环节

黄复彩说，九姑代表了一代人，在几十年里，经历了很多很多的苦难，他之所以想写出来，是因为他感觉"我们很健忘，但是历史并不会因为我们的健忘而被遗忘，它躲在逼仄的角落，等待着我们去发现，也希望后面的年轻人可以从我的书里读到一些东西。"

　　著名文学评论家、安徽大学教授赵凯认为黄复彩是安徽省当代文学界从事长篇小说创作非常有成就的几位作家之一，他的长篇小说《红兜肚》，是安徽当代长篇小说最优秀的作品之一。作为两年一次的安徽省政府文学奖的评委赵凯透露，好几届的一等奖都空缺，直到《红兜肚》的出现（获得2007—2008年度文学类一等奖）。

　　许多第一次参加"政屏说书"活动的朋友，尤其是因为某位作家的作品而来的朋友，他们与书的关系往往更为密切一些，对于说榜单环节自然也就会感到颇为新奇，听起来饶有兴趣。

　　2018年10月份全国图书销售排行榜最值得关注的，是虚构类引进版图书上榜数量减少，中国经典作品与流行作品之间显现出新的态势。非虚构类则出现比较多的返榜作品。同时两类图书都呈现出作者相对集中的现象，可谓喜忧参半。

　　虚构类榜单前几名是：《活着》《云边有个小卖部》《三体》《三体Ⅱ·黑色森林》《三体Ⅲ·死神永生》《追风筝的人》《解忧杂货店》《平凡的世界（全三册）》《悲伤逆流成河》《活着》（北京十月文艺版）。

　　余华的《活着》连续8个月位居榜首，另一家出版机构的《活着》精装本同时进入前十名，奇迹还在继续。东野圭吾作品尽管只有《解忧杂货店》在前十之内，但在前三十位中还有《白夜行（2017年版）》《恶意（2016年版）》《嫌疑人X的献身》《放学后（2017年版）》《悲剧人偶》等5部作品，实力不可小觑。

　　非虚构类榜单前十二名是：《你坏》《浮生六记》《半小时漫画中国史（3）》《半小时漫画中国史（全新修订版）》《半小时漫画中国史（2）》《半小时漫画世界史》《正面管教》《红星照耀中国》《习近平的七年知青岁月》。

　　《你坏》稳居榜首，"半小时漫画系列"优势继续扩大，另外，尤瓦尔·赫拉利的三本书《人类简史：从动物到上帝（新版）》《今日简史：人类命运大义题》《未来简史：从智人到智神》同时入榜。

纵观全国图书销售市场，同样存在着一些有形和无形的"墙"，这些墙有些来自传统思维和体制，有些来自逐利思维的操纵，有些来自不正常的市场挤压，有些则完全是失去底线的恶行，如何规避和打破这些，需要思考更需要行动，管理运作层面，实际操作层面，乃至大众消费心理和心态，都需要有所觉悟和措施。

而关于各种各样"墙"的思考，有必要持续进行下去。

本期"政屏说书"由合肥新华书店和《新安晚报》大皖客户端"徽派"栏目联合举办，大皖"徽派"栏目对本期活动进行视频直播。

活动现场

19 | **一支永远在记录的笔**

"政屏说书" 2018 年第 13 期琐记——

老作家温跃渊老师有一支永远不停歇的笔，他每天都在写，日记、素材和感想，都会变成他笔下的文字，因为出版《文坛半世纪》，他被誉为安徽文坛的活字典。

1981 年的春节期间，温跃渊第一次去了凤阳小岗村。随后，他用了两天时间，写出了《风云小岗村》，成了第一个用报告文学全面反映凤阳农村改革的作家。从那以后他一直关注着小岗村，和那些大包干的带头人及乡亲们，和沈浩，都建立了感情，成了无话不谈的好朋友。当然他一直在写小岗村，已经出版过 5 本相关的作品集《小岗纪事》《小岗风云录》《人民村官沈浩》《怀念沈浩》《沈浩故事》，而在 2018 年 12 月 16 日（周日）第十九期"政屏说书"活动中首发的 3 本书，同样是关于小岗村的。

《风云小岗》《见证小岗》《沈浩与小岗》，都是来自他的实地采访，来自他一本又一本采访笔记。它们比较全面地反映小岗村的发展与变化，具有很高的史料价值。

本期"政屏说书"由合肥新华书店和《新安晚报》大皖客户端"徽派"栏目联合举办，大皖"徽派"对本期活动进行了视频直播。

嘉宾来了很多，省文联、省作协名誉主席，著名作家季宇、著名作家、学者沈晖、翁飞、周志友、周根苗、刘晓明等，让 2018 年最后一期"政屏说书"显得特别的正式、隆重，无论是温老的讲话，还是嘉宾们的发言，都让人感觉言之有物，真诚动人。

季宇主席说："对我来说，温老是师长级的老朋友。我最早写小说的时候，就在他主编的《文艺作品》杂志上发表文章。他多才多艺，书画不要说了，最突出的成就还是报告文学。他是安徽省报告文学的创始人，是文学长征的一面大旗。20年前，我给他写了文章，在《文艺报》上发表，今年我又写了两篇文章给他，我还想写一篇，题目都想好了，叫《温老不老》。他说也许这3本书就是封笔之作了，我不赞成，我觉得他80不到，还年轻，精神头比我还好。"

我通过和温老的交流，得知他的书信、笔记和日记中，还有不少独特的记录和思考，我期待着有那么一天，它们都能够得到整理和出版，让我们看到温老师笔下的历史沧桑、文坛春秋。

写了62年日记的温老师，其中有35年关乎小岗村，在"藏书展示"环节，温老师展示部分采访日记、素材和文献资料。

第一次去小岗村采访，省作协开的介绍信，第一篇报告文学成功通过审查，《钟山》编辑部发来的电报，还有沈浩授予他的小岗村001号荣誉村民的证书，温老师都细心保存。

面对一本本标注了顺序号的日记本，内心里有一种难以言说的感动：一位作家，无论在什么时候，无论是面对怎样的现实，如果能够用自己手中的笔，做着全面而客观的记录，那么他就一定会有收获，同时他的记录和作品也将会是一份难能可贵的历史文献。

实际上，无论是工作还是写作，我们确定了目标之后，坚持，并且一直做下去，其本身就意味着一种成功。对于作家来说，一支永远在记录的笔，或许就是大众意义上成功的秘诀。

很多人围观，他们在聆听在感受，不论是专程赶来，还是邂逅，我相信他们都会有所感触和思考。对于他们来说，这些感触和思考都是有益而难忘的。

活动现场

本期"榜单发布"环节的内容，依然直接引用《新安晚报》的报道。记者通过直播记录，有点原汁原味的感觉。

榜单分析：11月成图书销售高峰

11月份虚构类全国畅销书榜单上，第一位是余华的《活着》。这本书从今年3月份开始连续九个月登上榜首，越来越多新的年轻读者开始了解和接受这本书，它称得上是经典作品。刘慈欣的《三体》三部曲牢牢占据第二至四位，位列第五的卡勒德·胡赛尼的《追风筝的人（2018版）》也是榜单"常青树"，接下来是张嘉佳的《云边有个小卖部》，东野圭吾的《解忧杂货店》和《白夜行（2017版）》位列第七和第八，第九位是加西亚·马尔克斯的《百年孤独（50周年纪念版）》，路遥的《平凡的世界（全三册）》名列第十。

而将榜单长度拉到前三十位可以看到，有很多此前未上榜的图书均榜上有名。张爱玲的两本小说入选，而且每本的销量都涨了一倍以上。上榜的还有校园爱情小说《撒野》。11月份的图书销售情况如此乐观，很可能是受到线上活动的影响。网络影响了人们购物的习惯，这其中也包括购书，受双十一等优惠促销活动的开展，11月份也成为图书销售的高峰。

再看非虚构类全国榜单，榜首是沈复的《浮生六记》，大冰的《你坏》名列第二，陈磊的《半小时漫画中国史（3）》《半小时漫画中国史（全新修订版）》《半小时漫画中国史（2）》《半小时漫画世界史》霸占了榜单的第三至六位，《人类简史：从动物到上帝（新版）》名列第七，贾平凹的《自在独行：贾平凹的独行世界》和蔡崇达的《皮囊》分列其后。

激情澎湃的温跃渊老师

随着"政屏说书"一期一期做下来，可以感受到时间流逝的节奏，当做到一年的最后一期时，心里多少会有一些感慨：终于，坚持了一年。付出的同时，自己也得到了一种滋养和历练。而所有的困难和困惑，最终都演变成一个个答案和启迪，它们，或许就是我最大的收获了。

2018.12.18 星期二　编辑:徐海燕　星级版式:韩伶俐　校对:魏骏峰　　　　　新安热线 962000　安徽网 www.shwang.cn　A14

新安晚报 文娱

徽派"政屏说书"听温跃渊说小岗
"我会一直关注小岗的人和事"

上周日下午,2018年徽派"政屏说书"在新华书店三孝口店五楼社科馆圆满收官。刘政屏带来关于11月份的图书销量排行榜的分析与解读,著名作家温跃渊的三本新作《风云小岗》《见证小岗》和《沈浩与小岗》同期首发,现场还吸引了众多名家前来助阵。写了近四十年小岗的温跃渊,谈起小岗也是如数家珍,充满深情,"我会经常回去看看,也会一直关注着小岗的人和事。"

把"按红手印"写进报告文学

1981年的春节期间,温跃渊第一次来到了凤阳小岗村。随后,他用了两天时间,写出了《风云小岗村》,成为第一个用报告文学全面反映凤阳农村改革的作家。此后的37年,温跃渊就与小岗结下了不解之缘,用他手中的笔书写了小岗40年的发展之路。谈起当年与小岗的结缘,温跃渊仍历历在目,"我是受《钟山》杂志社的邀请,准备写一篇反映凤阳农村改革的文章。先去了凤阳,2月18号的小岗村,听到了'按红手印'的事,心里就记下了。"

关于"红手印"的故事,当时有很多质疑的声音,有很多人不相信确有其事。温跃渊当下决定,再去小岗村一趟。"3月7号,我去了大包干的带头人严宏昌家里,待了一天。那时候小岗村很穷,我吃住在他家,结下了深厚的感情。温跃渊说,当时他还意识到这十八个红手印的重要性。"根本没有想到,这张字据后来会成为珍贵的文物,也没想到小岗村会成为中国农村改革的发源地了。"

写《送别沈浩》时边写边流泪

77岁的温跃渊,一直保留着写日记的习惯。62年的日记里,有35年关于小岗。活动现场,他也向读者展示了7部分日记。不仅如此,第一次去小岗采访,省作协的介绍信,第一篇报告文学成功通过审查,《钟山阳编辑部发来的电报,还有沈浩授予的001号荣誉村民的证件,温跃渊都细心保存,并展示给现场读者。"去年1月份,我开始整理我的小岗日记,写了我这几十年对小岗的回忆之。"

谈小岗,就不能不提沈浩。温跃渊透露,沈浩去世前的前一天,他俩还通过电话。"我白天太忙,就约好晚上再通电话,但是忘了打给沈浩,第二天就传来他去世的消息。明明白天还在通话的,真的很突然,一点心理准备都没有",温跃渊说,沈浩的离开让他很悲痛,"后来我写了《送别沈浩》,一边写一边流着眼泪。"作为出,温跃渊出版了八本关于小岗的作品,他笑称,可能要就此封笔了,"再写报告文学不敢说,但我每天都不会间断,画画、书法、写散文还是会继续。"

□榜单分析

11月成图书销售高峰

"网络影响了人们购物的习惯,这其中也包括购书,受双十一等优惠促销活动的开展,11月份也成为图书销售的高峰。"刘政屏分析。11月份虚构类全国榜单上,第一位是余华的《活着》。"这本书从今年3月份开始连续九个月登上榜首。"刘慈欣的《三体》三部曲牢牢占据第二至四位,位列第五的卡勒德·胡赛尼的《追风筝的人》(2018版)也是榜单"常青树"。接下来是张嘉佳的《云边有个小卖部》,东野圭吾的《解忧杂货作)和《白夜行》(2017版)位列第七和第八,第九位是加西亚·马尔克斯的《百年孤独》(50周年纪念版),路遥的《平凡的世界》(全三册)名列第十。

非虚构类全国榜单,榜首是沈复的《浮生六记》,大冰的《你不孤》名列第二,陈磊的《半小时漫画中国史》(3)、《半小时漫画中国史》(全新修订版)、《半小时漫画中国史》(2)、《半小时漫画世界史》霸占了榜单的第三至六位,《人类简史:从动物到上帝》(新版)名列第七,第八位是龙应台的《目送》(插图新版),贾平凹的《自在独行:贾平凹的独行世界》和蔡崇达的《皮囊》分列第九和第十位。

三孝口店销售榜上,名列前十的分别是《历史不糊涂:从康朝风云人物揭秘中国政的传统》《情商是什么?——关于生活智慧的44个故事》《现代汉语词典》(第七版)《万历十五年增订

本)《新时代面对面——理论热点面对面2018》《发展党员工作手册》(新编本)《千秋人物》《聚家河》《解忧杂货店》和《知行合一王阳明》。借阅榜上,前十的分别是《情商是什么?——关于生活智慧的44个故事》《天长地久——给美好的信》《解忧杂货店》《活着》(精装)《半小时漫画中国史》(全新修订版)《目送》《白夜行》《半小时漫画中国史》(2)《只有岁月不我欺》。

新安晚报 安徽网 大皖客户端记者
李燕然 蒋楠楠/文 王从启/图

2019央视春晚还将"一主多分"
北京一号演播大厅将作为主会场
井冈山、深圳、长春入选分会场

随着春节的临近,一年一度的央视春晚成为网友热议的话题,近日,2019央视春晚确定"一主多分"的方案,北京一号演播大厅将作为央视春晚主会场。昨天有媒体报道,与去年的四大分会场相比,今年的分会场数量减至三个,分别是:井冈山、深圳、长春。

知情人士透露,央视2019年春节晚会将延续2016、2017、2018年三届春晚设立分会场的传统,目前,2019央视春晚,除央视本部一号演播大厅主会场外,三大分会场已确定,分别是:井冈山、深圳和长春。目前,三大分会场在央视春晚主创的指导下,筹备工作秩序井然,进展顺利。

尽管2019年春晚的分会场缩至三个,但这三个分会场所在地都有着重要又独特的意义。2019年将是建国70周年,作为革命圣地,井冈山入选分会场合情合理之中。而深圳是我国改革开放建立的第一个经济特区,是我国改革开放的窗口,入选分会场也合情合理。长春则是东北老工业基地最典型的代表,有网友曝光,长春分会场地点设立在长春一汽集团门口,据悉,就目前来看,即日起将封团一号厅附近的越野赛跑路段,封团时间至2019年2月10日(初七),而通知的封路原因是"大型活动"。
综合报道

□相关链接

1996年首次设立分会场

中央电视台春节联欢晚会,简称为央视春晚或春晚,是中央电视台在每年除夕之夜为了庆祝新年而办的综合性文艺晚会。起源于1979年,正式开办于1983年,是国人过年关注的国家项目。

春晚的受众是全球所有华人,30多年来,随着创作水准和受众审美品位的提升,春晚创作者从未停止过对春晚的探索与创新。春晚,也正逐渐形成日汇演、文化时尚追踪和新民俗传播这样几个维度,在央视春节节目内容和形式方面积累了丰富的经验。

对于分会场设置,1996年春节联欢晚会,第一次设立了春晚分会场。时隔20年后,2016年央视春晚再进行创新尝试,在全国东、西、南、北这4个分会场与央视主会场同步直播,这一形式在后来的春晚中保留了下来。

《新安晚报》2018年12月18日第A14版

2019 年

持续的动力

20 | 拥有一本自己的手账

"政屏说书" 2019 年第 1 期札记——

一个人到了老年时，会想着把自己所走过的路、经历的事记下来，做个纪念，给孩子们看，给更多的人看，这样的文字，应该就是回忆录。这么多年来，名人在写，老百姓也在写，很多人都在写。

我省著名的画家、摄影家康诗纬老师也在做这件事，只不过他做的和别人不太一样，他做出了自己的特色和味道。2018 年 10 月，他的《半个世纪的手账——康诗纬后客体绘画》正式出版，2019 年 1 月 20 日（周日）上午在合肥市新华书店三孝口店"政屏说书"活动中首发。

康诗纬老师展示手账原作

　　"手账"这个源于日本的名词这些年似乎渐渐流行起来，常指随身携带的一个笔记本，随手记下一些事情，包括备忘录。从这层意义上来说，将自己回顾过往经历的书，称之为"手账"，不但合适，而且很独特。另外，康老师的手账还有一个最为独特的地方，就是它以画为主，辅以相关的图片资料，并手书一段文字，形成一个新颖别致的艺术品，康老师称之为"后客体绘画"。

　　我不懂绘画，但我很羡慕康诗纬老师，因为我也像他那样保留和收藏了不少图片资料，包括车票、门票、各种证件等，也尝试过把它们拼凑在一起，但是我不会画，没办法达到康老师那种效果。当然，康老师不仅仅是把这些东西有机地结合在一起，他甚至不是以自己的经历为主线，他是通过一幅幅绘画反映他所经历的年代的一些大事，他所见过的一些名人，他记忆深刻的一些事情，他难以忘怀的一些细节。可以说，它已完全超越了一己个人，成为那些过往时代发展变化的一个记录。

　　康诗纬1943年出生于浙江奉化溪口，系国家一级美术（摄影）师，安徽省文联第四届副主席，中国摄影金像奖获得者，享受过政府特殊津贴。1962年毕业于安徽艺术学院美术系，早年曾得到颜文樑、刘海粟先生教诲与指导。20世纪60年代创作过多幅宣传画，1973年起历任《安徽画报》美术编辑、编辑部主任、主编一职。1997年至2000年任安徽省摄影家协会主席兼秘书长。

　　活动现场，康诗纬老师展示了部分手账原作，并讲述绘画背后的故事，以及他的艺术探索和沧桑记忆，引发读者极大的兴趣和围观。

　　康诗纬老师说，书的名字虽然叫《半个世纪的手账》，但其实不止半个世纪。他一直坚持记日记，1962年至今，56年时间，116本日记，这些便是作品的来源。上学时他就保留下了很多东西，直到1997年，才开始有意识地进行创作，以手账形式汇编成册。"其实没有什么好记的，我的生活和大家一样大部分时候都是日复一日的。但是每天遇到什么朋友，看到什么事，把它记下来，我个人认为这是很温暖的一件事。然后再加上我的配图，这就变得有艺术性。什么叫艺术，生活就是艺术，特别特别简单。"

康诗纬坦言，去年出版社把彩样寄给他的时候，他发现出这本手账的价值在他意料之外。"虽然这只是我个人的一个手账，但它却是记录着整个中国改革开放的时代变迁。"

本地一些著名文化人出席了本次活动，对于康老师的新书给予高度评价。也有读者认为，如果康老师的这部作品能够有一种普及版本，必将有利于它的传播，让更多的人受益。

拥有一本自己的手账，我想应该不是我一个人在这么想。

本期"政屏说书"还有一个重头戏，就是2018年度全国畅销图书排行榜发布及相关的分析和预测。

据相关资料介绍，2018年中国图书市场零售销售额894亿，较前一年增长11.3%，但实体书店出现负增长，网点增速放缓。

回顾2018全国图书市场

2018年全年新书品种为20.3万种，中国新书品种从2000年开始不断上涨到2012年达到高峰，去年的新书品种相比于2012年略有下降。图书定价依然呈现上升趋势，其中纸张成本的涨价为主要原因。此外网店销售低折扣是致使书价上涨的另一个重要原因。这一点很不正常，长久来看，会对整体图书市场造成危害。

从 2011 年到 2018 年，中国图书市场零售数量持续增长，网店依然是中国图书销售市场的重要动力，其增速有所放缓，希望是读者走向成熟的一个标志，大家开始从一味地追求便宜到我要买我所需要的、有价值的书转变。

当前中国图书市场面临的问题核心为内容创新不足，榜单中新书席位持续下降。去年新书在图书市场中码洋仅占17%，且近十年来比重不断下降，图书市场主要靠老书支撑。近两年由于缺乏有创新内容的书籍出现，中国图书销售市场实际上处于一种比较停滞的状态。

2018 年全国畅销图书三大榜单（虚构类、非虚构类、少儿文学）年度第一名分别是：《梁家河》《活着》《夏洛的网》。余华的《活着》从去年 3 月份上榜，过去十期始终位于榜单之中。应该说，这是一个非常有趣的文化现象。这本书写作于1993 年，之所以能于25 年后重回榜单并位于榜首，必定与作品本身的价值有很大关系。另外，年度最具影响力的作家分别为：东野圭吾、大冰、杨红樱。

2018 年度全国畅销书榜单虚构类前十名：《活着》《解忧杂货店》《三体》《三体 II · 黑色森林》《三体 III · 死神永生》《平凡的世界（全三册）》《追风筝的人》《摆渡人》《百年孤独（50 周年纪念版）》《围城》。不难看出，年度榜单中外国书所占比重减少，中国书籍所占比重增加。

非虚构类榜单排名如下：《梁家河》《习近平七年知青岁月》《浮生六记》《红星照耀中国》《你坏》《原则》《天才在左，疯子在右》《半小时漫画中国史（全新修订版）》《我们仨》。

本期活动由合肥新华书店和本报大皖客户端"徽派"栏目联合举办，大皖"徽派"栏目对本期活动进行了视频直播。

21 挖掘自身潜力和资源

"政屏说书" 2019 年第 2 期札记——

每一个人写作，都会有自己的风格，有的人风格会明显突出一些，有的人则会少一点，以至于会被忽视。常河属于风格比较突出的，具体说来就是他有比较饱满的激情，感染并引领阅读者的情绪和注意力。这与他的文字功力和叙述能力有关，而这不是一时半会儿可以赶得上的。

常河还有一点也很让我羡慕甚至嫉妒：他怎么会有那么精彩的乡村回忆，他怎么会见过那么多东西，知道那么多的事情呢？而我对于乡村，知之甚少，即便是现在想弥补，估计也只是想想而已。不过这件事我已经想明白了，每个人都有他熟悉的东西，也有他不熟悉的东西，不要因为自己的很多方面的不熟悉而唉声叹气，而是要找出自己最熟悉的那一块或者那一点，因为这才是你的资源和富矿，你的潜力也只有在这里才能够得以挖掘和放大。

所以当我听常河说：不应该轻易谈累，不同年代有不同的累，想通这一点，脸上都会平和，容颜老去慢点，爱好多点，幸福指数高点。我就在想：一个人也不应该轻易自卑和放弃，平和公正地看待别人，客观理性看待自己，都很重要。

当主持人问常河：左手新闻，右手写作，兼顾评论。您如何平衡理性、感性和中立的关系？常河回答道：新闻是一种职业，它需要一种情怀。情怀在这个年代是珍稀的物种和资源，它太高贵，我不适合谈情怀。而且我的面相，一看就知道，泥土里长出一朵畸形的花。文学创作需要一种情绪，在新闻之外，当我打开思绪的时候，我会放任情绪的流动。评论是我的业余爱好，是新闻的衍生品，这个社会需要正能量，也需要还原事情真相和普及常识的力量。新闻评论既不是情绪，也不是情怀，而是一种本能和对社会的责任。

主持人追问道：那您在写作当中会流动哪些情绪呢？常河说：写作当中的情绪更像是一首小夜曲。因为我这人本身就坐不住，很多文章是夜间流露出的情绪，非常舒缓、平淡。我的写作基本保持一种底色就是平凡，风格上尽量平实，内容上回归平凡。平凡人往往不被别人注意，很多时候给你的是背影、侧面，高光也永远不会打在他的脸上。他们是我的亲人，是陪伴我成长的人，甚至是哺育我的人，这些人走着走着就不见了，所以我很想去打捞那些我曾经

活动现场

常河说不应该轻易谈累

清晰，一度模糊，现在又开始重新浮现在我记忆当中的这些面孔，我的所有文字就是向平凡开掘。

"政屏说书" 2019 年第二期，2 月 23 日（周六）下午 3:00 在新华书店三孝口店五楼社科馆举行，本期活动由合肥新华书店和本报大皖客户端"徽派"栏目联合举办，大皖"徽派"栏目对本期活动进行了视频直播。

做过 20 期"政屏说书"，出过各种状况，碰到过一些问题，但是真正影响到活动的正常举办的突发状况，算是第一次遭遇。不过我还是咬咬牙，选择了继续，于是第 21 期"政屏说书"才得以如期举行。回头想想，下那个决心还是有一定风险的，尽管是自家的私事，但人命关天，就是大事。

与此同时出现了一件蹊跷的事情：居然查找不到全国畅销图书排行榜的总榜单，于是只有在现有资料的条件下，分版块解读，也算是一个小意外吧。

说到全国畅销图书榜单，又要说那句时常会说的话：受寒假因素影响比较大。因为放假，孩子们回去买一些教育部门要求的必读图书，或者自己感兴趣的书，于是全国图书销售的总的局面就会改变，一些常销图书的所占比重会减少，在榜单上的位次会降低，甚至跌出榜单前三十名，而学生们需求量大的书，销量会大幅增加，纷纷返榜或者提升在榜单上的位次。

2019年1月全国畅销书榜单实体店虚构类，位列前十名的分别是：《红岩》《海底两万里》《钢铁是怎样炼成的》《活着（精装）》《骆驼祥子》《解忧杂货店》《平凡的世界（普及本）》《平凡的世界（全三册）》《创业史》《银河帝国Ⅰ：基地》。网店虚构类全国榜单中，名列前十名的依次是：《活着》《红岩》《银河帝国Ⅰ·基地》《三体》《苏菲的世界》《平凡的世界（全三册）》《三体Ⅱ·黑色森林》《三体Ⅲ-死神永生》《创业史》《追风筝的人》。对比就会发现，不论实体店还是网店，《红岩》《活着》《平凡的世界》《创业史》等书均在榜，自然是受到寒假学生和家长成为购书主力军的影响。

实体店非虚构类榜单如下：《傅雷家书（2018版）》《变量：看见中国社会小趋势》《傅雷家书（全新修订版）》《习近平的七年知青岁月》《有话说》《蔡康永的情商课：为你自己活一次》《梁家河》《傅雷家书》。而网店非虚构类前十名则是：《厚黑学》《思维解码·墨菲定律》《鬼谷子》《狼道》《超级自控力：如何进行有效的自我管理》《气场，改变命运的神秘力量》《一生不可不读的哈佛情商课》《性格影响力》《蔡康永的情商课：为你自己活一次》《好的孤独》。从中不难发现，年轻人对交际沟通等实用性技能掌握需求很高，因此这类书很受欢迎。

必读图书，或者实用类图书，都是一种要求和需求，其最后的结果，都是在被动和主动之中，挖掘自身的潜力和资源。

琢磨一下，的确是这么回事。

2019.02.27 星期三　编辑：徐海燕　星级版式：马莉　校对：汪家芝　　　　　　　新安热线：962000　安徽网www.ahwang.cn　A14

新安晚报 文化

■直播预告 省文联主席吴雪今天做客徽派

本报讯 今天上午10点，安徽省文联主席、安徽书法家协会主席吴雪将做客新安晚报大院新闻客户端，畅谈生活与艺术。

吴雪生于1959年，安徽省亳州市蒙城人，中国书法家协会理事、中国书协创作委员会委员。1982年7月参加工作，1984年12月入党，大学学历。现任安徽省文联主席、安徽省书法家协会主席。吴雪自幼酷爱笔墨，初习唐楷，后研汉碑，随而专攻行草。以帖为师，力求自身修养与笔墨的内在统一。其作品多次入选全国性高层次书展和入编多部高档次书法作品集及辞书。年轻时，还被多家博物馆、艺术馆、高等院校收藏。

吴雪曾与同仁主编出版《书法新论》和《书法新探》，在书法界产生了较大影响，在他担任省文联领导期间，成功承办了世界艺术家大会，中国"兰亭书法大赛"。今天上午，徽派将走进吴雪工作室与他畅聊艺术与生活，届时微派将全程视频直播。

新安晚报 安徽网 大皖客户端记者 蒋楠楠

常河：让我们静下心来反刍生活

■上周六（23日）下午，"徽派"政屏说书在新华书店三孝口店五楼社科馆如期举行。刘政屏从线上线下两个方面对1月份的图书销量排行榜进行了分析和解读。著名新闻人、作家常河的新书《一脚乡村一脚城》现场举行了首发。该处制作，常河反复强调的关键词是"平凡"。

平凡是我的写作底色

主持人：去孝街网，右手写作，兼顾评论，你现在对平凡有什么样中立的关系？

常河：写作当中的情绪更像是一首小夜曲，现在夜晚，我拉上人头温暖的灯光，驱赶之前夜我到微凉的行色，照亮它最直观的细节就是平凡，风格上是追求，平凡往往不被别人注意，那多时候的光就会永远不会打在他的脸上。他们是我的人，甚至是啼有我的人，这些人走着走着就不见了，所以我很想去打捞那些我曾经的细腻、一度模糊，我在又开始重新浮现在我记忆当中。

按下时间的暂停键

主持人：书名《一脚乡村一脚城》有什么特殊含义？

常河：我从院北地地道道的农民，变成概念意义上的城里人，但是我看问题的角度，思考问题的方式，仍旧是农民的小农意识。这里没有华丽的贬义，没有丰富即安的满足，也没有生在乡村间城市的情绪，更多的是非常快乐的情绪。城市的物质丰富程度不止让农村闭子，但三年前我说以读为父亲写点东西，但是我不觉，光是在电脑上敲下"父亲"二字时候我就是一种眼眶，其实没那么沉重，甚至当时的时候我每个人都不得不亲自去书写作，在键盘上信手打下方去，都是内心最想的的话。

让角色转换成为本能

主持人：多重的社会角色会协调你吗？你是怎么做到多角色的自如转换的？

常河：我现在穿着正装，回家推开门第一件事就是迅速上床穿服装，换上一种随意，或有松松垮垮。直到七一大。如果退休后一夜忍者，心态一下就退了，因为他的思维方式没有转变过来。做媒体人的最大好处是我的思维中心里那种角色扮演，职业的训练让我把这种转换成为本能。

主持人：40岁的时候您写了《四十一岁》，现在走到年龄的时候了，您觉得自己有焦虑吗？

常河：我欣赏一句话，汪曾祺说过的"多年父子成兄弟"。当我们孩子慢慢长大。如果能够和比自己小二三十岁的人玩在一起，你的生长慢慢会停下来。如果经常见人的念会有焦虑。不然话不让我和孩子们一起玩，我的心会世界，就穿到了对方的年龄。

让时间的暂停键

主持人：现代社会"逃念"的速度非常快，你所强调的安排温情和你又是怎么样理解慢呢？

常河：因为我主要的身份是媒体人，感受大为深刻，自媒体时代，一个热点最多24小时就会被另一个热点所掩盖，后来把握就拍照到网络的沙滩上，往往很多东西也会被我们在制度的时间内度应接，所以必要用与这一静方式，能够按下时间的暂停键，让我们静下心来去反刍各种生活。

■榜单分析

一月榜单 受寒假因素影响大

虚构类全国榜单

《红岩》
《海底两万里》
《钢铁是怎样炼成的》
《活着》
《骆驼祥子》
《解忧杂货店》
《平凡的世界》（普及本）
《平凡的世界》（全三册）
《活着》
《红岩》
《银河帝国（1）：基地》
《苏菲的世界》
《平凡的世界》（全三册）
《三体》：黑暗森林
《三体Ⅱ》
《三体》：死神永生

（刘政屏："时比就食电视，不论阅读还是实体店，《红岩》《洛着》《平凡的世界》等系均在榜中，也是受到某假学生和家长成响主力军的影响。"）

非虚构类全国榜单

《博弈家书》（2018版）
《变量：看见中国社会小趋势》
《传富家书》（全新修订版）
《习近平的七年知青岁月》（平装）
《有话说》
《蔡康永的情商课：为你自己活一次》
《目送》（插图新版）
《皮囊》
《原则》
《思维导图》·顶体定律》
《鬼谷子》
《狼道》
《超级自控力：如何进行你的自我管理》
《性格色彩》
《一生不可不读的佛教礼课》

（刘政屏："不随危风，年轻人对交际沟通的实用性需有需求，因此达是参书被受欢迎。"）

三孝口店借阅榜单

《薛兆丰经济学讲义》
《情商是什么》
——关于生活智慧的44个故事
《有话说》
《蔡康永的情商课：为你自己活一次》
《活着》
《禁断的魔术》
《白夜行》
《解忧》

（刘政屏："如果没有更多的新书出版，读者们也只能从老书中去读。希望能不断有新的有水平有个性的新书出来。"）

本版稿件除署名外，均由新安晚报 安徽网 大皖客户端记者 李燕然/文 王从启/图

---

22 | 春天，我与读书有个约会

"政屏说书" 2019 年第 3 期札记——

"政屏说书" 每一期活动之前，我都会和卖场的同事们来来回回地沟通很多次，诸如形式、嘉宾、细节等，而活动主题无疑是重中之重。其实我们一直在考虑，既然是"说书"，那么就一定要尽可能地围绕和贴近图书，开展相关的活动。因此从上一期开始，增加了"一本新书"栏目，这一期又将畅销书榜单进行细化，而所有这一切尝试，都是为了让"政屏说书"更丰富一些，信息量更大一些。

本期活动预告的标题是："春天，我与读书有个约会"，主要内容是请读者来谈一谈他们与书的故事。因此 3 月 23 日（周六）下午 3 点举行的"政屏说书"第 22 期的嘉宾，就是几位自愿报名的普通读者。不论是合肥新华书店"疯狂读书会"的读友，还是从高校走出来的女读友，或者第一次见面的读者朋友，都很认真很有感觉，一些见解和观点，独特新颖。他们的读书故事以及他们对于读书的理解和热爱，深深地打动了参加活动的每一位读者，大家静静地听着，颇受感染的同时若有所思。

的确，春日草长莺飞，正是读书之时。如果我们能够通过别人的分享，得到启发和帮助，开始我们自己的"春读"，那将是一件很美妙的事情。

活动现场

上一期"一本新书"环节给广大读者介绍了阎连科的长篇新作《速求共眠》，该书也被选为书店"疯狂读书会"（专场）的共读图书。本期介绍的新书是李洱的长篇小说《应物兄》，李洱曾经创作过长篇小说《花腔》《石榴树上结樱桃》等，反响很大，此次《应物兄》甫一面世，即引发公众的关注和热议，因此我们请书店文学馆馆长丁莹为大家介绍了这本书，参加活动的读者也说了她通读全书后的感受，对于其他读者了解这本约90万字的厚书很有帮助。

说到全国畅销图书榜单，本期还是很有意思的，有变化自然就有话题，引得许多读者的关注，其中不乏图书行业的专业人士，让我颇受鼓舞。

2019 年 2 月全国畅销图书排行榜虚构类前十名是：《三体》《三体Ⅱ·黑色森林》《三体Ⅲ·死神永生》《活着》《流浪地球》《红岩》《追风筝的人》《平凡的世界（全三册）》《解忧杂货店》《银河帝国Ⅰ：基地》。

连续 11 个月位居榜首的《活着》，终于被挤下宝座，而《三体》

（1—3）居然霸占前三位，而且第五位《流浪地球》也是刘慈欣的作品，可见作者的人气有多高。不过《活着》也是创造了奇迹，据说作家出版社因为《活着》的火爆，2018年赚得盆满钵满，可谓发了一笔意外之财。

非虚构类榜单前十名是：《好的孤独》《皮囊》《好的爱情》《浮生六记》《傅雷家书（2018年精装本）》《蔡康永的情商课：为你自己活一次》《所有失去的都会以另一种方式归来》《薛兆丰经济学讲义》《我们仨》《半小时漫画中国史（全新修订版）》。

复旦大学美女导师陈果的两本书能够冲至第一和第三位，有些出乎意外，不过网络时代一切皆有可能，更何况陈果还是有实力的知识女性。同样情况的还有《薛兆丰经济学讲义》，能够进入榜单前十位，也不简单。

另外，从这一期开始，增加了全国畅销书榜单实体店和网店虚构类和非虚构类前三名的发布，两组书目比较起来看挺有意思的，也是为了向读者提供更多的信息。

2月份实体书店虚构类榜单前三名：《红岩》《活着》（精装本）《海底两万里》；网店虚构类榜单前三名：《三体》《三体Ⅱ·黑色森林》《三体Ⅲ·死神永生》。

2月份实体书店非虚构类榜单前三名：《傅雷家书（精装本）》《傅雷家书》《变量：看见中国社会小趋势》；网店非虚构类前三名：《墨菲定律》《厚黑学》《狼道》。

今年开始，每季度增加一个"版主展示"栏目，也就是由我和大家分享我的一些专题藏书，以及其背后的故事，意在让更多的读者了解藏书的乐趣和方法。为了此次活动，我特地找出余华作品《活着》的十余个版本。

喜欢一部作品，每个人表现形式不一样，我常常会收集它的版本，《活着》这样有"故事"的书，其版本收藏自然更是有难度也有趣味。分享的同时，我感觉自己几年来的辛苦和付出还是挺值得的，因为我能够在这些不同的版本里体会到书本之外的不少滋味，当然还有满足。

嘉宾发言

春光明媚，一群人走进书店，围坐在一起，听全国最新畅销书榜，品"一本新书"，交流读书的心得体会，见识一本书的不同的模样，很安静，也很美好。

我想，这种美好还会继续下去的。

23 | 读出我们的理解和感觉

"政屏说书" 2019 年第 4 期札记——

一

2019 年 4 月 20 日（周六）下午 3：00 举办的第四期 "政屏说书" 恰逢谷雨，有人说，此时天下皆春，何不乘着美景，朗诵一段经典文字呢。在书香氤氲的书店，做一回 "朗读者"，无疑是合适的。

当我们决定确定在 "政屏说书" 里增加一个新栏目 "朗读者" 时，还是有点担心的，读者认可吗？有人愿意参与吗？不过很快我们的担心就没有了，因陆陆续续有近十位读者报了名，而能够有读者参与的活动，才是我们的目标和动力。

朗读无疑是阅读和理解图书的最好的办法之一，而在朗读中表达出自己的理解和感情，对于旁听者来说，是一种很好的启发和体验。大家可以在别人的朗读中，有所发现和触动，从而得出自己的判断，收获自然也就在其中了。

本次活动的阅读书目是事先选定并在活动预告里发布的，它们当中有些是传承已久的经典文学著作，有些是常年上榜图书。

有些读者认真做了准备，事先把准备朗读的内容抄下来；有些读者不但认真地朗读了图书片段，还说出了自己的阅读感想；也有的读者就是抱着锻炼自己的目的，第一次在公众场合发出自己的声音；还有一位男性读者说，他的朗诵水平不好，但他就是想试一试。无论是阅读还是即兴发言，因为真情实感，很是动人，引发其他读者的共鸣。有读者说，他犹豫再三，才报了名，参加活动后，感觉收获远远超过预期，以后他还会参加类似的活动。

所有这些，都让我很感动。在我们这座城市里，有这么多人喜欢读书，有这么多人愿意分享自己的阅读感受和体会，而作为一名文化工作者，作为新华书店，应该为他们提供更好的服务，更多交流分享的机会。

朗读者

4 月 23 日是世界读书日，按照惯例，我们为每一位参加活动的读者准备了世界读书日玫瑰，浪漫的小礼物，让读者们感到很意外，当他们手持玫瑰的那一刻，洋溢在他们脸上的那份欣喜和笑容，很美很难忘。

　　二

　　说榜环节依然是人气很旺。在2019年3月全国畅销图书排行榜中，虚构类、非虚构类的榜首易主，一些黑马品种和系列的出现，都值得关注。

　　虚构类榜单前十名是：《活着》《三体》《三体Ⅱ·黑色森林》《三体Ⅲ·死神永生》《流浪地球》《红岩》《追风筝的人》《摆渡人》《围城》《解忧杂货店》。

　　《活着》重回榜首，刘慈欣《三体》（1—3）和《流浪地球》占据二至五位，也是相当的厉害。

　　非虚构类榜单前十名是：《皮囊》《好的孤独》《好的爱情》《浮生六记》《所有失去的都会以另一种方式归来》《天才在左疯子在右（完整版）》《习近平在正定》《正面管教（修订版）》《我们仨》《半小时漫画中国史（全新修订版）》。

　　《皮囊》升至第一位，《习近平在正定》2月份出版即进入榜单前十位，《正面管教》也是冲劲十足，其他几种书有的位次升了几位，有些则下降了几位，属于正常现象。陈磊（二混子）"半小时系列"4种书位居十至十三位，后劲十足。

　　3月实体书店虚构类排行榜前三名：《红岩》《流浪地球》《活着》（精装本）；网店虚构类排行榜前三名：《活着》《三体》《三体Ⅲ·死神永生》。

　　3月实体书店非虚构类排行榜前三名：《习近平在正定》《傅雷家书（精装本）》《皮囊》；网店非虚构类排行榜前三名：《狼道》《墨菲定律》《鬼谷子》。

解读榜单

三

　　每年的 4 月，因为 4·23 世界读书日，活动都会很多，2019 年度 4 月自然也是如此。"政屏说书"之外，我还参加了 10 场相关的活动，具体如下：

　　4 月 13 日（周六）下午，在三孝口书店主持《新安晚报》大皖客户端"徽派"活动：胡跃华《上庄的女儿》新书分享会。

　　4 月 15 日下午，在三里庵街道梅山路街道侨联世界读书日主题活动——"宁静致远 书香悦人"读书会，做主题讲座。

　　4 月 20 日（周六）晚上，在中国科技大学 MBA 第 45 期读书沙龙做主题讲座：聊聊读书这件事。

　　4 月 21 日（周日）下午，参加由三孝口书店和新浪安徽联合举办的"日新'阅'异——70 年推荐 70 本书"活动，并客串其中一个环节的主持。

　　4 月 22 日上午，参加长丰城市阅读空间"百川书屋"开业仪式，做"《论语》里的孝道"专题讲座。

　　4 月 22 日下午，在合肥第五十中学蜀外校区做"合肥方言与地方文化"专题讲座。

4月22日下午，在合肥第五十中学天鹅湖校区做"合肥方言与地方文化"专题讲座。

4月23日下午，在三孝口书店主持潘小平、李云、余同友、许含章合著的新作《一条大河波浪宽》新书分享会。

4月27日（周六）下午，主讲安徽图书馆"新安百姓讲堂"734期"漫谈合肥地域文化（一）：闲话'庐阳八景'"。

4月29日下午，在安徽公安职业学院做有关读书的专题讲座。

一个月11场活动，其中20日下午"政屏说书"之后，还有一个晚场：在中国科技大学与一批MBA精英聊读书，时间虽然有点赶，但感觉很好。22日一天里，长丰、合肥城区两地3场最紧张，而且面对的都是众多的学生，印象深刻。

活动现场

24 说说关于茅奖的那些事

"政屏说书" 2019 年第 5 期札记——

第十届"茅盾文学奖"参评作品征集于 2019 年 4 月 30 日结束，并于 5 月 15 日公布了 234 部参评作品，为评奖拉开序幕。我一直想为茅奖做一次专题活动的想法，也在 5 月 25 日（周六）举行的"政屏说书"第五期得以实现。

在活动预告里，我们特地将前九届"茅盾文学奖"获奖作品书目刊出，以便让读者对茅奖有一个全面的了解。活动的主题则是请读者谈一谈阅读茅奖作品后的心得和感受。

举办这种让读者自由参与的活动应该是有一定风险的，因为读者会有各种顾忌，比如担心自己的见解不够全面、深刻，担心自己不能够完整准确地表达出自己的意思，还有就是他们虽然读过一些茅奖作品，但并没有多少感觉，或者说还没有将自己的感觉整理归纳好，当然这些都是他们私下和我说的，我也挺理解，毕竟面对的是茅奖作品。

因此，这时候我们就要有预案，寻找出合适的参与者。当然，读者不报名不代表他们不关心和不参与，本次活动就是这样，读者从开始前的寥寥无几到开始后颇多围观，进而坐下，全程参与，说明这样主题的活动还是颇受读者关注和欢迎的。而且通过读者的发言和介绍，可以发现茅奖的作品还是很有影响力的，不少作品相当

程耀恺老师解读《历史的天空》

流行。比如路遥的《平凡的世界》就一直位居全国畅销图书排行榜的前列。

茅盾文学奖是由中国作家协会主办，根据茅盾先生遗愿，为鼓励优秀长篇小说创作、推动中国特色社会主义文学的繁荣而设立的，是中国具有最高荣誉的文学奖项之一。茅奖影响力巨大，每次评奖都会得到公众特别是文学界的高度关注。

就我而言，真正对于茅奖给予充分关注是2011年第八届，由于第二年莫言获得诺贝尔文学奖，那一届茅奖作品也受到读者更多一些的关注，《推拿》等由于被拍成电影和电视剧，风靡一时。

还有一个现象也很有意思，在历届茅奖得主中，河南籍作家最多，有魏巍（《东方》）、姚雪垠（《李自成》）、李准（《黄河东流去》）、柳建伟（《英雄时代》）、周大新（《湖光山色》）、刘震云（《一句顶一万句》）、李佩甫（《生命册》）等7位作家，如果算上祖籍河南的宗璞（《东藏记》），那么就有8位了。

还有3个省各有4位作家获奖，分别是——陕西：路遥（《平凡的世界》）、凌力（《少年天子》）、陈忠实（《白鹿原》）、贾平凹（《秦腔》）；山东：刘白羽（《第二个太阳》）、刘玉民（《躁动之求》）、张炜（《你在高原》）、莫言（《蛙》）；江苏：王火（《战争和人》）、毕飞宇（《推拿》）、格非（《江南三部曲》）、苏童（《黄雀记》），关于江苏还有5人4部半作品之说，因为《都市风流》是由孙力、余小慧夫妇合著的，而余小慧是江苏扬州人。

　　相比而言，安徽就有些尴尬了，安徽籍军旅作家徐贵祥《历史的天空》获得了第六届"茅盾文学奖"，因为是作为军队作家参评的，让安徽有点找不到感觉。不过在这次"政屏说书"里，有老作家程耀恺老师为大家比较详细地解读了徐贵祥的长篇小说《历史的天空》，让大家对于这位安徽老乡有了更多的了解。

　　2019 年 4 月全国畅销图书排行榜中，虚构类榜首易主，非虚构类变化比较大。

　　4 月虚构类榜单前十名是：《三体》《三体Ⅱ·黑色森林》《三体Ⅲ·死神永生》《活着》《平凡的世界（全三册）》《红岩》《解忧杂货店》《追风筝的人》《百年孤独（50 周年纪念版）》《白夜行》。

　　《三体》（1-3）再夺前三名，《活着》回到第四位，有点拉锯战的意味。

　　4 月非虚构类榜单前十名是：《皮囊》《习近平在正定》《浮生六记》《正面管教（修订版）》《人类简史：从动物到上帝》《天才在左，疯子在右（完整版）》《你坏》《薛兆丰经济学讲义》《原则》《我们仨》。

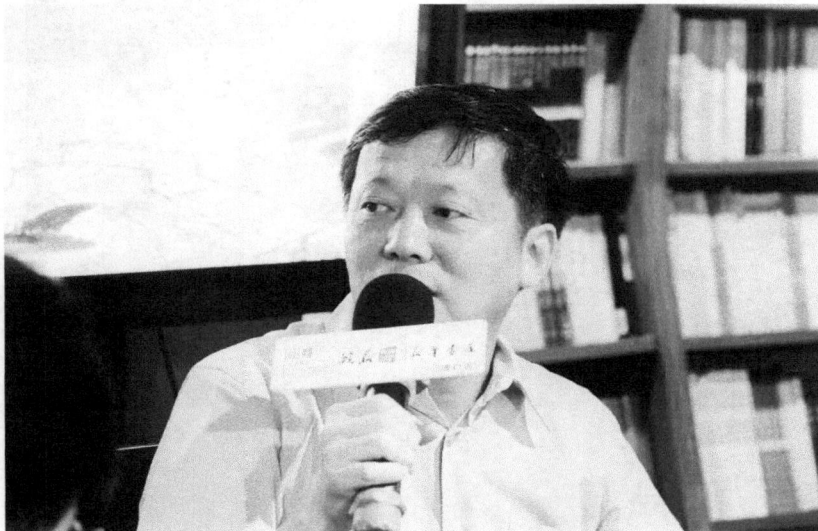

解说榜单是规定动作

《皮囊》依旧榜首，《习近平在正定》升至第二，《人类简史：从动物到上帝》《你坏》《薛兆丰经济学讲义》《原则》重回前十，可谓老面孔新变化。大冰的5种图书全部回到榜单前三十名内，值得关注。

4月实体书店虚构类排行榜前三名：《红岩》《斗罗大陆（第四部）·终极斗罗（5）》《活着》（精装本）；网店虚构类排行榜前三名：《三体》《三体Ⅱ·黑色森林》《三体Ⅲ·死神永生》。

4月实体书店非虚构类排行榜前三名：《习近平在正定》《习近平的七年知青岁月》《薛兆丰经济学讲义》；网店非虚构类排行榜前三名：《口才三绝：会赞美会幽默会拒绝》《为人三会：会说话会办事会做人》《修心三不：不生气不计较不抱怨》。

每次看到实体店和网店分开的榜单前三位，都会有一种很特别的感觉，这种感觉背后的原因，自然是在于两者之间的巨大差别。

活动现场

25 | 诗歌带来的清凉惬意

"政屏说书" 2019 年第 6 期札记——

六月，夏日炎炎，倘若静下心来读一首诗，定能感受到 "一一风荷举" 的清凉惬意。

本期 "政屏说书" 就将邀请读者一起，朗诵一首自己喜欢的诗歌，以流淌于诗书中的隽永文字，歌咏夏日。

这是 2019 年第六期 "政屏说书" 微信预告的开头部分，也就是说 "政屏说书" 第一次请读者来朗诵他们喜欢的一首诗，这显然又是一个尝试。

但小伙伴们似乎还要更多的尝试：第一次采取收费报名的形式。虽然费用并不高（9.90 元），而且还有绝对超值的回报：一本诗集加一本精美的带有流苏的本子，两者都有一种复古风，但我还是有些没底。原本天气就热，读者会报名吗？小伙伴们对此很有信心，他们说现在爱好朗读的人很多，一定不会冷场的。

果真如此。

6 月 23 日是个周日，下午 3：00 活动开始之前，报名参加的读者便陆陆续续来了。他们中有自己一个人来的，有陪着孩子来的，还有带着小孩子来的，想让孩子感受一下活动的氛围。

孩子的朗诵虽然有些紧张，但其纯真胆怯的模样很是可爱；而跟着妈妈一起来的小女孩，在她的妈妈朗诵时，眼神里又是奇怪又是羡慕，同时还有一点不可思议的表情，仿佛在想：妈妈怎么和平时不一样了？

有的读者显然是朗诵爱好者，不慌张、不怯场，发挥正常；有的读者则坦言是要挑战和锻炼自己，因为她很少在众人面前说话，更不用说朗诵了。自然会有掌声，给那些比较专业的朗读者，也给那些勇敢到来的朗读者。

听着一个个读者的朗读，我有些感动，时而也会走神。感动自然是因为读者的表现和自我介绍，走神则是因为我想到了书店的价值和意义：不仅仅是卖书，不仅仅是一个交易的场所，它还是一处让人安宁和放松的地方，自然还有展示和交流。

当一个书店的价值超越其本身应有的作用，那么这样的书店就是值得信赖和赞美的。而我们一些看似很普通的活动实际上就是在支撑和延续书店的信誉和特殊价值。

最后，一位相对而言的"老"读者朱老师开始她的朗读，声情并茂、字正腔圆，不仅让现场的参与者凝神细听，也让周边的读者停住了脚步。当朱老师结束她的精彩演绎时，大家不仅欣赏到她的朗诵艺术，也感受到诗歌里的理想和情怀。

朗读环节结束时，报名参加者也都拿到了一本林徽因的诗集，而我在"版主展示"栏目中展示的也与林徽因有关。

2019年6月10日，是诗人林徽因115周年诞辰。为此我特地带了由人民文学出版社和香港三联书店联合出版的"中国现代作家选集"系列图书中的《林徽因》，它在两个出版社的初版本，以及人文社后来第二次印刷时更换了封面的版本。看似没有什么特别之处，但细品之下，滋味便出来了，版本的魅力和价值，也因此凸显。

2019年5月全国畅销图书排行榜中，虚构类、非虚构类榜首全部易主，另外榜单中出现不少新面孔，其中有深受网络粉丝拥护的网上火爆作品，也有经典作品的续作，以及结合当下热点创作出的所谓爆款图书，有些精彩。

2019 年 5 月份虚构类榜单前十名是：《活着》《三体》《三体
Ⅱ·黑色森林》《三体Ⅲ·死神永生》《撒野（2）》《追风筝的人》
《红岩》《平凡的世界（全三册）》《解忧杂货店》《摆渡人 3：无境
之爱》。

《活着》又回到榜首，之所以说"又回到"，是因为它已经和
"三体团队"战了两个回合，感觉挺激烈也挺有趣的。

5 月份非虚构类畅销图书榜单前几位是：《正面管教（修订
版）》《习近平在正定》《皮囊》《浮生六记》《天才在左，疯子在右
（完整版）》《好看的皮囊千篇一律，有趣的灵魂万里挑一》《半小
时漫画中国史（全新修订版）》《董卿：做一个有才情的女子》《半
小时漫画中国史（2）》。

《正面管教（修订版）》夺得榜首，《好看的皮囊千篇一律，有
趣的灵魂万里挑一》《董卿：做一个有才情的女子》进入榜单便冲
至前十位，都不容小觑。

读出自己的独特理解

　　5月份实体书店虚构类排行榜前三名：《红岩》《撒野（2）》《摆渡人3：无境之爱》；网店虚构类排行榜前三名：《活着》《三体》《三体Ⅲ·死神永生》。

　　5月份实体书店非虚构类排行榜前三名：《习近平在正定》《习近平七年知青岁月》《天才在左，疯子在右（完整版）》；网店非虚构类排行榜前三名：《口才三绝：会赞美会幽默会拒绝》《为人三会：会说话会办事会做人》《修心三不：不生气不计较不抱怨》。

　　榜单时常会有意外，而答案也是没有规律可循，但这就是市场，其背后的故事也一定不少。

诗歌带来的清凉

26 | 坚持做一件事的理由

"政屏说书" 2019 年第 7 期札记——

"政屏说书" 活动 2019 年进入第 3 个年头，开年之后，一方面积极尝试各种活动主题和模式，一方面要应对来自个人家庭的各种紧急状况，2 月份一次，7 月份又一次。第七期 "政屏说书" 确定在 7 月 20 日（周六）举行，19 日中午，我老母亲在家中忽然跌倒，我得到消息，连忙赶过去拨打 120 将她送到医院，几个小时内，各种检查，然后住院治疗。第二天上午又去医院，中午才回家，午餐后简单收拾一下赶往三孝口书店，活动后又直接去了医院。

在我看来，只要能够克服，一定坚持让活动如期举行。如此，既是对读者的尊重，也是对自己的要求。

本期 "政屏说书" 的内容有两个：一个人说榜，大家一起聊书。

活动预告里说："2019 年 6 月的全国畅销图书榜单相较于上月呈现两极分化：虚构榜依旧是 "四大天王" 霸占榜首，在无超级爆款图书出现的情况下，只怕很难撼动它们的霸主地位；非虚构榜则是新生力量大获全胜，大冰新书《小孩》冲到榜首，不少新书纷纷上榜"。

面对虚构类和非虚构图书如此 "两极分化" 的现象，我们不妨先看榜单。

虚构类榜单前十名是：《三体》《三体Ⅱ·黑色森林》《三体Ⅲ·死神永生》《活着》《追风筝的人》《平凡的世界（全三册）》《解忧杂货店》《撒野（2）》《人生海海》《围城》。

非虚构类榜单前十名是：《小孩》《美国陷阱：如何通过非经济手段瓦解他国商业巨头》《正面管教》《半小时漫画唐诗》《浮生六记》《皮囊》《天才在左，疯子在右（完整版）》《半小时漫画中国史（全新修订版）》《红星照耀中国》《半小时漫画世界史》。

虚构类所谓"四大天王"自然是指《三体》《三体Ⅱ·黑色森林》《三体Ⅲ·死神永生》《活着》，《三体》系列和《活着》轮流"坐庄"，其他品种如一帮资深政客，今天你上明天我下，仿佛一场权力游戏。新品种如同官场新人，实力不够，背景不强，只能在低处徘徊。

不过钱钟书先生的《围城》能够重回前十，还是很不简单的。国外作家图书多在10名之后，且总数只占4成。另外，作家个人上榜品种数较多的是刘慈欣（4种）、余华（3种）和东野圭吾（3种）。

非虚构类榜单里，大冰的《小孩》无疑是黑马，而且大冰系列作品也不是第一次如此。《美国陷阱：如何通过非经济手段瓦解他

专注的眼神

活动现场

国商业巨头》能够如此强劲，应该有某种短暂的市场原因。"半小时漫画"系列有5个品种上榜，且新品《半小时漫画唐诗》冲至第四，值得关注和思考。

当然，还有蔡崇达的《皮囊》，2019年3月和4月非虚构榜单上都是第一，虽然5月第三、6月第六，呈现下滑趋势，但总销售量还是很高的，同时它的定价与销量的反向调整也让我对它多看几眼，一般读者的关注点在于折扣的多少，至于其他因素，估计就不太了解和关注，由此并没有讨巧甚至多掏了些许银子自然也就在所难免了。

有人说《皮囊》是一部有着小说阅读质感的散文集，也是一本"认心又认人"的书。作者用一种客观、细致、冷静的方式，讲述了一系列刻在骨肉间故事，回答那些我们始终要回答的问题。我感觉很有道理，对"一部有着小说阅读质感的散文集"这样的评价尤其认同，在我看来，《皮囊》里的故事，因为有不少令人惊悚难忘的细节和巧合，难免会让人感觉或质疑其具有"小说"属性，不过因为故事说得精彩流畅，又常常会让人淡忘了疑惑。

想来也是，我们原本就是一个普通的读者，只要书好看，有意思，有感动，有回味和思考，就可以了，至于虚构还是非虚构，不会过多关注。当然对于文坛和图书本身来说，这不但是一个问题，

123

而且是一个值得关注和研究的问题。

尽管,在一个不太讲究的世界里,做一个讲究的人,很可能是不招人喜欢的,但该讲究的时候还是应该讲究。这是原则,也是品格。

读者显然还是被《皮囊》感动了,他们朗读着书中自己印象深刻的段落,谈论着自己的感受和感动,有时候还会联想到自己的家庭和人生,一些回忆和懊悔,尤其是对于老人的遗憾和愧疚,打动了现场的每一个人。

对于人生而言,自然会有很多的遗憾和愧疚,但对于逝去的老人来说,这样的感觉真的没有什么意义,这或许是人生的残酷,也是我们始终摆脱不了遗憾和愧疚的原因。

读书和倾诉是否可以让我们放下,还真的不好说,但诉说的那一刻,我们或许会感觉轻松一些,毕竟很少会有这样的机会。

小伙伴们在本期活动前又玩了个新花样:招募10人,收费(19.9元)报名,让我有点担心,公益活动,怎么可以收费?不料他们玩的是趣味,每位参加者不但可以得到一本书,还有一个文创本子。

在活动预告的结尾有句话很好:说书榜,聊读书心得;天很热,心却很安静。

我想,坚持做"政屏说书"这件事的理由,或许就是这个。

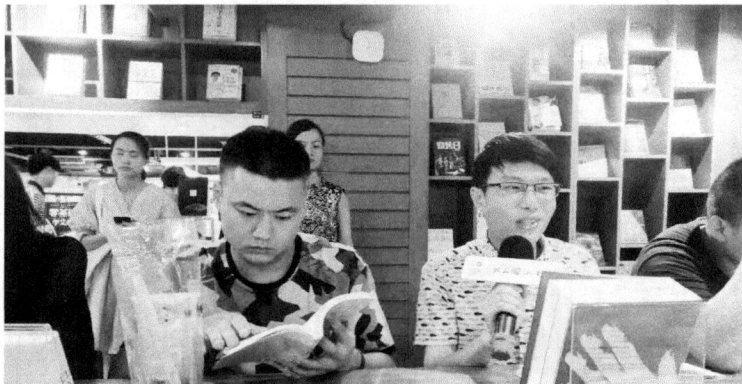

阅读也需要坚持

27 | 说出你和书店的故事

"政屏说书" 2019年第8期札记——

"政屏说书"每月一期，经常是这一期做完了，又在想着下期说什么，由此感觉一个月一个月过得很快。2019年8月25日（周日）下午3：00举行的第八期"政屏说书"有3个内容，"说畅销书榜单"环节是每期都有的，"说新科茅奖作品"则是和第五期做一个呼应，"说自己和书店的故事"是我和小伙伴们早就想做的一个环节，只是没想到居然会如此出彩、感人。

2019年7月全国畅销图书榜单虚构类前十位是《活着》《蜜汁炖鱿鱼》《三体》《三体Ⅱ·黑色森林》《三体Ⅲ·死神永生》《平凡的世界（全三册）》《追风筝的人》《红岩》《无羁》《围城》。

榜单里多了两个新面孔：《蜜汁炖鱿鱼》《无羁》，都是网络上红火的连载作品，做成纸质书后依然热度不减，真是不可小觑。市场的变化说到底是读者阅读兴趣的变化，这个现象值得重视和分析。一味排斥和贬损，或者一窝蜂地跟风，显然都不是理性的做法。

《活着》重回榜首实际上也很能说明问题，一本出版二十多年的"老书"能够如此畅销，仅仅依靠一些流行的营销手段，是不可能做到的。

7月份非虚构类榜单前十名是：《红星照耀中国》《小孩》《目送

（插图新版）》《半小时漫画唐诗》《正面管教（修订版）》《苏东坡传》《半小时漫画中国史（全新修订版）》《半小时漫画中国史（3）》《半小时漫画世界史》《半小时漫画中国史（2）》。

如果要说本月非虚构类榜单最大的变化，无疑是"半小时漫画"系列占据了前十位的半壁江山，我想，与其感觉不可思议或者太过分，不如冷静下来，找找其中的原因。作者们的创作，读者们的喜好，以及哪些人在买书，哪些人在看书，都是值得思考的问题。

8月16日，第十届茅盾文学奖在北京揭晓。评奖委员会经过第6轮投票，产生了5部获奖作品，梁晓声的《人世间》、徐怀中的《牵风记》、徐则臣的《北上》、陈彦的《主角》、李洱的《应物兄》5部长篇小说获此殊荣。

活动现场不但展示和介绍了5部获奖作品，还展示和介绍了5部提名作品：《北鸢》（葛亮）《寻找张展》（孙惠芬）《刻骨铭心》（叶兆言）《捎话》（刘亮程）《敦煌本纪》（叶舟）（以作品出版时间排序），读者因此对于第十届茅奖有一个比较全面的了解。参加活

介绍新科"茅奖"作品

动的读者的称赞："用心了""超值收获"，让我和小伙伴很是开心，果真是付出就有回报。

"我和书店的故事"环节，无疑是本期活动的重头戏，每位读者都有故事，每个故事都很特别、抓人，于是不知不觉就超时了。

读者王家东的故事很"经典"，一个人在合肥，平日里为生存奔波，同时参加成人自考。每次考试前一天晚上，他会来到24小时营业的三孝口书店，突击一个晚上，第二天早晨直接去考场。虽然是临时抱佛脚，但每次都能够压线过关。王家东笑言新华书店是他的福地，或许这也是他总是愿意逛书店、乐于参加书店活动的原因。实际上，所有的偶然通常也是必然，而阳光乐观、积极向上、勤奋好学，都是王家东"侥幸"背后的强力支撑。

读者说我与书店的故事

一位在基层社区工作的女读者，从外地来到合肥，人生地不熟的情况下，她首先来到新华书店，她说我一个人都不认识，没地方可去，但新华书店我熟悉，所以初到合肥那段时间，我经常会来书店看书。有时候就是在店堂里走走转转，也会感觉很踏实。现在工作忙了，也有了自己的家庭和孩子，但只要有时间，她还是会到书店来，看书买书、参加书店的一些活动。

一位法律工作者，也是两个孩子的母亲，她说因为自己是外地人，在合肥没有什么亲戚朋友，有时和爱人闹矛盾不开心，没地方可去，便到新华书店翻翻书或者发发呆，心情就会好一些。平日里再忙，她也会抽出时间，带孩子到书店看书、买书，"每次来基本上都要待上小半天时间"。

下班后特地来参加活动的书店员工，也说了自己的故事，因为对书的热爱，或者是喜欢书店的氛围，选择到书店工作。虽然有些人离开了，但他选择留下，"怎么说呢，也许会再干几年十几年，也许，就会干上一辈子"。

每一个故事都很真实也很动情，我和小伙伴一旁听着也很感动，整日里忙忙碌碌，似乎从没意识到，于读者而言，新华书店不仅仅是一个看书买书的地方，有时候它还会给读者安慰乃至温暖，让读者有一种回家的亲切和安宁。

我想，对于新华书店的员工来说，读者们的书店故事，是一种鼓励也是一种期待，如何做得更好，更细致暖心，如何才不会辜负，要做的事情还有很多。

但愿未来，读者的书店故事，员工的书店故事，能够有更多的美好、温暖和阳光。

28 | 傅雷先生是我们的榜样

"政屏说书" 2019 年第 9 期札记——

2019年9月份的"政屏说书"可能是举办时间最迟的一次，9月28日（周六），再过两天就要放假了。

8月份全国畅销书排行榜虚构类前三名居然和上个月完全相同：《活着》（作家版）《蜜汁炖鱿鱼》《三体》，后面4名也一样，不过位次有所调整：《平凡的世界（全三册）》《三体Ⅱ·黑暗森林》《三体Ⅲ·死神永生》《追风筝的人》，《解忧杂货店》《云边有个小卖部》《长安十二时辰（上）》又进入了前十位。中小学假期效应高峰已过，流行小说纷纷返榜或者名次提升，都是属于周期性变化，基本上每年都是这样。不过没有什么新品种出现多少让人有些乏味。

非虚构类第一名居然是《正面管教（修订版）》，有点意外，第二名还是《小孩》，第三、四、七名分别是《中国共产党九十年（全三册）》《浮生六记》《红星照耀中国》，除此之外的5本全部是"半小时漫画"系列（唐诗、中国史修订版、中国史3、世界史、中国史2），势头的确是过于强劲，同时也显示出其他老面孔畅销书的相对疲弱无力，整体榜单的单调苍白。

解说榜单时，最怕的就是遇到这样的榜单，没有多少说头，如果不愿意重复自己说过不止一次的话，那么只能说些题外话，或者借题发挥一番，最终都会有一种草草收场的感觉。

将榜单说出新意

"版主展示"环节，我为大家展示了我近期收集的11种《傅雷家书》的版本，从1981年8月三联书店的第一版，到后来多个出版社的各种版本，引发大家的兴趣。同时我也分享了一部分傅雷先生的家书内容，我因为正在写作新书《傅雷：我爱一切的才华》，所以对傅雷先生的生平、品格以及《傅雷家书》有了更多更新的了解和认识。在我看来，《傅雷家书》的价值和意义远远超出所谓"家教"的范畴，值得我们每一个人去读一读、想一想。

《傅雷家书》自问世以来，特别是被选入新课标读本后，一直畅销。但是其读者群渐渐局限于中学生，真正应该阅读的成人和家长们反而没有多少，甚至有不少人居然不知道这本书，这让我感觉颇为惊诧和不解。

报名参加以及现场加入活动的读者，完全读完的也不是太多，但是他们却都是有自己独特的感受。一些年轻的读者坦言，因为必须读，所以有些抵触。真正读进去的都是自己在家里的书架发现并且阅读的，因此也会有自己真切的感受。

尤其让我感动的是一位读高一的男孩，尽管有些羞怯，但很主动地举手发言，显然是很想说一说心里的话。他说他是从不太愿意读《傅雷家书》，即便读了也不太理解，到后来慢慢读进去了，理解了傅雷和傅聪，进而理解和感恩自己的父母。让人印象深刻的是，他的父亲没有多高的文化，但是读了《傅雷家书》后，很有感触，主动和他交流，检讨过往对待儿子不妥之处。在我看来，这一对父子不但读了，而且读懂读通了。

因此，我认为《傅雷家书》不仅应该让孩子们读，更应该让家长们读，让他们看看傅雷先生是如何无微不至、持之以恒地教育和帮助孩子的，如何放下身段注意方式方法和儿子沟通交流的，更为重要的是傅雷先生是如何身体力行地学习和思考，自律和坚守的。无论是教子、治学、做事和做人，傅雷先生都是我们的榜样。

参加今天活动的读者不是很多，说书榜的时候，不少读者围观伫立；分享的时候，几个人娓娓而谈，这样的感觉很好！

"政屏说书"做了二十八期了，每一期都会有新的遇见，想读书爱读书的人聚在一起，会形成一种独特的气场，让人安静和舒服。

没错，舒服。

读者听得很认真

29 | 安静的人自带魅力

2019年第十期"政屏说书"10月20日（周日）下午举行，由于10月份活动偏多，又都需要在下旬的双休日举行，"政屏说书""疯狂读书会（第二季）"被安排到了同一天的下午。这对于我来说，意味着要连续工作近5个小时。

纵观全国图书市场，暑期效应结束了，开学季的影响又来了，中小学生必读书目的畅销热潮，导致世界名著和经典作品销量再度上涨，5种图书返榜。这一点在全国畅销图书排行榜上自然会有充分的体现。

先看一下2019年9月的榜单：

虚构类榜单前十名：《活着》（作家版）《红岩》《西游记（上下）》《平凡的世界（全三册）》《三体》《三体Ⅲ·死神永生》《三体Ⅱ·黑暗森林》《追风筝的人》《解忧杂货店》《红楼梦（上下）》。

非虚构类榜单前十名：《论语译注（简体字本）》《正面管教（修订版）》《红星照耀中国》《小孩》《中国共产党九十年（全三册）》《半小时漫画中国史（全新修订版）》《苏东坡传》《半小时漫画中国史（2）》《半小时漫画中国史（3）》《半小时漫画世界史》。

"疯狂读书会"读者专享"政屏说书"

作家出版社出版的《活着》继续保持第一位，《红岩》《西游记（上下）》则属于位次直线上升，从前一个月的第十八位、十三位升至第二位和第三位。相比之下，非虚构类榜单更为夸张，中华书局出版的《论语译注（简体字本）》直线上升十八位，居于榜首。

实际上，网络宣传和促销、影视剧播映、假期、开学季和政治因素等各种因素对于畅销书榜单的影响一直都有，只不过各种因素此消彼长，使得畅销书榜单在不同的时期呈现不同的状态。由此可见，畅销书榜单从来就不是一个单纯而专业的数据集合，它汇聚了方方面面的各种因素，体现出一个特定时间里的文化生态。

本期活动另一个主题是第十三届合肥文博会阅读空间展区活动预告，着重介绍出席本次活动的8位作家：柳建伟、丁捷、张一清、雷欧幻像、薄其红、苑子豪和宇尘。其中，茅奖得主柳建伟无疑是一个热点人物，他的出席无疑会提升阅读空间展区乃至整个文博会的影响力。作为一个深度参与的筹办者，同时从个人角度来说，都是非常感谢柳建伟老师的爽快大气和鼎力支持。

因为紧接着本期活动之后举行的是2019年第四期"疯狂读书会（第二季）"，需要清场布置，为了赶时间，本期"政屏说书"成了读书会会员的专场，不过这并不妨碍周边的读者驻足旁听。解说榜单和聆听发言的时候，我时常会打量一下周围，那些围观的读者专注的表情会让我的心怦然一动，我想，正是这些读者的眼神，给了我继续做下去、并力争做出特色和新意的动力，在我看来，这些读者才是"政屏说书"活动最好、最靓的风景。

还有让我颇感开心的事：本次活动里，书店里的小伙伴抓拍到几张很不错的照片，对于非专业水平的他们来说，这很不容易。在这些照片里，读者无论是在听，还是在录像，都是那么地专注和安静。在我看来，这样的照片会散发出一种气息，生发出一种魅力，让每一个看到他的人都会不由得定下神来，细细端详。

有人说，读书的人自带魅力。安静的人又何尝不是如此呢。

的确，安静的人自带魅力。

旁观的读者

30 因为一本书的欢聚

"政屏说书" 2019年第11期札记——

为了一本书出版10周年，举办一场活动，还是很少有的事，不过这本书对于合肥这座城市来说，的确是不一般。《阅读合肥》，1999年9月底出版，10月1日首发。60位作者，60篇文章，从不同的角度描写同一座城市：合肥。对于合肥来说，这应该是第一次。因此，《阅读合肥》出版之后，受到社会各界的广泛关注，持续畅销很长时间。即便是十年之后，依旧有读者到书店查找，希望能够购买一本。

因此，2019年11月24日（周日）第十一期"政屏说书"真是热闹，单是嘉宾就有20多位，因为五楼社科馆的桌子不够大，临时改到三楼文学馆。

翁飞、王光汉、温跃渊、赵昂、苏北、赵宏兴、马丽春、章玉政、张扬、程堂义、刘睿、江泓、胡迟、王金萍、李学军、李海燕、束晓英等作者参加了此次活动，大家纷纷发言，畅快、畅想、畅所欲言。

著名学者翁飞说，现在回顾这十年，发现自己有点像预言家。10年前，我的学术报告写"构建大合肥"，希望将巢湖纳入合肥。10年后，我们畅想大合肥的梦已经真的实现了！

著名老作家，《我和书店》的作者温跃渊说：我和合肥新华书店有着 65 年的感情。1955 年 3 月 15 日，我第一次在合肥新华书店买书，从此结下深切的缘分。

著名作家赵昂说：今天来参加这个活动，非常感慨。首先是见到了两位前辈，他们不仅"身健"而且"笔健"，值得我们敬佩。其次是当年共同写作的朋友们依然风采依旧。第三，合肥新华书店三孝口店改革时，我提出了要向苏州诚品学习。现在我很高兴地看到，我们离诚品的距离越来越近，有些地方甚至已经超过了苏州诚品。

资深媒体人马丽春接着赵昂的话题说：前段时间我去台湾，发现台湾的许多书店读者寥寥，反而是美食街火爆异常。这么一对比，合肥有这么好的一座书店，有这么多爱看书的读者，实在是非常幸运的一件事。我们合肥人的精神生活非常富足。

《清明》杂志副主编赵宏兴感慨道：历史的传承离不开文字，《阅读合肥》十周年是一个非常有意义的事。像《阅读合肥》这样的书，还要继续写，记录合肥的文化，记录合肥的历史。

知名电视人江泓用"非常敬佩"对我给予充分的鼓励，她说：刘政屏一直坚持弘扬合肥文化。坚持本就是一件不容易做到的事，而能够一直坚持做一件事，更是非常不简单。关于合肥，我想说我们常常忽视身边近处的风景，如果有一天你能够注意到，就说明你成熟了。

著名作家苏北坦言："人都是心向远方，但实际上走到远方的人，心中都充满了疲累。在最初，因为常年在北京生活，对于合肥觉得非常贫瘠；但随着长久的接触以及目睹合肥的飞速发展，我现在越来越爱这个科技之城。"

著名汉语言文字专家王光汉教授说："我一直在研究合肥方言，从合肥方言的角度，弘扬合肥文化。方言对于任何一个地域文化而言，都是非常重要的元素。"

民俗及非遗保护专家胡迟说："为什么我们说徽州文化是中国三大地域文化之一？就是因为自明清起，徽州文化经过文字的记载一直传承至今，可见文字记载的重要性。对于合肥我有一种"剪不断，理还乱"的感觉。我认为合肥是一座"布衣城市"，它适合读书人，非常安静，也不浮躁。"

《新安晚报》知名媒体人，"刘文典研究专家"章玉政说："文字的价值，就在于它能将许多事记下来。或许当时看起来并不显耀，但多年之后，会让人看见它的价值！"

《安徽商报》知名媒体人张扬说："那个时候我们的记忆和今天相比有很多变化。就像一百年前的合肥，我们没有能力去参与，但是今天的故事我们能去记录，未来我们也能续写。"

知名作家束晓英说："不仅是我们这六十位作家，大家都应该有这种敏锐的嗅觉。新合肥的发展日新月异，希望《阅读合肥》今后也会一直出下去。"

知名作家李海燕说："1982 年 1 月，我大学毕业来到合肥。我伴随着合肥一起成长，这几十年的发展也让我觉得非常荣耀。"

活动现场

《合肥晚报》知名媒体人程堂义说："这几年我一直在做关于"合肥档案"的相关报道，合肥是一个非常有魅力的城市，它的故事也非常动人。"

《从一条街出发》的作者刘睿说："整个城市关键的水位上涨了，大家也会跟着一起进步。文字的重要性不言而喻，没有文字，我们不会知道十年前的自己在想什么。现在的你不是当年的你，现在的合肥也不是当年的那座城市。若没有文字记录，一切都是虚无。"

根据行业特点，写出《岁月悠悠大钟楼》的李学军说："合肥是一座非常有文化底蕴的地方，我们要深读、细读，了解合肥的小街小巷。"《在杏花公园，倾听自然的呼吸》的作者王金萍说："合肥的花草树木这些自然的东西滋养了我，因此我是不知不觉地爱上了合肥。"

资深媒体人戴煌说："感谢合肥新华书店，让我有机会和这么多老朋友再次相聚。在《阅读合肥》后，刘政屏还编过一本《合肥的小街小巷》。由于我对鼓楼巷特别熟悉，所以也写了一篇，只可惜没有交给刘政屏，非常遗憾。"

听了大家的发言，我自然很是感慨，在我看来，也许是这个城市改变了大家，也许是大家成就了这个城市。大家一起用这种向上的、昂扬的状态，让合肥成为充满书香和希望的城市。

书店的小伙伴们很用心，他们为每一位到场的作者制作了包含肖像和书影的背景，让作者们很是惊喜和感慨。

活动结束，几位前期抢先报名，得到原价购买10年前出版的《阅读合肥》的读者，纷纷捧着这本具有历史感的图书，请到场20位作者签名留念。

还有一位幸运的小伙伴，获得了一本由我赠出的"2009年签名版"《阅读合肥》。在书上签名的多位名家因为各种原因，没能参加本次活动，因此此书极具收藏价值，一些读者笑言：看得人非常眼红。

嘉宾发言

　　合肥电视台新闻频道的记者得知"政屏说书"本期主题为"《阅读合肥》十周年"后，赶到现场进行全程摄像和报道。《合肥晚报》等媒体也进行了报道。

　　榜单自然还是要说的，而且让不少第一次参加"政屏说书"的嘉宾很感兴趣，纷纷掏出手机或纸笔，拍照、记录。

　　虚构类榜单前十名：《活着》（作家版）《红岩》《平凡的世界

（全三册）》《三体》《三体Ⅱ·黑暗森林》《三体Ⅲ·死神永生》《解忧杂货店》《追风筝的人》《白夜行》《云边有个小卖部》。

非虚构类榜单前十位：《中国共产党九十年（全三册）》《半小时漫画中国史（4）》《正面管教（修订版）》《半小时漫画中国史（全新修订版）》《半小时漫画中国史（3）》《半小时漫画中国史（2）》《半小时漫画世界史》《半小时漫画唐诗》《半小时漫画唐诗（2）》《非暴力沟通》。

非虚构类榜单有些匪夷所思，接下来还会有更过分的情况出现吗？

《阅读合肥》十周年活动合影

2019年11月24日 星期日
合肥晚报 ZAKER合肥
责编 刘睿 美编 王赟 版式 辛阳 责校 木子
官方微博:@合肥晚报 合肥热线:64249400
悦读周刊·品鉴
A5

阅读合肥

口 刘睿

悄悄在改变阅读合肥的方式

《新安晚报》2019年11月24日第A5版

31 | 读书的故事很精彩

"政屏说书"2019年第12期札记——

2019年12月15日，周日，天气不好，个人状态似乎也不佳，但是活动还是要做，2019年最后一期"政屏说书"，怎么着也要把它做好。

首先说榜单，全国十一月份畅销书排行榜虚构类、非虚构类前十名和前三十名，三孝口书店销售和借阅榜，全国榜只有小调整，没有大变化，虚构类第一名还是余华的《活着》，其他也都是老面孔，不过，《平凡的世界》两种版本进入前十位，还不多见。具体榜单如下：

虚构类榜单前十名：《活着》（作家版）《三体》《三体Ⅱ·黑暗森林》《三体Ⅲ·死神永生》《平凡的世界（全三册）》《白夜行》《百年孤独（50周年纪念版）》《平凡的世界（普及版）》《解忧杂货店》《追风筝的人》。

非虚构类榜单前十名：《正面管教（修订版）》《中国共产党九十年（全三册）》《半小时漫画中国史（4）》《乖，摸摸头2.0》《半小时漫画中国史（全新修订版）》《半小时漫画中国史（3）》《半小时漫画中国史（2）》《半小时漫画世界史》《非暴力沟通》《薛兆丰经济学讲义》。

《正面管教》这样的书卖得如此之好，可见那些做家长的都是多么困惑。"半小时漫画系列"在前十位中比前一个月少了两个，但依然是占着半壁江山，而且在前三十位中占有9位。新品种《半小时漫画经济学2》首次上榜。《薛兆丰经济学讲义》、李诞的随笔集《笑场（2017年全新修订精装版）》、吴军的《格局：世界永远不缺聪明人》等也是首次上榜，薛兆丰和李诞因为综艺节目红火带动图书的销售，让对经济学不感兴趣、望而生畏的一般读者产生阅读的兴趣，是一件有趣和有意思的事。

年底了，自然要回顾一番一年来读过的书。因此将本次活动交流环节主题定为：我印象最深刻的一本书。

报名参加的人不多，现场报名的有4位，驻足围观的，远远地旁听的，有不少，一些读者，就这么站着听了一个多小时。

读书的故事的确很精彩

刚获得2019年度"疯狂读书会"前两名选手于海涛、凌夏的发言很有质量，因为一直坚持阅读，自然是内容充实，感想独特。几位女读者的发言各具特色，一位设计师不一样的角度让人颇受启发。

一位资深读书人介绍了他的读书经历，读书对于其孙子的影响，以及买书之喜、藏书之忧。当我问他比较喜欢哪些书时，他居然说东野圭吾，同时还说尽管不是太懂，但还是坚持读完了《三体》。他笑道：不懂的地方就去向孙子"请教"。我好奇地问他孙子多大了，他说20了，去年考上了北大，他今年已经73岁了。全场哗然：的确看不出，真是读书使人年轻啊。

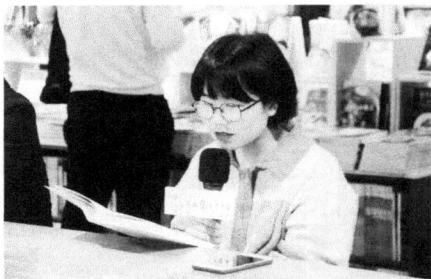

读书的故事很精彩

就在我感觉活动可以结束的时候，发现还有一位读者一直坐在那儿听，便问他是否说几句。不料小伙子一张嘴便是脱口秀范，既有口才，更有功底。通过交流，得知他是金寨人，工作一年后辞职，做了两年的导游，便请他说一说"金寨"的来历。只见他自古至今，引经据典，如数家珍，娓娓道来，再次吸引众多读者驻足。

读书的故事很精彩，爱书的年轻人，执着的读书人，江湖上的奇人，让一场活动变得既实在又有趣，也为2019年"政屏说书"画上一个很顺溜的句号。

书店小伙伴们在活动预告前对于2019年前11期的"政屏说书"做了一个简要的回顾，显然是用了心的，摘录其中的一部分文字。

21世纪10年代的

最后一个月

都已进入尾声

我们期待着2020年的来临

也会在午后缱绻的时光中

暗自回顾着2019的点滴

在2019/"政屏说书"栏目也与大家一路同行/记录下一段接一段的风景/正在为您播放的是/"政屏说书"2019

PART1——记忆

2019年1月/政屏说书第20期/首次解读全国年度榜单/徽派栏目同步直播/线上线下迎来众多关注

2019年2月/政屏说书第21期/常河《一脚乡村一脚城》首发/现场被围得水泄不通

2019年3月/政屏说书第22期/刘政屏老师现场展示诸多版本《活着》/分享收藏背后的故事

2019年4月/政屏说书第23期/"朗读者"栏目走入政屏说书/诸多热爱朗读的伙伴一起/用声音谱写美好

2019年5月/政屏说书第24期/历届茅盾文学奖作品回顾/刘政屏老师展示珍藏的《历史的天空》签名本

2019 年 6 月/政屏说书第 25 期/林徽因诞辰 115 周年/诸多嘉宾一起吟诵诗歌

2019 年 7 月/政屏说书第 26 期/纵然屋外正值酷暑/但参加"说书"的人/心中都很安静

2019 年 8 月/政屏说书第 27 期/政屏说书首次分享新华书店的老故事/大家都专注地静静聆听

2019 年 9 月/政屏说书第 28 期/一位高中生听了《傅雷家书》的分享后/忍不住申请发言/讲述自己与父亲的二三事

2019 年 10 月/政屏说书第 29 期/匆匆路过的读者/都忍不住驻足停留/关注当下的阅读趋势

2019 年 11 月/政屏说书第 30 期/《阅读合肥》10 周年/20 位作家齐聚一堂/再次书写一段"合肥记忆"

PART2——感动

第 25 期嘉宾春宇：现在社会越来越浮躁，看书的人和时间也越来越少。幸好有这么一档栏目，可以让我们了解到最新的图书行情，为阅读指明方向。

工作人员俊熙：每一期的政屏说书背后，其实都付出了小伙伴们大量的努力。从榜单到 PPT，到活动现场的每一处细节。虽然很辛苦，但看着大家聆听分享时专注的表情，我觉得一切都是值得的。

第 29 期读者阿云：读书在我心中一直是一件美好的事情。每一期的"政屏说书"，我看见刘老师一直在做这样一个将美好分享给更多人的行动，我觉得非常不容易。相信在刘老师的分享下，大家终究会触碰美好，并拥抱美好。

2020年

走过这一年

32 | 有时候，改变是一种态度

"政屏说书" 2020 年第 1 期侧记——

有时候，改变是一种态度；有时候，改变是一种必然。

截至 2019 年底。"政屏说书"活动已经举办了 31 期，这些期活动，无论是与媒体合作，还是独自举办，都一直试图求变求新，同时也得到社会各界广泛关注和肯定。2020 年新年伊始，我们更是将这种改变的步伐迈得更大一些，第一期活动走出书店的大门，作为主旨讲座，"政屏说书"出现在山东大学安徽校友会新年联谊会的舞台上。

"政屏说书"走进山大校友会

1月11日下午有两场活动，还有一个是安徽省图书馆2019年度年会，我被听众评为"2019年听众最喜爱的主讲人"，将上台领取奖牌。两处距离较远，两边都参加时间上来不及，最终，我选择参加山东大学安徽校友会新年联谊会。

本期"政屏说书"第一部分，是一个专题讲座：聊一聊读书这件事。这个专题我之前在中国科技大学MBA读书沙龙、安徽公安职业学院、高新区女企业家协会"阅来香"读书会，以及社区和城市阅读空间等多个场所说过，每一次都会针对不同的听众群体做相应的调整。本期讲座中，我主要围绕"中国人真的不爱读书吗？""到底应该怎样去读书？"等问题展开，同时和听众们分享了毛姆的《书与你》，然后提出自己的见解：快乐读书，享受读书；找到适合自己的读书方式；尝试分享自己的读书体会；成为一名有见识的读书人。第二部分是我向与会者发布2019年12月的全国畅销图书排行榜虚构类和非虚构类前十名图书。

2019年12月的全国畅销书排行榜虚构类前十位图书是：《活着》（作家版）《盗墓笔记·十年》《平凡的世界（全三册）》《三体》《三体Ⅱ·黑暗森林》《三体Ⅲ·死神永生》《白夜行》《百年孤独（50周年纪念版）》《苏菲的世界（新版）》《解忧杂货店》。其中南派三叔的《盗墓笔记·十年》第一次入榜即排名第二，可见这一类小说受众之多，另两种首次入榜图书是《庆余年（第一卷）·远来是客（修订版）》《82年生的金智英》。

非虚构类前十名是：《正面管教（修订版）》《你当像鸟飞往你的山》《半小时漫画中国史（4）》《非暴力沟通》《薛兆丰经济学讲义》《半小时漫画中国史（全新修订版）》《蔡康永的情商课：为你自己活一次》《半小时漫画中国史（3）》《因为这是你的人生》《半小时漫画中国史（2）》。

《正面管教（修订版）》依然居榜首，美国作家、历史学家塔拉·韦斯特弗的处女作《你当像鸟飞往你的山》10月份在中国上市，入榜便名列第二，应该与它的励志主题有着极大的关系。蔡康永《因为这是你的人生》《半小时漫画中国史（番外篇）（1）中国传统节日》的上榜，则得益于作者之前图书的畅销。这3本书也是首次入榜。另外，"半小时漫画"系列虽然在前十位里只占4位，比前一个月又少了1位，但在本期榜单30种图书中，却有10个品种在榜，也算得是一个奇闻了。

让我印象深刻的是，在我讲座过程中，大厅里一片寂静，有些听众不时用笔做着记录，发布榜单时，大家更是全神贯注，显然他们对于这样的内容既新奇又感兴趣。

一次特别的解读榜单

讲座结束后，我还作为抽奖嘉宾，为参加联谊会的山大校友抽奖，奖品是从新华书店选购的第十届茅盾文学奖获奖作品。

总体感觉，本期"政屏说书"活动取得了很好的效果，以至于讲座结束后还有不少听众找到我，和我交流他们个人读书及推广阅读的心得体会，他们十分赞同我"读书是一种生活方式""读无用之书"等观点，添加微信好友，希望讲座PPT能够发到他们校友群里，希望"政屏说书"能够到他们所在的单位去……这样的交流一

抽奖环节的奖品是茅奖作品

直持续了很长时间。

因为是首次尝试，活动之前多少有些忐忑，一旦走出去，真正做起来，会发现这样的活动不但有人愿意听，而且还很受欢迎。可见在社会各个层面、各种人群中，都有这样潜在的需求，而我们要做到，就是更多更广泛地做好这方面的宣传和普及工作。

走出去，到更广阔的地方。

有时候，改变是一种人生的选项；

有时候，改变是为了继续和发展。

33 | 非常时期的抖音直播

"政屏说书" 2020年第2期侧记——

新冠疫情让一切都改变了,大家不能上班,不能上学,超市和药店以外的大多数商店都关了门,书店也是如此。2月底,疫情虽然有所好转,但是书店依然不能开门营业,大多数人依然继续宅在家里。2月份的 "政屏说书" 活动是不是要做?怎么做?

我想到了抖音直播,虽然之前我对抖音可谓一无所知,但我知道三孝口新华书店一直想做这件事,于是我和三孝口书店的同事

面对空空的店堂

活动海报

商量这件事的可行性，他们说尽管时间比较紧，但他们愿意试一试，于是一切都紧锣密鼓地展开了。技术层面的问题之外，要设计海报和背景，要做微信预告和榜单PPT，还要做相关优惠图书的折扣和销售方式，很多事情和细节，一样都不能少。

考虑之后，我决定本期"政屏说书"还是说一说2019年全年总榜单，因为这样一份榜单对于大家了解全国图书市场的总体情况很有帮助，同时也会为宅在家里的人们选购图书提供一个参考。

2月29日晚上，大街上空无一人，我打车去三孝口书店，往日的24小时书店空荡荡的，活动场地依然设在5楼社科馆，大屏，桌椅全部到位，但是没有一位读者。此情此景，难免让人感慨，于是我说，3年多来，我做过30多期"政屏说书"，但是第一次面对空空的店堂，空空的场地，但我知道，有很多双眼睛在看着我，有很多人在关注着这场活动。

两位同事走开后，我摘下口罩，开始这次不同寻常的"说书"。

我着重介绍了2019年中国图书零售市场一些情况：总的码洋规模继续保持两位数的增长，同比上升了14.4%，码洋1022.7亿元。网店同比增长24.9%，码洋715.1亿元；实体书店继续呈现负增长，同比下降4.24%，码洋307.6亿元。

网店折扣从2018年的6.2折降到5.9折，而实体书店只有8.9折。网店渠道中，绝大多数类别集中在6—7折之间，工程技术和法律类在7折以上，少儿和学术文化在5—6折之间，心理自助类图书4折以下。

我认为这与网店加大折扣力度有关，更与图书定价持续虚高有关。

网店规模不断扩大，实体店平均在架品种和动销率不断下降，这与市场大趋势有关，也与当下书店改造风潮有关，不断缩小图书展示面积，又不能有针对性地选择上架图书，造成恶性循环。

余华的《活着》依然是全年虚构类图书销售第一名，同时蝉联总榜榜首。非虚构类和少儿类则是《习近平在正定》《窗边的小豆豆（2018版）》。新书畅销书中，虚构类第一名是麦家的《人生海海》，非虚构类第一名是《习近平在正定》。

2019年全年虚构类榜单前十名是：《活着》（作家版）《三体》《三体Ⅱ·黑暗森林》《三体Ⅲ·死神永生》《平凡的世界（全三册）》《红岩》《追风筝的人》《解忧杂货店》《白夜行》《围城》。

非虚构类榜单前十名是：《习近平在正定》《正面管教（修订版）》《浮生六记》《半小时漫画中国史（修订版）》《皮囊》《小孩》《半小时漫画中国史（3）》《中国共产党的九十年（全三册）》《半小时漫画中国史（2）》《半小时漫画世界史》。

直播结束了，看了一下数据，有人收看，但不是特别多，不过对于我和书店来说，这场活动是一个开始，也是一种态度，无论如何，我们都要做我们应该做的事情，而且争取把它做得好一些。

回家时，空空荡荡的街上显得愈发寒冷，但在我的内心，却有着一股奔腾的暖流。我想，那一刻我是轻松的。

"政屏说书"开讲了

34 | 继续抖音直播

"政屏说书"2020年第3期侧记——

我感觉我一直在等，从2月29日做完2020年第二期"政屏说书"开始，我就一直在想，下一次，应该可以在卖场做线下的活动了吧？3月16日下午3点半，三孝口书店正式恢复营业，这让我更有了一些信心，但是一直到月底，还是不行，限流，不提倡逗留，卖场所有的椅凳都收起来了，只能继续抖音直播。

3月31日晚上7点半，活动开始。虽然还是抖音直播，但在形式上还是做了一些改变，尝试着招募嘉宾，大家采取直播连线的形式在一起聊一聊"疫情期间的阅读那些事儿"。

首先说排行榜单，由于疫情影响，2月份实体书店大多停业，即便是坚持营业的也是门可罗雀，图书销售量大幅下滑。大多数人选择网上购书，但是由于物流的影响，网店往往也不能及时发货。新书印不出来，库存书发不出来，市场自然一片萧条。

也有意外的情况，与疫情相关的一些作品受到广泛关注，《鼠疫》《霍乱时期的爱情》等名著成为大家阅读首选，大家在这些作品里寻找共鸣，获取经验教训，也算是一种解压和安慰。

2020年2月全国畅销书排行榜虚构类第一名是《活着》，在1月份被《红岩》挤下来后重返榜首，《活着》的确是生命力旺盛。榜单第二至第十位的依次是：《三体》《三体Ⅲ·死神永生》《三体

Ⅱ · 黑暗森林》《平凡的世界》（全三册）《人生海海》《百年孤独》
（50周年纪念版）《云边有个小卖部》《红岩》《追风筝的人》，看来
看去，都是一些老面孔和渐渐变老的面孔，说的时候明显有一种无
力感。

直播连线

非虚构前十名分别是：《你当像鸟飞往你的山》《皮囊》《半小时漫画中国史（4）》《非暴力沟通》《半小时漫画中国史（全新修订版）》《半小时漫画中国史（3）》《半小时漫画中国史（2）》《薛兆丰经济学讲义》《半小时漫画世界史》《因为这是你的人生》。

1月之后，《你当像鸟飞往你的山》继续保持榜首的位置，不简单。"半小时漫画"系列在前十名里占据五位，在前三十名里占据十位，很厉害也有些问题，一家独大的背后，是图书出版业的平庸和读者趣味、喜好的贫乏。

为了确保活动质量，征集对话嘉宾时有报名的也有邀请的，尽管对于大家来说都是第一次，但几位都做了比较充分的准备，王家东重点介绍了"疯狂读书·云读书"活动情况，一群人在非常时期的非常阅读，的确让人记忆深刻；于海涛则谈了他阅读《人生海海》的感受，另一位女读者则谈了禁足家中的感觉和阅读带给她的慰藉。通过交谈，能够感受到大家对于阅读的喜爱，以及阅读给他们的安慰和支撑。

最后，我和大家分享了一些图书版本，也算是为活动添加一些新内容。

两本纸面布脊精装书，一本是人民出版社1954年8月出版的《辩证唯物主义》，另一本是人民出版社1955年7月出版的《历史唯物主义》，它们一个竖版左翻，一个横版右翻。见证了中国出版从1954年竖版左翻到1955年的横版右翻的改变，具备典型的版本价值。而吴晗先生的《读史劄记》（三联书店1956年2月一版一印），不但版本比较久远，同时内容也是很有价值。至于人民出版社1951年3月根据新华书店东北总分店1947年11月版重印《列宁的童年》，虽然一共只有58页，但是其版本意义不小。让我有些意外的是，这个环节居然颇受欢迎，大家在叫好的同时，纷纷留言说大开眼界。

尽管依然是面对着空空的座椅，但我已经感觉到一种热闹。

35 ｜ 迷茫中探索的脚步

"政屏说书" 2020年第4期侧记——

2020年4月30日，又是一个月的最后一天，第四期 "政屏说书" 还是直播方式，如此已经连续三个月了。不过每期都会有一些新变化，这一期最显著的特点就是邀请黄山书社的加入。

新华书店和出版社合作做活动，是常态，也很有效果，而且无论

与黄山书社副社长马磊对谈

是策划还是活动形式，都日臻成熟。那些成功的案例、精彩的瞬间，都在记忆中。

疫情之下，出版社同样遭遇寒流，自然也都在想办法找出路，在此之前的4·23世界读书日，安徽出版集团举办了一场大型网上直播，我应黄山书社邀请，为他们的《锦城：中国丝绸与丝绸之路》代言，反响很好。那天我还参观了黄山书社的样本馆，发现古籍图书之外，还有不少普及类及大众阅读图书，有些选题，因为选题角度独特，颇为出彩。闲聊中，我们都觉得可以合作一把，把这些图书推荐给读者，这场活动就这么确定了。

第二天就开始准备，出版社给出书单，我在其中挑选一些比较适合大众阅读的，同时兼顾精品图书，包括《锦程》在内的国家重点出版规划项目图书，然后发货到店，专柜展示。

本期活动定为"黄山书社精品特卖专场"，而且是5折+抽奖，力度很大。黄山书社副社长马磊、文化普及编辑室主任高杨参加了直播，我们通过对谈，介绍和解读了黄山书社出版的图书，尤其是特卖专场的图书，干货满满。

还是要说榜单的。

2020年3月全国畅销书排行榜虚构类前十名是：《活着》《红岩》《三体》《三体Ⅲ·死神永生》《三体Ⅱ·黑暗森林》《百年孤独（50周年纪念版）》《云边有个小卖部》《追风筝的人》《平凡的世界（全三册）》《人生海海》。相比较上个月，星星还是那个星星，月亮还是那个月亮，彼此换换位置而已，实在是无趣。

非虚构前十名分别是：《你当像鸟飞往你的山》《正面管教（修订本）》《皮囊》《非暴力沟通》《半小时漫画中国史（4）》《断舍离》《半小时漫画中国史（全新修订版）》《半小时漫画中国史（3）》《笑场（2017全新修订精装版）》《半小时漫画中国史（2）》。两种返榜图书《断舍离》和《笑场（2017全新修订精装版）》表现都不错，但也算不得新面孔。

有趣的是，榜单前三十名中新入榜的图书，单看书名便会发现与疫情及人们的心态有关，比如《枪炮、病菌与钢铁：人类社会的命运（修订版）》和《过得刚好》。不过即便如此，也少不了各种推荐和营销手段。

这是一个糟糕的时期，也是一个逼迫人们做出改变和寻找出路的时期。某种意义上，图书及其他商品努力寻找商机又何尝不是在调整、改变自己以满

还是要说榜单的

足市场？因此，尽管很困难、很辛苦甚至很痛苦，但如果想生存，就必须去做。实际上，我们在做的过程中，一定会得到锻炼和提升，对于我们的人生来说，这是一个理想的结果。

就图书的营销而言，网络无疑是一种途径，直播已经不是时尚和流行的概念，它是可能，是迷茫中探索的脚步。同时一定还会有更多的、更新的手段和方法出现，因为这是生存的需要，也是发展和进步的必须。

36 终于,线下暖心回归

"政屏说书" 2020年第5期侧记——

2020年的疫情搅黄了太多的事情,眼看着下半年就快到了,"疯狂读书会"是不是还可以像前两年那样如期举行,大家都感觉悬。不过,2020年还真的举办过读书会,而且还是在疫情正紧的2月,只不过它有些特别,是"云读书",全称:"疯狂读书会·云读书"。

《安徽画报》执行主编,《市场星报》副总编辑刘冬梅也报名参加了"云读书",并承诺给每一位参加活动的读者赠送2本《安徽画报》。

2020年5月31日,又是一个月的最后一天,但这第四个月尾却和前几个月截然不同,因为可以举办线下活动了,于是"政屏说书"又回到了卖场,回到了读者中间,同时依然进行网络直播。

因为在参加活动的人数上有要求,我便首先邀请"云读书"的伙伴参加这次活动,而这场活动的一个重要内容就是刘冬梅主编和大家分享几组难得一见的照片,从图片上看城市的沧桑变化。

一组合肥同地点的新旧面貌照片让人唏嘘感慨不已,这座城市的变化发展不但抹去了许多贫穷和落后,也抹去了许多有价值的老建筑,簇新的老城区让大家或多或少地有一些失落。

回看疫情期间的照片,又是一番感慨,空荡荡的城市,勇敢的医务工作者和大批的志愿者，还有拍摄这些照片的记者，都是那么刻骨铭心，让人难忘。

分享2020年4月全国畅销书排行榜环节，有一点小小的惊喜：麦家的《人生海海》登上榜首，上个月它仅在第十位。第二至第十位是《三体》《三体Ⅲ·死神永生》《三体Ⅱ·黑暗森林》《红岩》《沉默的巡游》《平凡的世界（全三册）》《活着》《百年孤独（50周年纪念版）》《云边有个小卖部》。其中《沉默的巡游》是东野圭吾的新作，首次入榜即进入前十位，说明其作品热度虽然有所下降，但其影响力依然不可小觑。

据说本月《人生海海》排名的大幅上升，主要源于"淘宝主播"的直播带货。4月12日，《人生海海》在某直播间上架，不到5秒即宣告售罄。近年来，直播带货的方式日益红火，一些知名主播的带货能力非凡。而面对直播等新兴营销方式，出版和发行机构有许多发展和利用的空间，值得去挖掘和尝试。

非虚构类榜单前十名是：《你当像鸟飞往你的山》《正面管教（修订版）》《皮囊》《断舍离》《非暴力沟通》《天才在左，疯子在右

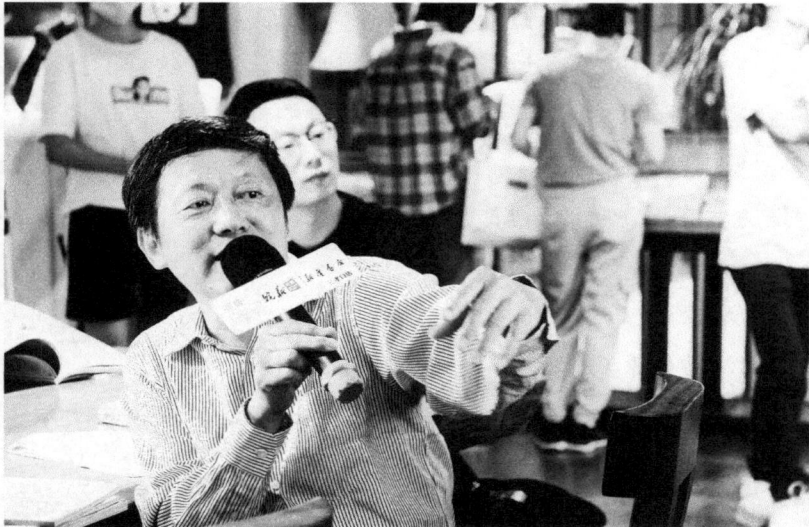

本期榜单有点小小的惊喜

"云读书"的"赞助商"

（完整版）（新版）》《半小时漫画中国史（4）》《习近平在宁德》《我们仨（第3版）》《半小时漫画中国史（全新修订本）》。本期有2本首次入榜图书，分别是《习近平在宁德》和《习近平在厦门》。此外，本期还有2本返榜图书，分别是《一只特立独行的猪》和《习近平的七年知青岁月》（平装）。另外，"半小时漫画"系列依然热度不减，共有历史、唐诗、生活常识和金融方面10个品种上榜。

我在大屏前讲得带劲，读者在四周听得认真，这样的感觉又回来了，心里热烘烘的。门店在做活动预告的标题是：政屏说书，线下暖心回归。

是的，终于，暖心回归。

附录：

活动结束后，我发了一条微信朋友圈：

2020年第一期"政屏说书"是走出书店，在山东大学安徽校友会年会举办；

2020年第二期"政屏说书"2月29日在空空的店堂内，我面对着镜头首次尝试抖音直播；

2020年第三期"政屏说书"3月31日在直播间抖音直播，不过这期增加了直播连线，大家说一说疫情期间的阅读；

2020年第四期"政屏说书"4月30日依然在直播间做抖音直播，但是增加了"看点"，而且还有了合作方：黄山书社的领导和老师，大家一起聊一聊黄山书社那些好看的书。

啰里啰唆半天，想说的是：今天这期"政屏说书"是2020年在书店卖场举办的第一场线下活动，真不容易！一激动就把握不住时间，超过预计时间近半个小时。

不知道是因为近几天风寒多穿了点，还是因为激动，或者是店内温度有点高，我，居然，淌了不少汗。

紧张是不会的，由于限制，只有8个人可以围坐在桌前，其他不少人只能远远近近地站着，一张张安静的脸庞只会让我感觉温暖和稍稍的不安，但不会让我感觉紧张的。

刘冬梅执行总编的专题讲座，内容极其丰富，"新旧合肥航拍对比""安徽治淮七十年""疫情期间的合肥""安徽脱贫攻坚实录"等等，让人大开眼界，总是有意犹未尽的感觉。

人数最少的一次合影

37 | 品读着父亲这本大书

"政屏说书" 2020年第六期侧记——

2020年6月21日，6月份第4个周日，是近些年时兴起来的父亲节，于是下午3点开始的第六期"政屏说书"就围绕着"父亲"这个主题，活动形式依然是现场加直播。

我特地从家里带了10本父亲主题的书，并逐一做了介绍，同时也请参加活动的读者说一说他们的父亲。

对于很多人来说，父亲这个话题似乎不太好说，或者说是说不出口，可一旦打开话匣，又会发现有很多话要说。参加活动的基本上都是年轻人，甚至还有小学生，但说起自己或平凡、或内向、或坚强、或勤劳的父亲，他们的话语都是那样的真切和质朴，甚至有些语无伦次，但我能感受到他们内心掩饰不住的激动。也许他们从来没有认真地想过自己的父亲，也许在他们叙述的过程中，他们才开始认识和理解他们的父亲，但无论如何，那一刻，他们和自己的父亲很近，他们都在回味着自己父亲的点点滴滴。

当一个活动能够让参与者有所思考、收获和感动，那么这样的活动就是成功的，因此，坚持做贴近图书和读者的活动，是对的。

本期活动还有一个小主题：我的新书《傅雷：我爱一切的才华》一个特别的读者见面会，特殊时期，首发式签售会什么的都免了，利用"政屏说书"活动向读者们做一个介绍，简单利索。

《傅雷：我爱一切的才华》与读者见面

2019 年，在大环境和个人都遭遇不小的困难情况下，编著了 4 本书，解读傅雷家书是最后成型的一本，没想到它又是最先出版的一本，而且还被多个省市列入暑假读一本好书推荐书目。

其他 3 本尽管都通过了选题，但出版似乎还遥遥无期。不过我现在已经不太着急了，因为疫情期间，我对其中几本书稿，特别是家族记忆那本，做了大量修订和补充，欣慰之余居然有些后怕，如果早早出版了，该会怎样的懊悔，可见有时候慢也不见得就是不好。

解读傅雷家书，真不是一件轻松的事，反复研读各种版本的《傅雷家书》和相关资料，找出话题，解读，链接相对应的名人故事，每一个环节都可能卡住，加之能力有限，时常会感到力不从心。

不过完稿之后，感觉颇有收获，甚至认为如果再写，或许会更好一些。当然我是指随笔式的文字。

《傅雷家书》不仅是孩子们应该看，家长们更应该好好读一读，在教育孩子方面，傅雷先生有方法有思路，更有深厚的文化修养和高远的思想境界，而这，正是大多数家长们所缺少的。

但愿我们每一位家长都能做一个合格有爱的好爸爸好妈妈。

相比"父亲"这个话题，说榜单环节就简单得多，尽管本期畅销书榜单还是有一些说头的。

2020年5月全国畅销书排行榜虚构类前10名：《云边有个小卖部》《三体》《人生海海》《三体Ⅱ·黑暗森林》《三体Ⅲ·死神永生》《撒野（完结篇）》《房思琪的初恋乐园》《沉默的巡游》《撒野》《活着》（作家版）。

相对于《云边有个小卖部》蹿到榜首，《撒野（完结篇）》入榜便进入前十位、《撒野》也挤进前十更让人注目，网文纸书直接将粉丝的热度带到榜单里，而所谓敏感段落又在这个热度上添了一把火。《房思琪的初恋乐园》稳步向上，反映出公众对于这个人和她所经历的事情的关注和同情，同时也给人们以提示和警醒。

非虚构类榜单前十名：《你当像鸟飞往你的山》《天才在左疯子在右（完整版）（新版）》《正面管教（修订版）》《断舍离》《皮囊》《非暴力沟通》《国家安全知识百问》《习近平在宁德》《陪孩子终身成长》《半小时漫画中国史（4）》。

解读书榜

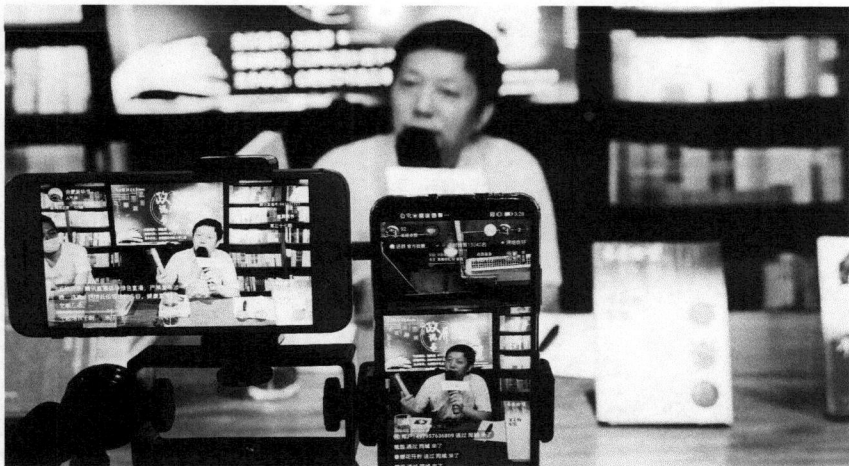
现场+直播模式

新入榜的《陪孩子终身成长》（樊登）属于那种一眼就知道是说什么的书，同时抓住了时下做父母的关切和要害，这一类书的火爆，与其说是一种提倡和指导，不如说是瞅准了商机。是否有效果，还是要看做父母的是怎样的人，他们又会怎样去做。

"半小时漫画系列"在前十名里只有一种，但在后二十名里却有十种，于是，一个新的纪录出现了，榜单前三十名中占据十一位，制作者和出版商该会怎样的乐不可支啊。

38 | 他们安静地站在那里

"政屏说书" 2020 年第 7 期侧记——

最近不知道什么地方出了状况
选择活动日期总是遭遇下雨天
不寻常天气自然伴随一些问题
比如特地赶来的读者要少一些
报了名的也会来不了或者迟到
于是一切就看你的内容如何了
那么就这么开始这么进行下去
感谢小同事的细心和敏锐
抓拍到那么多专注的目光
围观，站在那里旁听
讲述，很是投入叙说
变化的书榜背后的平静
有人愿意留心关注
精致图书里面故事道理
有人仔细领会揣摩
当周围安静平静下来之后
一切变得那么舒畅
当大家自然而然放松之后

阅读分享那么美妙

——北京时代华文书局

——新华书店三孝口店

——政屏说书三十八期

——在一个有雨的夏天

这是 2020 年 7 月 26 日下午我做完活动后发的微信朋友圈，基本上概括了这一期"政屏说书"的情况。本期活动继续与出版社合作，北京时代华文书局，70 种书，都是我和卖场商量选择的，几位读者和小同事现场分享的几本书都出自这份书单。

因为翻看过，所以分享者都会有自己的认识和感觉，如果再结合点自己的知识储备，自然就会更有料也更有点意思了，因此这样的分享吸引了不少人的驻足，他们站在那里听着，一个又一个。事后看着小同事们抓拍的照片，心中有一种莫名的感动。

"政屏说书"活动已经持续了整整 3 年，38 期活动中，始终有一道独特的风景线——围观者，每一期活动，都有他们的身影——他们安静地站在那里。

他们安静地站在那里

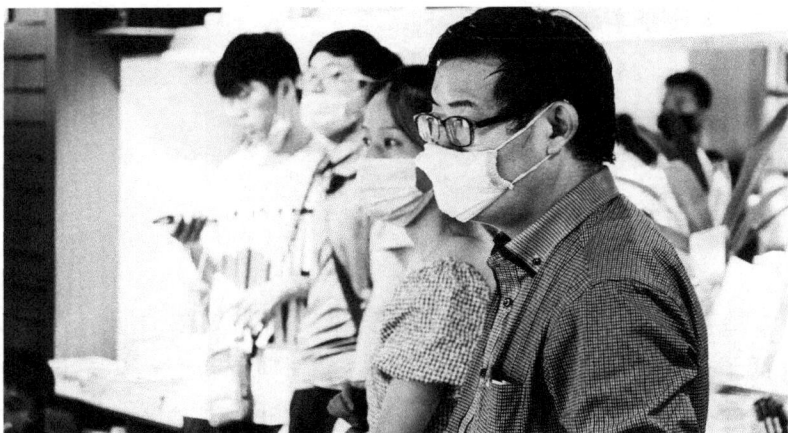
他们专注的眼神

他们安静地站在那里，从"政屏说书"第一期开始，一直可以看到他们的身影，认真和专注地看着、听着，已然成为活动的一道独特而动人的风景。

他们安静地站在那里，有时还会拿出手机拍下畅销书榜单或者场景，有时还会录一段短视频，我知道他们还会分享给朋友，或者在朋友圈里发一条微信。

他们安静地站在那里，也许只是一会儿，也许会是很长时间，就这么站在那里，安安静静，聚精会神，我只消看他们一眼，就会因为感动而格外地有精神、在状态。

他们安静地站在那里，有时会让我短暂地分神，因为我不确定我是因为一种信念和目标而坚持，还是因为那些围坐在一起的读者，还有这些安静地站在那里的他们而坚持，我想，这些都是我坚持的理由和动力。

让我感觉到暖意，让我明白他们的确需要，让我在倦怠和困难时告诉自己，你应该继续做下去。

每期都会发布全国畅销书榜单，每次解读时我都会想到一两个关键词，比如本期榜单的特点，就是"平静"——变化的书榜背后的平静。

172

2020年6月全国畅销书排行榜虚构类前十名：《三体》《云边有个小卖部》《三体Ⅱ·黑暗森林》《三体Ⅲ·死神永生》《撒野（完结篇）》《活着》（作家版）《白夜行（2017版）》《人生海海》《红岩》《撒野》。

非虚构类榜单前十名：《你当像鸟飞往你的山》《正面管教（修订版）》《断舍离》《非暴力沟通》《天才在左 疯子在右（完整版）（新版）》《半小时漫画中国史（4）》《半小时漫画中国史（全新修订版）》《半小时漫画中国史（3）》《皮囊》《半小时漫画中国史（2）》。

相比较前一个月，虚构类前十名调调位置，第一换成了《三体Ⅰ》，真是过于平静。

非虚构前十名则是下去了3种，上来了3种，扩大到前三十名，也还是调调位置。上来的3种都是"半小时漫画系列"图书，原本都在榜。

加上一种返榜的，"半小时漫画系列"在榜单前三十名中占据十二位，真的让人不知道该说什么好。

本期榜单很"平静"

39 | "说书"与"读书"相得益彰

"政屏说书"2020年第8期侧记——

当"政屏说书"到了第三十九期的时候，我的活动回顾计划已经开始，并且写出了前三期回顾。同时我也在想，4个年头里，我一直坚持在做，但我似乎又没有认真地想一想它的价值和意义，仅仅是一次次活动吗？仅仅是一种坚持吗？我想一定不止这些，这里面还应该有我的理想和信念，而我的目标就是一个有自己行业特点和个人特色的活动，这样的活动能够对别人有所帮助，同时因为多元素的介入和不断的改变吸引更多人的关注和加入。

比如8月22日（周六）下午的这期活动，小同事在和我讨论具体内容时，我几乎没有多考虑，就决定做一期阎连科新作《她们》的读书会。在我看来，一周后的阎连科签售会是一件大事，需要积极准备和预热，而读书会无疑是一种好形式，它是一种引领和暗示：喜欢和追随一位作家，不仅仅是见到他得到他的签名，而是阅读他的作品。

当然我也有一点点小的私心：那些跟随着我参加了两年"疯狂读书会"年轻的读者们，早就心里痒痒地期待今年的活动了，但是因为疫情的不稳定，没有办法如往年一样举办"疯狂读书会"，他们的失落我能够感觉到。但这次是个机会，我相信他们会高兴并参加的。

果然，报名之后最终决定参加的竟然全部是之前"疯狂读书会"的参加者，这让我稍稍失落的同时感觉很欣慰。

我在当天的微信朋友圈里写道："读书会环节还是那样有气氛有感觉。两个多小时，放下手机，捧起书本，从作品里读出感悟读出人生的滋味。"的确，清一色的年轻人，或许阅历有限，或许理解上还不够，但他们都在用心地读，仔细地做着笔记，在我，则感觉如同在还有些燥热的初秋，有一阵清爽的风吹过，舒坦松快。

《她们》是一本主题散文集，其中大部分文字是与作者有交集的女性，他的母亲、姐姐、姑妈、伯母、婶母等，纪实的写法，文学的笔调，深度的思考，让读书会的读者沉静、感动，进而深思。

很快就听说因为身体原因，阎连科的活动取消了，大家都有些失落。不过我们还是通过与出版方协调，争取到了一批阎连科的签名本，算得是一点小小的安慰吧。

活 动 场 景

"说书"环节为大家介绍了2020年7月份全国畅销图书排行榜，今年虽然因为疫情原因，许多学校几乎是寒假连着暑假，但假期对于图书市场的影响还是很大的，许多课外推荐书目返榜，人民文学出版社古典四大名著全部在榜，证明了这一点。《人生海海》掉到26位，《解忧杂货店》掉到27位，速度似乎快了点。

虚构类榜单前十名中，最大的看点无疑是余华的《活着》（作家版）又重回榜首，排在第二至第十位的依次是：《三体》《云边有个小卖部》《三体Ⅱ·黑暗森林》《三体Ⅲ·死神永生》《红岩》《平凡的世界（全三册）》《撒野（完结篇）》《百年孤独（50周年纪念版）》《撒野》。

非虚构类前十名依次是：《红星照耀中国》《你当像鸟飞往你的山》《郭论》《正面管教（修订版）》《半小时漫画中国史（4）》《半小时漫画中国史（全新修订版）》《非暴力沟通》《半小时漫画中国史（2）》《半小时漫画中国史（3）》《断舍离》。

郭德纲的《郭论》在上市两年之后冲到榜单第三位，有点意外。"半小时漫画系列"的新品《半小时漫画科学史》位列二十，在实体店榜单中位列十三，整套书有十种在榜，虽然少了3种，但总体还是势头不减。

读完书合个影

40 | 那一刻很享受，也很美好

"政屏说书" 2020 年第 9 期侧记——

2020 年第十四届合肥国际文化博览会将于 10 月下旬举办，筹备活动几个月前就已经开始，到了 9 月底，基本上一切就绪。因此，9 月 26 日（周六）下午 3 点举行的第九期"政屏说书"自然会说一说这个话题。作家苏北告诉我他又有新书面世，自然也要先睹为快，帮着吆喝几声。当然首先还是说榜单，很难得有一次不会因为大量重复、单调而无奈、无语，得好好说道说道。

2020 年 8 月全国畅销书排行榜有些惊喜，而所谓的"惊喜"就是似乎很久之后，榜单终于有了一个比较大的变化，虚构类与非虚构类榜单中，共有五个新面孔，两个榜单的榜首全部是新面孔，虚构类是《某某》，非虚构类是《啊 2.0》。虽然有些意外和不明白，但还是感觉可喜可贺。

虚构类第二至第十位是：《云边有个小卖部》《活着》（作家版）《三体》《平凡的世界（全三册）》《晚熟的人》《撒野（完结篇）》《三体Ⅱ·黑暗森林》《三体Ⅲ·死神永生》《红楼梦（上下）》。其中，莫言的《晚熟的人》能够上榜便进入前十位，与作者的名气有关，也与网络热点话题有关。据说莫言"寻找晚熟的人"话题一上线，日浏览量超过 3100 万，同时收获了 35 万点赞，自然也为之新书带来了极大的影响力。

非虚构类前十名依次是：《啊2.0》《你当像鸟飞往你的山》《正面管教（修订版）》《红星照耀中国》《断舍离》《非暴力沟通》《半小时漫画中国史（全新修订版）》《半小时漫画中国史（4）》《天才在左疯子在右（完整版）（新版）》《一个人就一个人》。

应该说，非虚构类榜单也很劲爆，大冰《阿弥陀佛么么哒》的升级增补版《啊2.0》入榜便登上榜首，刘同的散文集《一个人就一个人》也是新入榜，能够进入前十也不简单。两位作者自身原有的人气，出书前后大量的网络营销宣传，马不停蹄各地的签售活动，让这两本书元气满满。

2020年合肥文博会阅读空间展区的主题在久悬不决的情况下，剑走偏锋，以拥有大量粉丝的汪曾祺、张爱玲百岁诞辰为契机，确定为"百年书香"，新思路带来的是新办法，主题图书的聚集虽然很不容易，但前所未有，因此很有看头，也很值得期待。

《呼吸的墨迹》是苏北的散文精选集，收录了《莎士比亚，我们隔壁的老头》《贾宝玉的任性》《呼吸的墨迹》等共70余篇散文。据介绍，作品题材广泛，描摹乡土、畅叙友情、品味人生，文字淡雅，意境高远。

本期的榜单变化大

苏北说他的新书

苏北的散文很随性，做人也是如此，活动中，他散散地说着，不时会有一些感悟和妙语，让人不由得会心一笑，气氛轻松。签书环节更是别具一格，今年痴迷书法的苏北用上了毛笔和印章，一时引发读者和粉丝们的争相求签。

我站在一旁，看着，笑着，感觉这样的场面和氛围真是很好。几年间，这样的场面有过很多次，这样的氛围已然成为一种特色，而读者们是参与者，也是享受者，或许他们感觉到了，或许他们在回味时能够感受到。

嘉宾们也是如此，大家围坐在一起，和读者近距离地交流，说说笑笑，或不疾不徐、从容优雅，或快人快语、掏心掏肺，都会放松、畅快，与那种大型的见面会和签售会有着不一样的感觉。

而我呢，既是一个活动掌控者，也是一个参与者，有时还会不由自主地完全融入其中，进入忘我境界。

那一刻很享受，也很美好。

41 | 合肥文博会上说合肥

"政屏说书"2020年第10期侧记——

2020年10月24日，周六，合肥国际文化博览会的第二天。上午10:10有一场"政屏说书"活动，主题：从《阅读合肥》到《合肥的小街小巷》——那些写合肥的书。

早在文博会之前，有一个单位一直在和三孝口新华书店商量，请我去他们单位或者"包场"我在书店的一场活动，主要是想了解一些合肥的地域文化。正好第十四届合肥国际文化博览会也需要一些具有合肥特色的活动，于是最终商定将第十期"政屏说书"活动地点放在合肥滨湖国际会展中心，我在文博会上说一说合肥，同时为他们单位预留一部分座位。

活动之前，我感觉心里多少有些没底，逛会的人们是否愿意听我一个人在那里叨叨地说着？我选择的这个主题他们是否有兴趣听？为此我第一次为"政屏说书"做了一个PPT，同时又在U盘里预备了一些资料。

当我身着统一配置的蓝色对襟上衣站到大屏前开始我的讲座，一直到结束，始终感受到一种前所未有的气场：那么多人，高峰时应该有两三百人，围成一个大圈；我在梳理完有关合肥的那些书之后，临时又添加了"合肥的街巷与名人"，两个讲座一气呵成，那些坐着的站着的听众居然也听得津津有味。真是很受鼓舞，很过瘾。

活动结束后，读者一下子围拢过来，献花的，各种组合的合影，拿着我主编和撰写的书要求签名的，好一番热闹。让我印象深刻的是"包场"单位的读者对我说，听了我的讲座后，他们知道了不少东西，对于合肥有了更多的了解。看得出他们很开心也很满意，而我又何尝不是如此呢，让更多的人了解合肥，进而爱上合肥，是我的目标，也是我一直在做的事，能够得到肯定，自然是很开心。

其实，此次活动还有一个小插曲：活动开始前才发现负责音响大屏的合作单位忘了带翻页笔，而工作间在大屏后面，和前台没有直通的门窗，紧急磋商之后，决定由我和小同事用双簧的形式救场：我在前台讲，他在后台翻页。也幸亏几年间的配合和了解，小同事听着我讲的内容、语调及暗示，在大屏后面翻着PPT，居然很是合拍，堪称默契、完美。

活动形式在变化，榜单也在继续变化着。

在2020年9月全国畅销图书排行榜上，两个榜单的榜首继续同时易主，尽管新的榜首都不是新面孔，但只要有变化，都是可喜的。同时，上个月两个榜首都跌出了前十位，有点昙花一现的意味。

"政屏说书"走进合肥文博会

总体来看，开学季的影响力似乎更大一些，两榜各有3个品种升至前十位，人民文学出版社的《红楼梦（上下）》《三国演义（上下）》《水浒（上下）》《西游记（上下）》均进入榜单前三十名，其他学生读物也纷纷返榜或提升在榜单的位次。

虚构类榜单前十名：《云边有个小卖部》《活着》（作家版）《西游记（上下）》《平凡的世界（全三册）》《百年孤独（50周年纪念版）》《三体Ⅱ·黑暗森林》《三体》《晚熟的人》《红岩》《三体Ⅲ·死神永生》。

非虚构类榜单前十名是：《郭论》《红星照耀中国》《正面管教（修订版）》《你当像鸟飞往你的山》《断舍离》《论语译注（简体字本）》《苏东坡传》《非暴力沟通》《半小时漫画中国史（全新修订版）》《半小时漫画中国史（4）》。如果扩展到前三十名，可以看出一个新变化："半小时漫画系列"在榜品种数继续走低至9种，而中央党校出版社的一个系列有4种在榜，也算得是风水轮流转吧。

想来，这世上很多事情，不都是这样吗？

说一说"合肥的街巷与名人"

42 | "汪曾祺日"好戏连台

"政屏说书"2020年特别活动侧记——

2020年10月24日（周六）那一天，也是合肥文博会上合肥新华书店阅读空间的"汪曾祺日"。下午3：00，是由合肥新华书店和新安晚报大皖徽派栏目联合举办的"政屏说书"特别活动（总42期）："汪朗、苏北谈汪曾祺和他的作品"。同时举办的活动还有："汪曾祺珍稀作品版本展""汪曾祺作品版本优惠展销"和"汪曾祺作品朗诵会"。

"汪曾祺珍稀作品版本展"展示了作家苏北收藏的一些汪曾祺的早期作品版本，包括赠送本、签名本等，颇为珍贵，让读者，特别是汪迷们开了眼界。

"汪曾祺作品版本优惠展销"集中展示了汪曾祺作品各种版本110多种，包括全集、文集、别集、丛书等，还有一些研究汪先生的专著，可谓蔚为大观。一些稀缺品种和数量少的品种很快便售缺了。

"汪曾祺作品朗诵会"也是"汪曾祺日"的一个特色活动，读者和书店的员工纷纷登台，朗读他们喜爱的汪曾祺作品片段。台上认真地演绎，台下用心倾听，很有气氛也很有感觉。

当然重头戏还是"政屏说书"的对话环节，汪朗老师是汪曾祺先生的长子，他能够答应我们的邀请来合肥参加活动真是件很让人开心的事，"汪曾祺日"活动因此显得充实、圆满。苏北老师于其中牵线搭桥，功不可没。

就我而言，感觉此次对话很过瘾，大家都挺放松，随意地聊着，自然、真实。事后，大皖客户端和《新安晚报》文化版都做了详细的报道，不过，如果能够看一下现场的录像，应该更有点意思。一些逗趣甚至有些搞笑的片段，至今想起来，都还会不由得嘴角上扬。

第二天，汪朗夫人说，这几年他们去了不少地方参加有关汪曾祺的活动，昨天下午的访谈是最好的一次，对于我的现场状态和发挥给予很好的评价，让我很是感动！

活动现场

她还说，今年（2020年）因为疫情，他们夫妇只去过汪先生的家乡高邮两次，另外参加了上海书展的活动，合肥是他们第四次参加活动。由此可见他们对于合肥文博会"汪曾祺日"活动的重视。

还有一个细节也很让人难忘，汪朗老师是活动前一天下午到达合肥的，晚上一个小型聚会时，我给汪老师看了几张现场照片，同时请汪老师为围板上展示的汪曾祺先生的字画把一把关，汪老师揸眼一看就发现有赝品，仔细看过之后，又指出另一幅有问题，并为我们提供了真品图片，于是赶紧联系相关人士，连夜重新制作，第二天一早更换完毕，避免了一个大的失误。

近年来，汪曾祺作品日趋红火，粉丝越来越多，他的书画作品在网上出现赝品似乎也从一个侧面反映出其热度，只是这样有些变味的"热"让人有些不是滋味。汪先生如果知道，会说些什么呢？或许张口便是一句让人拍手称绝的名句，或许，也只能无奈地一笑了之吧。

附　新安晚报2020年10月29日文化版

他们对"老头儿"依然"一汪情深"
——汪朗、苏北做客徽派"政屏说书"聊汪曾祺

汪朗："老头儿"跟安徽很有渊源

为什么汪曾祺先生的长子汪朗从不称呼自己的父亲"爸爸"，而是"我们家老头儿"？为什么有着"天下第一汪迷"之称的作家苏北始终对汪曾祺"一汪情深"？上周六，汪朗和苏北携《汪曾祺全集》《汪曾祺别集》做客徽派"政屏说书"，就汪曾祺和他的作品展开精彩对谈，为读者还原一个真实而又可爱的"老头儿"作家。

他做菜有一手写文章更厉害

刘政屏：先请汪朗跟合肥的读者打个招呼吧。

汪朗：来到合肥，还是要讲讲我们家老头儿和合肥的渊源，实际上，有着非常密切的关系。第一点，祖上是安徽人，这一点是有家谱记载的。一般认为姓汪的都是来自皖南徽州，我们家的家谱记载，前八九代的样子，是从安徽迁到高邮的，所以也可以说他是安

徽人；第二点，老头儿名气还不是那么大的时候，《安徽文学》发表了他一篇后来非常有影响力的散文《关于葡萄》，一组包括三篇文章：《葡萄和爬山虎》《葡萄的来历》和后来非常有名的《葡萄月令》。《葡萄月令》被好多课本收进去了，是散文的代表作；第三点，1989年，《清明》杂志创刊十周年，他从北京来参加庆祝活动，在合肥待了好几天，座谈会发言，还跟着组织方去皖南跑了好几个地方，也是回老家了；最后一点，安徽有个铁杆汪粉苏北，写了好几本我们家老头儿的书，被广大读者评为"天下第一汪迷"。有人说他还需要努力，不然"第一"会被人夺走。

与汪朗对谈

刘政屏：你在家就管父亲叫"老头儿"吗？

汪朗：这好像是我们家的传统。我们总感觉叫"爸爸"太生分，而且他也没有当爹的样子，大家都是平等相处。我妈原来叫他"曾祺"，60岁以后改叫"老头儿"，我们也跟着叫。后来有了孩子，就是他的孙辈也这么叫，谁叫他都答应。

刘政屏：听说汪老做菜很有一手，是真的吗？

汪朗：还可以吧。但他写文章，可是比他的厨艺高出好几十倍，可以说，他是作家里的好厨子。

呈现还算可爱的真实老头儿

刘政屏：据说《汪曾祺全集》编了八年？

汪朗：人民文学出版社太认真，我们都不好意思了。当时是想出一个比较好的全集，以为把明显的错字和失误校勘、改正出来，大家读得比较顺就可以了。但我们没有想到，他们强调学术性，要找到文章发表的最初出处，还要跟原稿核对，不能完全照搬。有个问题，老头儿引用别人的话、古人的话，完全凭印象，也不查，也不留底稿，好多东西我们知道，但找不到了，等到排得差不多的时候，又划拉出一些资料，又要重新排，耽误很多时间。

刘政屏：说到汪迷，你眼里的苏北是怎么迷的？

汪朗：他当年想当作家，学别人都不是太容易，汪曾祺比较好学，事不大，语言也比较平实。他当年把老头儿的作品一篇一篇地抄，从这开始他的文学梦，后来慢慢地有机会跟我们家老头套近乎，套得比较近，都到我们家把老头藏的最好的酒给喝了。他们聊天聊到半夜了，传达室都把铁门关上了，苏北他们就翻铁栅栏回家。

刘政屏：除了全集，你们兄弟姐妹还一起写了《老头儿汪曾祺》，能简单介绍一下吗？

汪朗：写这个比较偶然，我们家兄妹三个都不是搞文学创作的。我们想呈现不算高大、还算可爱的真实的老头。事先也没有沟通，就这么写下来的。人大出版社出了，后来中青社也要出，再出的版本，我的女儿，妹妹的女儿也写了，两代五个人都参与了。我们写着玩，大家看着玩，这书看着不累。

他对子女的教育方式很宽松

刘政屏：作为儿子，说说你心目中的父亲吧。

汪朗：老头儿心里对我们都有评价，他对别人说过一句话：我们都不是嗑文学这棵树的虫子。他认为搞文学创作是要有天分的，虽然说的是别人，其实我们心知肚明，我们也不是这块料。但我们有一定的鉴赏能力，知道什么好。他的点拨不刻意，让儿女自己发展就完了，属于放养型的，不管不顾。在这样一个大的熏陶环境下，我们几个长得也很健康。

刘政屏：对孩子这么放松也是很不容易的吧？

汪朗：我们在成长过程中，因为过于宽松的家庭环境，向来没把他当回事，他在我们家排序一直是最后的。就是文学地位很高，家庭地位很低。我妹妹一直是好学生，小学有一个学期学习不上心，期末考了个64分，老师对她有更高的期望，就说她这次是猴子坐滑梯，一出溜到底了，回家肯定交代不了。结果卷子交给老头签字，老头一笑，二话不说就签字了。老师把签名看了半天说，原来你爸不是你亲爸，你爸签的"曾祺"，你姓汪，你爸姓曾。毛笔字签名，不写姓氏，这是他的习惯。老头儿认为，小孩，其实他有好胜之心，不是一定要又打又骂的，让他明白，自己改正效果更好。

苏北：现在我不是一个人在"战斗"

跟最喜欢的人做最喜欢的事

刘政屏：你追汪曾祺是从什么时候开始的？

苏北：1997年我回到合肥工作，在安徽文友中我对汪老的了解应该是第一名。每次吃饭，朋友都说，今天吃饭不许说汪曾祺好不好。一坐下来我就开始说，我确实不是有意的，脑子里有回环的。当时我在《新安晚报》上发表了很多文章，其中很多是写汪曾祺的。

刘政屏：这次参加别集的编辑，有什么感受？

苏北：我当时喜欢汪曾祺，基本是一个人的战斗，后来在喜欢的过程中找到不少同好，成为朋友。我也通过阅读汪曾祺，慢慢从一个顽皮的少年变成喜欢读书的小青年。应该说，写作几十年，把自己仅有的一点能量都释放出来了。后来汪先生的"粉丝"团不断扩大，而且发现喜欢汪先生的皆可成为朋友。几十年来，通过各种渠道互相认识，比如杨早、徐强、李建新，还有我的好友龙冬、顾建平等。别集的十个编委，每人负责两本，都是跟最喜欢的人做最喜欢的事，特别有意思。我认为别集是全集之外最好的版本。在编辑过程中，大家互相补充，互相碰撞，产生了不少"巧思"。编辑这个书的过程，我们都很愉快。

他是一个十分清醒的写作者

刘政屏：这么多年读汪、写汪，你最深的感受是什么？

苏北：分两个阶段。前十年偏重回忆，后十年对作品的梳理有了理性的认识，感性的部分少了。理性的作品分析的成分多了。比如刚开始我们都称他是"最后一位文人""最后一个士大夫"什么的，没有感觉有什么不妥。后来通过深入研究，发现不是这么回事，汪先生貌似"旧文人"，其实他骨子里是个"现代派"，他是个有着传统的汉语审美的现代派。我们给他的界定，一个中国式的抒情的人道主义者。这也是汪先生自己的定义。还有一个是，汪先生不是自发式的写作，他是有认识的写作，或者说是有理论支撑的写作。他一边写一边补充自己的文学理念，通过自序或者给青年作家写序或者文论，来阐述自己的文学主张。可以说，他的文章和文论是相得益彰的。可以说，汪先生是一个十分清醒的写作者。

至于说给汪先生立传，若要写得好，必须具备与汪先生同等的学养，才能写他的精彩。我原来有个想法，用片段的方式去做，比如说汪曾祺在世77年，我想用汪曾祺的77个镜头，来概括他的一生。可是这种写法也很难。想写好，我也很难驾驭得了。后来发现喜欢汪先生的人太多了，我就默默地退后了，悄悄地做个阅读者也不错，可是现在不大容易做到，因为每年各种原因，都要做一些汪先生的事情。因为喜欢，做这样的事情也很快乐。

新安晚报安徽网大皖客户端记者李燕然/文 薛重廉/图

他们对『老头儿』『仍然』『一汪情深』

——汪朗、苏北做客徽派『政屏说书』聊汪曾祺

文化 新安晚报 A13

2020.10.29 星期四　新安热线：0551-62396200　安徽网www.ahwang.cn　编辑：徐海燕　版式：晴雯　责任校对：王建武

为什么汪曾祺先生的长子汪朗从不称呼自己的父亲"爸爸"，而是"我们家老头儿"？为什么有着"天下第一送"之称的作家苏北始终对汪曾祺"一汪情深"？上周六，汪朗和苏北携《汪曾祺全集》《汪曾祺别集》做客徽派"政屏说书"，就让曾祺和他的作品展开精彩对谈，为读者还原一个真实而又可爱的"老头儿"作家。

汪朗："老头儿"跟安徽很有渊源

他做菜有一手写文章更厉害

呈现还算可爱的真实老头儿

苏北：现在我不是一个人在"战斗"

跟最喜欢的人做最喜欢的事

他是一个十分清醒的写作者

他对子女的教育方式很宽松

文化 新安晚报 A14

2020.10.29 星期四　新安热线：0551-62396200　安徽网www.ahwang.cn　星级版式：马莉　校对：素兰

徽派
安徽人的文化和精神源对

新安晚报 安徽网 大皖客户端
记者 李燕然/文 薛重廉/图

《新安晚报》2020年10月29日第A13版

43 | 有些事,不说也罢

"政屏说书" 2020年特别活动题外话——

2020年11月8日的"政屏说书"原本也是一场临时添加的特别活动,形式也很别致,访谈,卖场活动,接着访谈,试图以此将嘉宾及其作品做深做透。但是,因为嘉宾莫名其妙的蛮横无理而让人瞬间没了感觉,细节就不想说了,因为我感觉无论怎么说,最终都会是授人以柄,甚至会被人误解或指责为蹭热度。

还是说点题外话吧。

我以为,当一个人处于社会底层,又因为种种原因遭受许多欺负和屈辱时,他采取任何方法反抗和摆脱,应该都是可以理解和原谅的。当他的境遇有了改善和提高时,他的做派和言语随之有所改变也是情理之中的事。

但是,等到他认为自己已经彻底改变了生存环境,甚而成为名人时,他忽然变得张扬而无理,用他最熟悉的那些低俗不堪的语言和手段对待别人,就显得不可思议和不堪入目了。

其实这样的人极聪明,生存智慧也高,他明白见什么人说什么话,他知道什么时候做什么事,从他几年前的待人接物、随机应变,和如今转眼间对待读者时的笑脸与和善,可以看得出,对于其间的分寸,他拿捏得很准。

因此我认为他的不克制和蛮横、傲慢是故意的,他认为他已经能够这样对待当年他谦恭对待的人和他认为可以忽视的媒体及记者。

我也不认为这是他的聪明，但他这样做一定是有他的理由，为保持热度，他必须要保持话题流量，包括围绕着他的争议、非议乃至谩骂，他需要这些东西，他离不了这些东西，因为他不想回到默默无闻的状态，除了作品本身，他还要更多、更大、更持久一些的影响力。

的确，当一些人享受过所谓光环、荣耀以及随之而来的影响力和财富后，便会千方百计想保持甚至得到更多，于是他会想方设法、不遗余力，直至不择手段。因为他们不能够面对清淡、清冷，他们没办法做到淡定。

所谓人各有志，每个人都会按照自己的想法选择自己的人生和道路，名流大家如此，普通老百姓也是如此，至于选择得对不对，往往自己并不清楚，别人也不一定清楚，只是觉得应该如此，只能如此。生命到了尽头时，或者身后，自己或者别人大约可以看清楚七八分。

就我而言，在书店做了这么多年、这么多场活动，见识过的各种各样的名流大家，近距离和私下里，最能够了解和看清一个人，也因此发现他们某种意义上也都是生活中的凡人，不过，我不仅不会因此而失望，反而觉得更为真实、自然一些挺好，距离感少了，亲切感就有了。当然，如果真实的他或者她太过低俗恶劣，有些或者有些失望乃至厌恶也是情理之中的，幸好这样的"名流"不是很多。

关于名流、大家这个话题，可以讲的故事不少，可以说的话题也很多，有机会再慢慢说吧。

无意中发现活动当天我在微信朋友圈发了一段文字，颇能反映我当时的心情，附在后面：

和Ta对话时，有一种恍惚：我们似乎来自不同的星球。我一直在想，到底是我的思维过于固化，还是 Ta 的感觉过于偏狭，过往的经历塑造了我们，但是面对今天乃至未来，到底应该如何去做，似乎没有答案。

当 Ta 面对读者谈笑风生、妙语连珠，机智圆通时，我感觉一定是哪里出了问题，或者其中有些东西，我没有看清楚。

所有的遇见都是机缘，所有的过往都有收获。

今天也是这样。

满树的黄叶飘落的时候，到底是树的解脱、叶的自由，还是一场悲剧的开始？或者，根本就是一种重生之旅的启程。

旁人的哀叹和悲凉，与树一点关系也没有。

而我们，不过碰巧见到了……

44 | 文学梦的光亮和色彩

"政屏说书" 2020 年第 11 期侧记——

文学梦的光亮和色彩映照在 2020 年 11 月 22 日的 "政屏说书" （第十一期）活动中。本期活动由合肥市作家协会中心城区联络委员会与合肥新华书店联合举办，主题是：2020，我的阅读和写作。

每期活动都会有其特点和故事，当然，有时候还会有一些小小的状况甚至事故，第四十四期 "政屏说书" 也是如此。

比如，由于疫情防控措施加强，卖场里要求每位读者都要戴口罩，加之天气阴冷下雨，这个周日的下午也没有往常那么多读者。

不过报名参加活动的合肥市作协的会员们大多都按时到达，人数能够控制在一个小范围，让我感觉心里踏实一些。

首先还是说 10 月份全国畅销图书排行榜，虚构类、非虚构类，大家应该都是第一次听，很认真地记着笔记，感觉这样的榜单对于读者，特别是写作者来说，还是很有必要的。

接下来就是会员交流环节，我，李海燕，许俊、童士娥、徐立新等在发言中，都介绍了各自在 2020 年里阅读和写作的情况，总体感觉大家还是比较积极勤奋，从各自的角度努力去写。

李海燕去年 7 月出版的《萌娃来了——木槿外婆手记》受到广泛关注，本月初在城市阅读空间做了两场专题讲座。徐立新正在写一部名人传记，童士娥于去年 8 月出版了一本诗歌鉴赏《执玉者说·梦与诗》。我去年开始写的《傅雷：我爱一切的才华》今年7月出版后，入选江西省及我省一些城市的暑假阅读推荐书目，已经3次加印，总数近3万册，大大出乎意料。的确，作为业余写作，大家都挺不容易的，尤其是女性，工作之外，还得带孩子做家务，如果没有一份真正的热爱，没有一种精神的支撑，是不可能坚持下来的。

让我感动的是，一位会员以前做些生意，现在开滴滴快车，他两点多钟到达三孝口书店附近，想着时间还早，便又接了一单，谁料客人是去新桥机场。车子到机场时，快3点了，他调头往回赶，到达书店时已经4点，活动已近尾声。我问他是不是在机场工作时，他才说起原因。

那一刻，我真是很有感触，大家各有各的工作，为了自己的家庭，为了一个更好的明天，都很辛苦，都很不容易。但大家都有一个文学梦，这个梦想给他们以信心和希望，这个梦想支撑着他们的人生，让它有了光亮和色彩。

那位匆匆赶来的文友在微信里说："错过了精彩，幸好不是全部。"是啊，只要不是错过全部，就不算太差。

2020年10月份全国畅销图书排行榜：

虚构类前十名：《云边有个小卖部》《红岩》《活着》《三体》

谈谈我们的阅读与写作

《三体Ⅱ·黑色森林》《三体Ⅲ·死神永生》《撒野》《晚熟的人》《撒野（完结篇）》《撒野2（2020版本）》。

《撒野》3本书全部进入前十位，应该是最高峰了。不过，总体感觉还是老面孔居多。据有关资料分析：前七名均连续在榜超过20个月，其中作家版《活着》已连续在榜82个月。随着开学季过去，名著类图书销售减少，网文纸书普遍出现回升，木瓜黄的《这题超纲了》首次入榜，《伪装学渣（2）（完结版）》和《破云》返榜。

非虚构类前十名：《你当像鸟飞往你的山》《正面管教（修订版）》《郭论》《半小时漫画中国史（5）》《断舍离》《半小时漫画中国史（4）》《半小时漫画中国史（全新修订版）》《半小时漫画中国史（2）》《半小时漫画中国史（3）》《苏东坡传》。

《你当像鸟飞往你的山》3个月后重返榜首，"半小时漫画"系列占据非虚构类前十名半壁江山，《半小时漫画中国史（5）》和《半小时漫画宋词（2）》两本新书进入榜单即有不俗的表现：第四位和第十八位，《我们仨（第3版）》《沉默的大多数（手稿珍藏本）》《时间简史（插图本）》等经典图书返榜。图文版图书异乎寻常地畅销，也从一个方面说明现在的读者没有时间或者缺乏耐心阅读纯文字类作品，这是一个问题。

榜单还是很吸引人的

45 | 或许，这就是一种信仰

"政屏说书" 2020 年第 12 期侧记——

12 月 26 日，安徽省图书馆举办了一场题为《重新发现深圳》的主题活动，主讲嘉宾是著名文化学者、作家，《深圳传》的作者胡野秋，我则是对话嘉宾。活动做得很顺利，用胡老师的话来说，我们俩配合得很默契。

当天晚上工作餐时，大家都很开心，谈笑之间，敲定了胡老师第二天到"政屏说书"做嘉宾的事，说起来也算得是一段佳话。

这些年来，在很短的时间内敲定一场活动，不止一次，但我是在当天中午和胡老师再一次确定后才发布消息，此时距离活动开始只有 2 个多小时，还是破了纪录。卖场的同事们提前做了一些准备工作，感兴趣的文友们急匆匆地赶过来，还有我的老同学，还有省图书馆的朱主任，还有，一位最让人意想不到的嘉宾——《深圳传》的责编简以宁老师居然也到了现场。据说"丝路百城传"的总策划也到了合肥，3 个人不约而同到达合肥，真是一件让人称奇的事情。

参加本期活动的读者都是全程认真地聆听和记录，不时发出会意的微笑，而远远站着的一批读者，书架外围一排高脚凳上那些转身侧耳聆听的读者，让我有一种感动：一个半小时，他们就一直站在或者坐在那里，长时间保持一种姿势，也许他们只是想听听就走的，但他们一直听到了最后。

说畅销书榜单总是会吸引不少读者，因为他们希望了解全国的人都在买什么书看什么书，他们同样希望知道这座城市里的一些读书人在买什么书借什么书。

大家对于路遥《平凡的世界（普及本）》能够冲至11月全国畅销图书排行榜虚构类榜首，它的全本3册也排在第十位，都感觉有些意外。不过这也从另一方面说明，尽管有人对于这部作品有着不少非议，而且它本身的确也是存在着一些问题，但大家（尤其是年轻人）还是喜欢买喜欢看，这样的现象，值得我们，特别是写作者们思考。排名第二位到第九位依次为：《云边有个小卖部》《三体》《三体Ⅱ·黑色森林》《三体Ⅲ·死神永生》《撒野（完结篇）》《活着》《撒野（2）（2020版）》《撒野》。前一个月榜单中的《晚熟的人》掉至十三位，《红岩》则直接出榜。

非虚构类前十名是：《你当像鸟飞往你的山》《正面管教（修订版）》《半小时漫画中国史（5）》《非暴力沟通》《半小时漫画中国史（4）》《人类简史：从动物到上帝》《断舍离》《半小时漫画中国史（全新修订版）》《半小时漫画中国史（2）》《半小时漫画中国史（3）》，虽然顺序有所变化，但全部是老面孔，显然过于沉寂了。

非虚构类榜单显然过于沉寂了

《深圳传》的作者胡野秋

对于第二个环节，我的"合肥地域文化系列讲座"之《名人笔下的合肥》，读者们表现出的关注也让我意外。显然，不管是老合肥，还是新移民，大家都对于自己所生活的这座城市的历史和文化很感兴趣，希望有机会了解。而无论是撰写相关文字，还是开展一些相关的讲座，都会吸引他们的注意力。由此可见，我们所有的活动、沙龙、讲座或者其他各种形式，唯有大家关注的主题和内容，才能够吸引他们的注意力，从而积极参与。

其实无论是做什么事情，都有一个怎么做、为谁做的问题，如果是公开的、公益性质的，就必须顾及公众的感受，小众的，自我的，自娱自乐式的活动显然是不合适的。

胡野秋老师的精彩分享无疑是今天到场的读者们的额外福利、意外惊喜，激情洋溢的演说让我们感受到一个我们不了解的深圳，事件真相，背后故事，最新动态，等等，让读者们听得很认真，我相信，通过今天的活动和随之对于《深圳传》的阅读，他们会重新发现深圳，从而会有不一样的启发和收获。

城市传记是一个全新的模式，其实质就是用文学的笔调去描写一座城的前世今生，而深圳这样年轻的城市，既有它比较好写的部分，也有它挺麻烦的地方，历史上的东西需要挖掘整理，眼前的事情常常难以定论，而详略取舍之间，势必会对作品造成各种影响。

无论是有关合肥地域文化的讲座，还是《深圳传》的出版，都是对于一座城市的解读和宣传，都会发挥一定的作用、收到一定的效果，唯有坚持去做，更多的人去做，才会让这样的作用和效果更大一些。因此，只要坚持去做，就很有意义。

2020年，因为疫情，"政屏说书"经历了种种曲折和困难，最终还是坚持下来了，抖音直播，线上线下并举，走出卖场，走进合肥文博会，同时增加了两场特别节目，都是前所未有的。岁末回首，感觉还是挺不容易的，随着这一期活动的结束，"政屏说书"即将走入第五个年头，2021，又是一个新开始，尽管不确定因素不少，有些东西甚至还是未知数，有些事情还在筹划之中，但我和同事们知道，无论如何，都需要努力地、踏踏实实地去做。

或许，这就是一种信仰。

活 动 现 场

2021年

结束与开始

46 | 回望四年来的每一期

"政屏说书" 2021年第1期侧记——

2021年1月，当"政屏说书"活动进入第五个年头时，我想可以对这几年来的"政屏说书"做一个全面回顾。

如同一个一直埋头往前走的行者，在某个时刻，停下脚步，回过头去，想一想看一看自己走过的路，有多少小径、多少高坡、多少弯道、多少坦途，又有些怎样的天气和风景。

回顾四年来的每一期

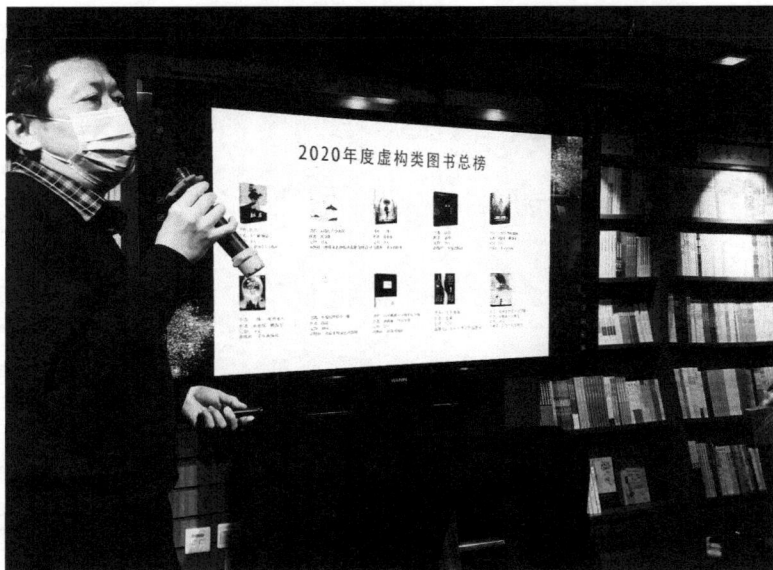

说 2020 年全年榜单

当然，这种回顾对于我来说，是一个不小的"工程"，因为我准备做一个逐期回顾的 PPT，这需要寻找合适的图片，把它们放到一起，工作量无疑是很大的。

活动前的那几天，我陷入一种回忆的氛围里，从 2017 年 7 月 20 日第一期开始，到 2020 年 12 月 27 日第四十五期，一期一期过电影般地在脑海里闪过，有时候像快进，有时候像慢镜头，快慢之间，四季交替，时光流逝，许多的感慨和回味，浓浓淡淡，都在心头。

1 月 23 日（周六）下午，当我开始回顾每一期"政屏说书"的时候，我的这些情绪和感受通过语言和图片传递给了现场的每一位参与者，包括那些驻足围观的读者，当我说到 2020 年第二期（总 33 期）"非常时期的抖音直播"，看到我站在屏幕前面对着空无一人的大厅照片时，现场发出阵阵感叹，显然大家都有些感慨和感动。有朋友当时就指出，这样的照片很珍贵、很有意义。

因为仍然是非常时期，参加活动的人员数量依然有限制，但新闻界的老朋友、老搭档，《新安晚报》的马丽春老师、《合肥晚报》胡晓斌、刘睿老师，文友李海燕、范家生、叶纯等，都参加了本次活动，并对于"政屏说书"活动给予了很高的评价，这份友谊和支持让人感动。尤其让我感到意外的是，胡晓斌和叶纯都在事后很快地写出来他们对于"政屏说书"活动的感想和感慨。

说榜环节可以说也是干货满满，因为这一期要说的是 2020 年全年总榜以及相关数据的分析。虽然有些数据属于比较专业的，但也有些数据读者应该会感兴趣，毕竟相对于某一个月而言，一整年的数据分析自然更为全面、客观一些。

中国图书零售市场总规模首次下降的原因，惯性之外，显然是疫情的影响，下降幅度虽然只有 5% 多点，但体量并不小，而且数值一旦下行，不仅是一种不祥的预兆，同时会引发某种加速度。更为糟糕的是实体店呈现雪崩状态，陡降近 30%，这真是一个严酷的局面。当然，这也应该是网店下降放缓的主要原因。

相对而言，新书品种同比下降近 12% 比较容易接受，我们姑且把它的主要原因归结于疫情，并且寄希望于其他原因会随着疫情的减轻乃至消退而减轻和消退。

活动场景

年度畅销书三大榜（虚构、非虚构、少儿）前十位中新书品种仅占一席是件很可怕的事情，而且不能将造成此种状态的原因简单地归结于新书品种的同比下降，从前5年以每年至少一席（8—6—5—3—2）的频率减少来看，其根本原因由来已久。从17年前的16种跌落至2020年的1种，可谓触目惊心。

与此同时，图书定价依然在上涨，而线上渠道份额已占到绝对多数，呈现一种似乎自然而然实则扭曲畸形的态势。图书价格的虚高与售价的高折扣的情形之下，线上购书者到底能得到多少实惠，是个未知数。

2020年度全国畅销图书排行榜虚构类前十名是：《红岩》《云边有个小卖部》《三体》《活着》《三体Ⅱ·黑色森林》《三体Ⅲ·死神永生》《平凡的世界（全三册）》《百年孤独（50周年纪念版）》《人生海海》《追风筝的人》。

2020年度全国畅销图书排行榜非虚构类前十名是：《你当像鸟飞往你的山》《正面管教（修订版）》《次第花开》《郭论》《半小时漫画中国史（4）》《国家安全知识百问》《断舍离》《非暴力沟通》《半小时漫画中国史（全新修订版）》《半小时漫画中国史（3）》。

因为前面所说的原因，这份年度榜单没有多少惊喜，至于其中一两个比较陌生的面孔，月榜的前十位基本上看不到它们，但一年下来，却能够脱颖而出，跻身前十位，想想看还是有点意思的。

有时候，有些人，尽管不是最优秀的，但他一直在努力，一直让自己保持在一定的高度，或许最终，他就能成为引人注目的佼佼者。

当然，这是题外话了。

47 | 那些有关书信的记忆

"政屏说书" 2021年第2期侧记——

因为2月份没有做活动，所以2021年第二期"政屏说书"活动在3月举办。兴许是几年里做成习惯了，停了一个月没做活动，居然有些不适应。

3月20日（周六），多位通过微信小程序报名的读者围坐在一起，围绕着"书信里的记忆"这个话题，说着几年、十几年甚至几十年前的有关书信的往事和记忆。他们拿出特地带来的书信，话匣一旦打开，便会有一种收不住的感觉，甚至于激动得有些语无伦次，没有人笑话他们，也没有人打断他们，就这么坐在那里听着，安安静静。

家长里短、琐屑平淡、关于亲情、友情和爱情，回不去的岁月，还有那些写信收信时的心情，书信里的记忆和故事，果然好听，感染、打动着现场每一个人，一些读者也因此停下脚步，从他们的表情可以看出他们不但在听，而且已经沉浸在现场的气氛中了，以至于活动即将结束时，才如梦初醒一般匆匆离开。

文友萧寒带来一封"张家三姐"、沈从文先生夫人张兆和及其次子沈虎雏为沈从文先生作品集出版事宜写给出版社的信，很难得也很珍贵。

我也特地挑选了十多封老旧的书信，现场和大家分享了有关他们的一些故事和趣事：

去年的一天，老父亲拿一张有些发黄的纸对我说，这个你可以写一写。我很小心地接过来，原来是著名剧作家、导演王冠亚伯伯写给我父亲的一封信。准确说，它是一张留言条，内容涉及我父亲创作的京剧剧本《红缨似火》演出的事。王伯伯是这出剧首演时的导演，为之花费了不少心血，也很有感情，因此，几年之后依然关心它的完善和提高。前一段时间我就围绕着这张不大的纸条的一些故事，写了篇《王冠亚的一张留言条》。

就在前几天，我找到"老合肥"牛耘老伯写给我的两封信，内容都是围绕着"合肥"这个我们共同关心的永恒的主题。如今再看，很是感慨，一转眼，老人家已经离开7年了。这些年来，我将老伯对我勉励有加的那些话，当作他对我的激励和我应该努力的方向。

还有一件事也挺有意思：前两年我在一个旧书商手里买了一些资料，后来他问我可要一些信件，有的有信没有信封，有的有信封没有信，我说我不收与我没什么关系的信件，他说便宜，要不了几

大家都很投入

活动场景

个钱。我回不住，而且它们的确是便宜，就买了。收到这些一看就颇为老旧的信件后便一直放在一旁没有翻看。昨天想着今天下午的活动主题是书信，便找出它们，果然很是杂乱，静下心细看，一共有几个收信人，有的有好几封，有的只有一封。其中有一封二十世纪六十年代末从北京寄出的信，信封和信件内容都颇有一些时代特色，最有意思的是它的发信地址处写着：北京市西城区西四兵马司朱苇箔，想着"朱苇箔"没准是个名人啥的，查了又查，居然是胡同名，原名叫"猪尾巴胡同"，着实有趣。

另外还有一封信，是写给合肥某中学一位老师的，我想了想，这位王老师好像教过我高中政治，转眼数十年了，真是岁月如梭，让人唏嘘不已。

这批信件当中还夹着几张 1968 年的介绍信，也算是"文物"了，这种现在不少人估计都没见过、不明白其用途的"信"，既特别又难得。

就这么说着说着，我忽然想到：或许，我应该找个时间，好好研究一下这些信件，既然它们兜兜转转到了我这儿，就不能把它们给浪费了。

同事们为了此次活动挑选了一个很别致的小礼品：李银河写给王小波的书信手稿，当然是印刷品，不过，把它送给本次活动的参与者，还是很合适的。

显然，为了让活动尽量做得好一些，周全一些，小伙伴们用心了。

说榜环节也有些意思，虽然只隔了一个月，但全国畅销书榜单变得好看多了，不少的新面孔、新概念，让人来了精神。

人民文学出版社的《红楼梦》（上下）登上2021年2月全国畅销图书排行榜虚构类的榜首，着实有些意外，假期和开学季是重要原因，但绝对不是全部。《难哄》《银河帝国（1）基地》《偷偷藏不住》，一些新面孔和难得身跻前十位的一些"老面孔"，使得榜单的前十位充满了生机。

让我们仔细看一看这份榜单：《红岩》《云边有个小卖部》《三体》《三体Ⅲ·死神永生》《三体Ⅱ·黑色森林》《难哄》《百年孤独（50周年纪念版）》《银河帝国（1）基地》《偷偷藏不住》。

2月非虚构榜单类前十名是：《你当像鸟飞往你的山》《半小时漫画中国史（全新修订版）》《半小时漫画中国史（5）》《半小时漫画中国史（4）》《半小时漫画中国史（3）》《半小时漫画中国史（2）》《傅雷家书（2018版）》（精）《半小时漫画世界史》《非暴力沟通》《断舍离》。

除了译林出版社的《傅雷家书》（2018版精装本）很罕见地进入前十位，让人印象深刻的应该是"半小时漫画"系列，6个品种步步紧逼，距离榜首仅一步之遥。此种局面，说好听些，是锐不可当；如果说一句笑话，那就是：如此这般，成何体统。

或者，可以在目前的三大榜之外，再单列一榜：漫画与动漫。

当然，这也是一句笑话。

48 | 两本关于合肥的新书

"政屏说书" 2021 年第 3 期侧记——

在"政屏说书"活动中，举办过不少作家、学者的新书首发分享会，但从来没有为我自己做过类似的活动，因此，当我的两本新书《合肥这座城》《漫步合肥街巷》将要举办首发式和签售会时，小同事们说不如就算"政屏说书"4 月份的活动吧。

我想这个主意不错，4·23 世界读书日后的第二天，在"政屏说书"活动中举办刘政屏关于合肥的新书首发活动，没准会引起读者的关注。

活 动 场 景

发言与合影（一）

　　还真的来了不少人，著名作家、文化学者，知名媒体人，以及一大帮的文友，还有那些热情的读者，聚集在新华书店三孝口店一楼大厅，一张张笑脸，一捧捧鲜花，让我感动不已。

　　《合肥这座城》是我关于合肥文章的一个选集，一部分文字来自我之前编著的十几本书，收入本书时做了不少补充和修改，另外一部分是近几年的作品，还有一些专门为这本书新写的。本书分为四部分："城市漫谈""远处飘来的乡音""合肥小讲趣谈""庐阳八景新说"，比较全面地记录了合肥这座城的方方面面。

　　《漫步合肥街巷》则是我关于合肥大街小巷的一本专著，2016年主编《合肥的小街小巷》之前，我就开始关注和记录着合肥街巷的历史与变迁，写了不少相关的作品，2020年又专门为这本书写了近20篇文章。本书也分为四个部分："街巷沧桑""长江中路""气韵格调""行走思绪"。其中，《圈起一座城市的气韵》2019年5月被合肥市市长推荐在市政府的公众号上刊发，多家报纸和网站转发；《流光溢彩淮河路》2011年1月被"学习强国"转载，阅读量超过10万。

首发式暨签售会结束后，合肥市作家协会公众号"合肥文学"刊发了本次活动的相关报道。

附：

刘政屏《合肥这座城》《漫步合肥街巷》首发

合肥市作家协会副主席刘政屏两本新书《合肥这座城》《漫步合肥街巷》4月24日在新华书店三孝口店举行首发式暨签售会，省市文化界新闻界及读者近百人参加活动。

安徽省文联副主席、省作家协会主席许春樵在发言中指出：刘政屏这两本新书除了文学的贡献之外，就是对于合肥市的贡献，而这种贡献远远大于文学的贡献。我在想一个人和一座城市的关系，合肥不但是他的故乡，也是他精神上的故乡。这种精神上的联系和纽带，致使他不要一分钱，自己去挖掘合肥的历史、文化和民俗，这是他对合肥的贡献。

什么是乡愁？乡愁就是在精神上与一座城市斩不断的联系。这种联系是与生俱来的。城市的尊严、城市的精神、城市的民俗和文化，实际上是对每一位市民都是有影响，有关系的。

发言与合影（二）

刘政屏的散文是有特点的，属于文化散文，历史散文，语言的效率很高，更接近于平民化，有独特的个人的心理体验，有质量和表现力，而不在字面本身的喧哗。合肥的历史在相当长的一段时间里，除了史书上片言只语外，有大量的空白，尤其是用文化、文学的方式记录合肥的作品集是没有的。所以，刘政屏这两本书的意义也可能不在当下，而在将来。

安徽省作家协会副主席、合肥市作家协会主席洪放在发言中说：马丽春老师称刘政屏是"天下第一合肥迷"，我认为是十分恰当合适的。我是一个新合肥人，我靠着自己的行走和阅读了解这座城市，刘政屏的许多著作给了我很多的启发，很受益。我感觉刘政屏在合肥文化的挖掘上有他个人的特色和坚持。

合肥有几千年的文化积淀，这个文化就是合肥人生生不息的乡愁，刘政屏多年来在做的就是这项工作，勤勤恳恳。在合肥的大街小巷，可以看到刘政屏行走的背影，也能看到他在很多地方采花问柳的身姿，他把这些花柳蜜酿成出来，把行走的感受形成文字，如此才会有一本本不断出版的关于合肥的书。

合肥的作家既要写反映合肥当下的发展、科技创新等方面的文字，更要有持续地追寻合肥发展脉络的、沉浸合肥历史深处的、呈现合肥几千年变化的精神的作家，这种作家对于合肥未来的发展，城市的进步提供更多的源源不断的源泉。

刘政屏的特色，第一他对于合肥文化的热爱是很难得的。平时刘政屏说得最多的是，他又到这座城市哪里去了，看到什么，发现什么。他对这座城市的热爱之情奠定了他写作的基础；第二是他的坚持和勤奋。怎么把对这座城市的感受和想法写出来，还得有坚持和勤奋。这一点大家有目共睹；第三是刘政屏还有一颗充满乡愁的心。他善于从合肥大小事情中，发现这座城市的精神所在，把这座城市最深刻的、最丰富的、最有内涵的精神呈现出来，我觉得这是刘政屏最大的成功。

著名作家温跃渊、著名语言学家王光汉都是老合肥，也都曾经给予刘政屏不少帮助，他们在发言中，对刘政屏多年来坚持记录和书写合肥给予充分的肯定和鼓励。

著名文化人马丽春说，刘政屏是合肥近六十年的亲历者、观察者和参与者，更为重要的点在于刘政屏是一位有心人。他有一个精神导师——他的父亲，他的父亲开拓了一个很大的空间，打开了一个很大的窗户。他在他父亲母亲的精神指引下，一直坚持在做，孜孜以求。

著名媒体人刘睿引用了著名作家迟子建小说里的一句话：雄鹰对一座小镇的了解肯定不如一只蚂蚁。她认为刘政屏就像一只蚂蚁，虽然也许做得不是那么快，慢慢地，用自己的脚步，去丈量、去感受、去体会这座城市。蚂蚁是"微距"，刘政屏的"品读合肥"丛书，应该是微距视角下的合肥。

刘政屏两本新书的出版方，安徽新华电子音像出版社社长张丽、社长助理、《合肥这座城》《漫步合肥街巷》的责编徐卉作了热情洋溢的发言。

刘政屏九十二岁的父亲，我省著名的文化老人，两本新书书名的题写者刘定九先生也出席了本次活动。

嘉宾合影

49 | 因为价值就在那里

"政屏说书" 2021年第4期侧记——

2021年5月21日，合肥新华书店三孝口店微信公众号发布了一条消息：

"政屏说书" 征文|时间在流逝，思想亦在流动

时间有限·但阅读无限

时间真是一件让人容易措手不及的东西。

早在去年年底，刘政屏老师就透露了自己的想法："政屏说书" 活动做到50期后，将会在活动的形式和节奏上有所改变。

很是突然，不过几个月而已，第50期 "政屏说书"，就已在望。

自2017年7月以来，"政屏说书" 活动走进了合肥的文化圈，也为这座飞速发展的城市增添了几许书香。

在这五个年头里，我们和刘政屏老师一起，月复一月地与广大读者分享图书榜单，邀请各行各业的名家来分享与书相关的故事。

每一期书单都是时光的见证，每一个故事都承载着美好回忆。

吹灭读书灯，一身都是月。

在第50期"政屏说书"将来临之际，我们策划了两场小型活动，希望与你共同有一段灵魂之约。

01. 联谊

长久以来，"政屏说书"已经成为合肥文化圈的一道符号。虽然，"政屏说书"活动即将告一段落，但并不意味着终结。

我们将成立"政屏说书"读者联谊会，通过线上发布榜单，与广大读者交流关于阅读的二三事。

具体加入方法，将在下一期"政屏说书"活动中公布。

02. 征文

征文启事

五个年头里，聆听"政屏说书"每月一次的榜单解读，了解书业的最新动态，成了一件极具仪式感的事。

在这漫长却又迅捷的五个年头里，你和"政屏说书"结下了怎样的缘分？

是否有一本榜单里的图书，让你在活动后想要去阅读，并大为受益？

有哪一段"听书"经历让你记忆犹新，难以忘怀？

是否有那么一瞬间，你被刘政屏老师、嘉宾或其他读者的发言深深触动？

你参加"政屏说书"的期间，得到了什么，收获了什么？

你与"政屏说书"间还有哪些小故事或者小秘密想要告诉大家？

即日起至6月6日，"政屏说书"征文活动正式开启，如果你有这样的故事，请你记录下来，发给我们。征文只需真情实感，有感情、有故事和大家分享即可。

征文时间：5月21日至6月6日

接收邮箱：（略）

征文要求：记录你与"政屏说书"之间的故事，不少于1000字，一定要是原创哦！

参加征文活动，符合基本条件的读者，都将随机获得刘政屏老师最新作品《合肥这座城》《漫步合肥街巷》及《一包书的分量》中一本。

时间在流逝，思想亦在流动。

期待你与"政屏说书"的故事。

5月27日，合肥新华书店三孝口店微信公众号发布了第49期"政屏说书"活动的预告：去阅读这个世界，因为价值就在那里。

显然，"政屏说书"开始转入一种新的模式的探索，事实上，这样的探索已经在进行，比如走出书店的大门，比如在一些读书讲座和活动中插入说榜环节，还有利用微信公众号和朋友圈发布一些畅销书榜信息和相关梳理、解读文章，等等。

第四十九期"政屏说书"活动，2021年5月30日（周日）下午3点开始，本期邀请了"政屏说书"活动初创时期的合作者马丽春老师，历次活动中比较年长的三位老师：温跃渊、康诗纬、程耀恺，

放松而愉快

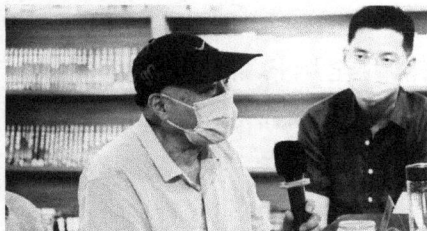

康诗纬

嘉宾发言

大家在一起聊一聊当年做活动时的记忆，目前各自又在做些什么，当然也会说一些其他话题，有细节有观点，很吸引人。

康诗纬老师说起他那本别致的《半个世纪的手账》，以及"政屏说书"为这本书所做的活动，很是感慨和欣慰，在他看来，利用自己的特长，把一些有价值的东西留下来，把一些有意思的事情记下来，很有意义也很有趣。多年来，康诗纬老师每天坚持写日记，时常也会画上几笔，目前他已经有121本日记了，真是一件了不得的事情。

"政屏说书"的常客程耀恺老师最近几年愈发痴迷大自然和植物，2018年他用一年时间写了365篇有关植物的文章。在他看来现在文盲越来越少，植物盲越来越多。他举了两个例子：蜡梅和梅花不是一回事，而且蜡梅不属于梅花；国槐和刺槐不是一回事，而我们喜欢吃的是刺槐的花，刺槐又叫洋槐，属于引进物种。有些人搞不清楚这些就在那里乱写，将风马牛不相及的几样东西混为一谈。

对于"政屏说书"，马丽春老师有很多话可以说，马老师曾经为我写过好几篇文章，2020年她又为"政屏说书"写了一篇专稿，洋洋洒洒四千多字，真是很感谢她。

自然还是要说榜单的。2021年4月全国畅销书榜单依然很好看，新面孔超过10种，其中有些的表现还很不错，比如《遥远的救世主》和《价值：我对投资的思考》。非虚构第一名居然是一本心理学作品，看书名又像是一本儿童读物，《蛤蟆先生去看心理医生》会看出什么名堂来？我的确是有些好奇，买了一本，一看究竟。

2021年4月全国畅销图书排行榜虚构类前十名是：《三体》《三体Ⅲ·死神永生》《三体Ⅱ·黑色森林》《红岩》《云边有个小卖部》《文城》《难哄》《百年孤独（50周年纪念版）》《遥远的救世主》《活着》（北京十月文艺版）。

非虚构类榜单前十名是：《蛤蟆先生去看心理医生》《价值：我对投资的思考》《你当像鸟飞往你的山》《半小时漫画中国史（5）》《正面管教（修订版）》《半小时漫画中国史（全新修订版）》《笑场》（签名版）《半小时漫画中国史（3）》《半小时漫画中国史（2）》《半小时漫画中国史（4）》。

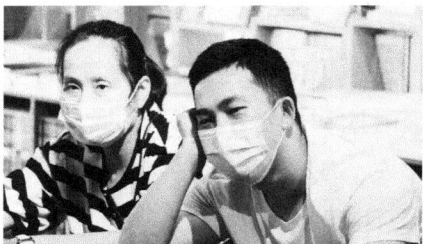

说榜环节

50 | "短视频电商"与"甜宠网文"

"政屏说书"2021年6月笔记——

感觉还是应该先介绍两个比较新的词，了解了它们，才能比较顺畅地阅读理解当下图书市场一些分析文章。听得懂是理解的前提。

第一个词："短视频电商"。简单地说，就是利用抖音等短视频平台推销图书，带货。越来越多的读者受此影响，以此作为选择图书的依据。越来越多出版单位对短视频平台投入力度加强，短视频电商对网店榜单的影响愈发明显。

第二个词："甜宠网文"。"甜宠网文"是一种网络文体，泛指那些让人开心的文字和故事，几乎没有虐心虐身的情节，大多都是幸福美满的结局。"校园甜文"在抖音的流行，这类小说中的主角形象通常很受小女生喜欢，其中一些浪漫的词句也容易通过短视频传播。因为抖音用户群体相对低龄化，所以"甜宠网文"类图书销售量大幅增加。

2021年5月全国畅销图书排行榜的亮点主要在虚构类，2020年12月出版的悬疑小说《沉默的病人》首次入榜单便位列前十。《沉默的病人》是英国作家亚历克斯·麦克利兹的处女作，出版以后行销欧美市场。有评价说："这本书的高热度不仅来自作者营造的悬念，更来自对原生家庭、亲密关系、婚姻等的描写和解读，这些也是网上对这本书的推荐和评论最常切入的角度。悬疑类作品本身在国内属于小众市场，对感情和生活的探讨更为主流，因此在这方面有所聚焦的《沉默的病人》才能够'火出圈'。"也就是说，《沉默的病人》的畅销不仅仅是因为它是一本悬疑类作品，由此可见所谓畅销元素，或许是作者无心之举。当然，也可能作者只是写了一本书，而在不同人的眼里，或者不同的时候，它会被不同地对待和解读。

2021年5月虚构类畅销书排行榜前十名：《三体》《文城》《三体Ⅱ·黑色森林》《红岩》《云边有个小卖部》《三体Ⅲ·死神永生》《活着》《白色橄榄树》《俗世奇人（修订版）》《沉默的病人》。

余华新作《文城》又冲到第二，可见读者关注度还是蛮高的；小说《白色橄榄树》进了十一位，排名第八；应该是与它被拍成电视剧有关。

另外，冯骥才的《俗世奇人（修订版）》（作家出版社）提升两位，排名第九。与此同时，《俗世奇人（贰）》《俗世奇人（叁）》也表现不俗，分别排名第二十位和第十三位，一个系列3本图书同时上榜，其在人民文学出版社的"全本"（一二两册合订本，又称"足本"）也在榜，排名第二十一位。2018年8月，《俗世奇人（足本）》获得第七届鲁迅文学奖，开创了小小说获得鲁奖的先河。老题材、老作家，让一部不那么时尚、晃眼的小说集变得畅销，值得我们思考。

另外还有两本"网文纸书"《当年万里觅封侯（完结篇）》（签名版）和《偏偏宠爱》初次进入榜单（前三十位）。据有关资料介绍，今年以来，很多言情网文通过抖音渠道迅速传播，尤其是甜宠风格的更容易成为爆款，本月榜单中的《难哄》《偷偷藏不住》《白日梦我》和《偏偏宠爱》都是此类网文。

我们关注"短视频电商"，关注"甜宠网文"，还会关注"网文纸书"，同时，我们也可以关注和期待《俗世奇人》这样风格的传统一些的图书。多元，才是正常的，也是我们乐于看到的。一个方向和味道，闹哄哄的，久了也会让人生厌。

所以，写作者应该思考，卖书人也应该思考。

非虚构类榜单前十名：《你当像鸟飞往你的山》《蛤蟆先生去看心理医生》《价值：我对投资的思考》《半小时漫画中国史（5）》《半小时漫画中国史（全新修订版）》《半小时漫画中国史（4）》《半小时漫画中国史（2）》《半小时漫画中国史（3）》《笑场》（签名版）《学习高手》。

总体感觉5月份非虚构类榜单前十名只有一点微调，《你当像鸟飞往你的山》再次回到榜首，"半小时漫画"系列依然是占了半壁江山。本月有2本图书首次上榜，分别为排在第十位的《学习高手》及排在第二十八位的《半小时漫画中国哲学史》，但2021年新书没有一种进入榜单。

老面孔太多，意味着新书太少，活力不够，这是一个问题，似乎已经不是一个新问题了。

据介绍，《学习高手》作者李柘远18岁从厦门考入美国耶鲁大学，22岁入职全球顶尖的投资银行高盛，23岁获世界经济论坛全球杰出青年，25岁被哈佛商学院录取，被誉为青春偶像作家。《学习高手》借助作者自身的流量，2020年8月预售期便有不错的销售，由于其内容反响良好，又有一系列线上与线下的营销活动，一直表现不俗，2021年通过樊登直播间推荐等活动，销量更是一路跃升。

另外，"半小时漫画"系列与新进入榜单的"如果历史是一只喵"系列依然强劲，各有7本作品进入榜单前三十位，显得有些夸张，还让人有些不是滋味的感觉。

纯粹一些的文学书，纯文字的书，现在还有多少人有耐心去阅读？这似乎也是个问题了。

51 | "基本盘"与"明星带货"

"政屏说书"2021年7月笔记——

"基本盘"和"明星带货"似乎都是与图书行业有些距离的词汇，但在网购图书日益流行发展的今天，竟然也会频频使用在畅销图书排行榜的解读中，的确有些奇怪。不过，如果再多想一想，似乎也算不得奇怪。

《吴邪的私家笔记》是热门IP《盗墓笔记》的衍生作品，因此新作仅依靠IP自带的粉丝读者群即可保证很高的销量。这里的"IP"应该是指成名的文创产品。

《字母表谜案》是被称为"短篇推理之神"的大山诚一郎的出道之作，在本格推理小说爱好者中颇具名气，核心推理小说读者自然会买账。

《阿也》则是网文《我喜欢你的信息素》的纸质版，销售主要依靠它的粉丝群体，同时它在今年1月开始播出广播剧版，并在4月更新了广播剧第二季，为原著吸引了更多新粉丝。

以上3本书的畅销及入榜，依靠的就是"基本盘"。把书卖给众多粉丝，相对要简单轻松一些。

定向制作和销售有点类似定制产品，只是和一部分人有关系，其他人基本可以无视。作为图书，还是有些问题的，我是说整体市场反应和持续影响力，与目前收益无关，更谈不上"酸"。

　　本期入榜排名最高的首次入榜图书《烟与镜》于 2021 年 3 月上市，本书收录尼尔·盖曼 29 部经典短篇小说，曾获多个国际奖项提名。虽然引进版奇幻小说在国内比较小众，但因为 6 月中旬，某演员在应用软件上一段留言很快被粉丝认出其中包含《烟与镜》中的 4 部短篇小说，随即导致该书在部分网店卖断货。这就是典型的"明星带货"。

　　"基本盘"和"明星带货"理念和做法的进入，已经不是一天两天了，有成功也有不太成功的，就读书本身来说，似乎有些不着边际，但对于销售额来说，又的确是真金白银，因此，为"基本盘"打造图书，请明星推荐图书，似乎成为一种潮流和方向。

　　这样的局面，于作家而言，估计一时半会儿找不到北。

　　具体说到 2021 年 6 月全国畅销图书排行榜，亮点还是在虚构类，《三体》又霸占了前三位，进入前十位的 3 个品种有 2 种是新面孔。

　　说到新面孔，6 月份虚构类榜单里可真不算少，首次上榜新书一共有 5 种：《烟与镜》《吴邪的私家笔记》《字母表谜案》《消失的 13 级台阶》《阿也》。其中有 4 本是今年上市的新书，而且有 3 本都是 5 月上市，可谓蜂拥而至，让人有点眼花缭乱。就我而言，要好好消化一段时间，如果下个月它们还在榜单上，那一定要买一本好好读一读。

　　6 月虚构类榜单前十名：《三体》《三体 Ⅱ·黑色森林》《三体 Ⅲ·死神永生》《云边有个小卖部》《活着》《百年孤独（50 周年纪念版）》《烟与镜》《文城》《平凡的世界（全三册）》《吴邪的私家笔记》。

　　非虚构类榜单前十名：《蛤蟆先生去看心理医生》《半小时漫画中国史（5）》《半小时漫画中国史（全新修订版）》《半小时漫画中国史（4）》《半小时漫画中国史（2）》《半小时漫画中国史（3）》《学习高手》《你当像鸟飞往你的山》《半小时漫画世界史》

《如果历史是一群喵（8）——盛世大唐篇》。

6月份非虚构类榜单有一些变化，比如《蛤蟆先生去看心理医生》重回榜首，不过，随着"半小时漫画"系列和"如果历史是一只喵"系列各有一种进入，让榜单前10位显得有些不好看。

非虚构类榜单还有一个特点是3本新书进入榜单。《被讨厌的勇气："自我启发之父"阿德勒的哲学课》之外，《如果历史是一群喵（8）——盛世大唐篇》《在峡江的转弯处:陈行甲人生笔记》都是2021年出版的新书。而从2015年1月起连续在榜77期的《皮囊》终于跌出前三十位不算意外，对于《皮囊》我一直是有一些想法和看法的，有机会再说吧。

2021年5月上市的《如果历史是一群喵（8）——盛世大唐篇》是"如果历史是一只喵"系列的最新作品，作品延续"用可爱战胜枯燥"的一贯风格，据说是前期积累的读者基础和品牌效应，使其在上市的第二个月进入非虚构榜单且位次靠前。

"如果历史是一只喵"系列全部8部作品，本期全部进入榜单，这样的事情总是让我感觉有些匪夷所思。不过也难说，"半小时漫画"系列能够做到的事情，"如果历史是一只喵"系列未必就不能够做到，市场足够大，一切皆有可能。

"半小时漫画"系列有6种进入榜单前10位，因此，虽然两个漫画系列各占据非虚构榜单8个席位，但显然还是"半小时漫画"系列要更为强势一些。

两个系列在下个月会是怎样的一种态势？会不会出现此消彼长的局面，或者齐头并进，共同致富，感觉有些好奇。两种漫画类图书搅动非虚构类畅销书榜单，怎么看都像是一群孩子闯进了大人的会场，热闹得有点不是滋味。

52 | "暑期档"与"持续性问题"

"政屏说书" 2021年8月笔记——

"暑期档"是一种特定现象，而"持续性问题"则是一个困扰图书市场许久的一个问题。它们一个周期性影响榜单，一个持续性影响榜单。

所谓"暑期档"，就是在暑假的时候，学生推荐读物类图书会骤然提升，有些品种则会重返榜单或者在榜单中大幅提升位次。

比如在2021年7月的虚构类畅销书排行榜中，《红岩》上升13个位次位列榜首，《红楼梦（上下）》上升10个位次，排在第七位。《水浒传（上下）》《西游记（上下）》《苏菲的世界》等5种图书返榜，都属于"暑期档"特定现象。

非虚构类榜单也是如此，八年级（上）语文名著导读的推荐图书《红星照耀中国》《昆虫记》，中小学基础阅读书目的推荐图书《苏东坡传》，人教版高中语文必修教材的推荐图书《论语译注（简体字本）》等纷纷入榜。

准确说，"暑期档"不是问题，要是关注和重视了，它就是规律和商机。如果把握得好，在做好既往畅销书的宣传和销售的同时，适时推出一些合适的图书，无疑会取得很好的市场回报。在这一点上，松懈大意是不行的，仅仅是吃老本也是会有问题的。

至于"持续性问题"则是我几乎时时都在说的，整体图书市场缺乏持续性的新的畅销作品出现。

有分析说：近年来虚构类市场不断细分，尤其是类型文学，不同市场都有颇具影响力的作品出现，只是这些细分市场比较小众，核心读者群处于"圈地自萌"的状态，只有遇到如上月《烟与镜》那样被名人推荐的情况，才能"火出圈"。而在我看来，我们缺少的是那种具有广泛影响的实力作品，小众，影响短暂而有限，很难广泛畅销，也很难成为经典。

图书市场的这个持续性问题的症结，在于作家和其他一些制约因素，解决这些问题，说难真难，说不难也不难。不过我这属于"站着说话"，不一定说得准，说到位。

说不好，不好说的东西，就不说了。还是看看榜单，相对简单明了一些。

7月全国畅销图书排行榜虚构类前十名：《红岩》《活着》《三体》《三体Ⅱ·黑色森林》《三体Ⅲ·死神永生》《难哄（完结篇）》《红楼梦（上下）》《云边有个小卖部》《百年孤独（50周年纪念版）》《水浒传（上下）》。

虚构类首次上榜新书是《难哄（完结篇）》《轻狂（完结篇）》，2种网文纸书的出现，使得7月份虚构类榜单形成学生推荐读物、网文纸书和经典畅销作品三分天下的态势，两本书都是完结版，下一部再下一部会是谁？"三分天下"的局面是否会持续，值得关注。

在我看来，不管是学生推荐读物，还是网文纸书，只要是新面孔，并且能够持久，就是值得欢迎的好现象。

7月非虚构类榜单前十名：《蛤蟆先生去看心理医生》《红星照耀中国》《次第花开（2017修订版）》《如果历史是一群喵（8）——盛世大唐篇》《半小时漫画中国史（5）》《半小时漫画中国史（全新修订版）》《学习高手》《半小时漫画中国史（4）》《半小时漫画中国史（2）》《半小时漫画中国史（3）》。

《蛤蟆先生去看心理医生》蝉联榜首，《红星照耀中国》和《次第花开（2017 修订版）》位列第二第三。而且还有 6 本图书首次上榜，上市一年以内新书进入榜单达到 9 本，2021 年 7 月非虚构类畅销书榜单变化可谓不小。

《如果历史是一群喵（8）——盛世大唐篇》能够进到第四位，也值得关注，是偶然的一次，还是整体发力的开始，拭目以待吧。不过总体来说，漫画系列图书，是处于整体上升状态的。

本月首次上榜的 6 本图书中，《次第花开（2017 修订版）》《昆虫记》《半小时漫画世界史（2）》应该都属于经典作品或畅销系列新作。基础的读者和品牌效应，是它们能够在很短时间内跻身畅销书榜或者持续在榜的重要原因。

相比较而言，《人间值得》似乎更多的是依靠作品本身。有评价说它能够"很好地把握住了社会的风向与读者的痛点，在疫情的大背景下，以带给人们温暖与力量的主题获得了市场与读者的认可"。这样的作品才真正是受欢迎的好作品。

说来说去，还是好作品太少，"持续性的问题"还会持续多久，的确是个问题。

53 | "张嘉佳"和"东野圭吾"

把张嘉佳和东野圭吾放在一起，有点莫名其妙，除了都是畅销书作家，其他没有什么可比性，或者说他们之间没有什么可说的话题。不过在8月，他们俩各有一本今年出版的新书入榜，张嘉佳的《天堂旅行团》排名11位，东野圭吾的《无名之町》排名第二十三位，这让我想到了他们两个人的写作特点：一个低产一个高产，但作品同样都是非常畅销。

张嘉佳作品不算多，通常是三两年才有一部新作面世，2005年他的第一部长篇小说《几乎成了英雄》，据说首印即达到10万册，2010年出版小说《情人书》，2013年出版《从你的全世界路过》，总销量超过400万册。2014张嘉佳又推出了《让我留在你身边》。

此后一直到2018年，他才推出新作《云边有个小卖部》，此书上市至今已连续38个月在榜，去年3月以来，书中的段落在抖音等短视频平台广为流传，又一次刺激了该书的销售，排名再度进入前十名之内，至今已有18个月。

张嘉佳作品出得慢，但畅销周期很长，这与作品具有很强的传播性有关，也与网络流量影响有关，从某种角度来说，张嘉佳这样做属于一种良性循环，慢工出细活，写一部成功一部，然后热销几年后再出一部。今年的《天堂旅行团》与前作间隔了3年，又将会有怎样的表现和影响，我们可以持续关注一下。

东野圭吾是一位非常高产的作家，1983年以来，每年都有新作出版，至少一两部，多则三四部，有时甚至更多。在中国读者的印象中，远远不止这些，因为是老作品和新作品同步翻译出版，因此一年之内多部"新作"面世是正常的事。2020年有《沉默的巡游》和《祈念守护人》出版，今年又有《希望之线》和《无名之町》两本新书接连上市。

《无名之町》是东野圭吾最新作品，也是新系列"神尾探案集"的开篇之作。虽然近两年来，东野圭吾在国内的热度有所下降，但每次有新作品出现，还是会有大批读者关注和购买，"东野圭吾热"也会由此出现一个小高峰。

因此可以说，东野圭吾属于那种作品高产而畅销的作家，一波又一波的大小高峰，让东野圭吾的作品始终处于一种很高的热度。

其实低产或者高产并不是最重要的，读者关注度高，销售得好才是关键，所以，不管是张嘉佳还是东野圭吾，始终能够写出吸引读者，畅销市场的作品，都很不简单。

2021年8月全国畅销图书排行榜虚构类中还有两本书也很有意思，一本是处于第三位的《遥远的救世主》，4月上榜以来，一直表现不俗，一本是本月上榜即冲至第五位的《你是我的荣耀》，它们俩有一个共同点：都是两年以上的"旧书"，因为改编电视剧的热播，销量大增。可见只要有合适的机会和外因，咸鱼翻身完全可能。

作品的畅销与否并不完全取决于作品本身，这样的事情有些荒唐，但又很现实。

虚构类4种首次上榜新书里，还有一本《法医秦明：玩偶》。这是时隔4年，秦明的系列作品再次回归榜单，很不容易。不过畅销书榜单不是唯一的衡量标准，对于网络文学，尤其如此。

8月虚构类榜单前十名：《活着》《云边有个小卖部》《遥远的救

世主》《百年孤独（50周年纪念版）》《你是我的荣耀》《人生海海》《三体》《红楼梦》（上下）《三体Ⅱ·黑色森林》《三体Ⅲ·死神永生》。

纵观榜单，暑期还未结束，其对图书市场的影响已经开始消减，这很正常，年年如此。

另外，缺乏新面孔，的确是个大问题。背后复杂的深层次原因自然不会太简单，不过如果心态和思路对了，没准也没那么复杂。

非虚构类榜单前十名：《蛤蟆先生去看心理医生》《被讨厌的勇气："自我启发之父"阿德勒的哲学课》《红星照耀中国》《非暴力沟通》《你当像鸟飞往你的山》《半小时漫画中国史（5）》《半小时漫画中国史（全新修订版）》《半小时漫画中国史（4）》《半小时漫画中国史（2）》《半小时漫画中国史（3）》

非虚构类畅销书榜单总体变化不算太大，《蛤蟆先生去看心理医生》继续蝉联榜首，"半小时漫画"系列和"如果历史是一群喵"系列格局没变，势头有所减缓。尽管如此，"半小时漫画"系列还是占据榜单前十位的一半，两个系列在榜书目分别为7本和6本。

唯一一本首次上榜图书《这里是中国（2）》带动《这里是中国》返榜，这里姑且都不做评说，有时候的确需要让子弹飞一会。

54 | 有时候，读书也是一件很现实的事情

"政屏说书" 2021 年 10 月笔记——

如果一个月的畅销书榜单没有太多的变化，或者说变化不是太大，同时又缺少新面孔的出现，那么这个月的榜单就不那么好看和有趣。

9 月全国畅销图书排行榜虚构类榜单中，张嘉佳的《天堂旅行团》升至榜首，第二第三位分别是《房思琪的初恋乐园》和《活着》，至于四大名著均进入榜单，《红岩》也重新回到前十名内，《西游记》（上下）进入前十位，显然是受开学季的影响，算不得新鲜事。

据悉，《房思琪的初恋乐园》的返榜并位居第二位，主要受抖音推荐的带动。8 月底以来，众多抖音主播推荐《房思琪的初恋乐园》，其中点赞量最高的一个视频获赞 160.9 万，密集的推荐和宣传，使这本书一时间在抖音大火。

9 月首次入榜图书仅有《一生一世美人骨》，这本 2019 年 12 月出版上市的书 9 月份销量的大幅提升主要受改编网剧热播的带动。这与《何以笙箫默》《微微一笑很倾城》《三生三世十里桃花》《你是我的荣耀》等书的上榜历程很相似。

据有关资料，《一生一世美人骨》是墨宝非宝 2012 年开始在晋江文学城连载的言情小说，2013 年完结，2014 年曾推出过第一版纸

质图书，本次上榜的是2019年上市的新版纸书。

据说许多看了剧之后再来看书的读者对原著小说并不十分买账，估计也有一个先入为主的原因在里面，或者说改编的内容更合现在年轻人的口味。可见，现在写书真不容易，此一时彼一时，做错了不行，做的不是时候也不行。

看来，取悦市场的写作，也不是一件简单的事，因为你想的是大卖、赚市场的钱，所以就得看市场的脸色。

9月虚构类榜单前十名：《天堂旅行团》《房思琪的初恋乐园》《活着》《西游记（上下）》《云边有个小卖部》《百年孤独（50周年纪念版）》《红岩》《遥远的救世主》《三体》《三体Ⅱ·黑色森林》。

《三体Ⅲ·死神永生》虽然被挤出前十位，但位居11位，不算难看。

非虚构类榜单前十名：《蛤蟆先生去看心理医生》《半小时漫画中国史（全新修订版）》《半小时漫画中国史（5）》《半小时漫画中国史（2）》《半小时漫画中国史（3）》《半小时漫画中国史（4）》《红星照耀中国》《半小时漫画世界史》《你当像鸟飞往你的山》《被讨厌的勇气："自我启发之父"阿德勒的哲学课》。

《蛤蟆先生去看心理医生》依然是榜首，这已经是它连续4个月蝉联榜首，感觉还是有些意外。不过有的时候，那些看不见的图书之外的力量，的确会让人有一种云里雾里的感觉，这也是事实。

"半小时漫画"系列和"如果历史是一群喵"系列销售量又有所增长，在榜书目分别为8本和7本，而且"半小时漫画系列"居然占据榜单前十位中6位，整个榜单因此变得有些单调，自然也就颇有些不好看了。

"半小时漫画"系列团队创作的新作《漫画百年党史——开天辟地》8月上市，似乎有些迟，但在9月还是上了榜单，位列第十三名。我想这样的书策划制作都不会太迟，但把关这一块一定是严格而慎重的，重大题材，漫画形式，原本就是一个矛盾体。在中国人的观念里，尤其是如此。

有人说，目前全国非虚榜单畅销热点主要是由畅销系列、主题出版、推荐读物和心理家教类图书构成，因此，《红星照耀中国》的依然坚挺和2个版本的《朝花夕拾》返榜或上榜，以及《被讨厌的勇气："自我启发之父"阿德勒的哲学课》之外的那些老面孔，诸如《非暴力沟通》《正面管教（修订版）》《特别会说话的人都这样说话》的在榜，都佐证了这一点。

有时候，读书也是一件很现实的事情。

55 | 不平凡的图书定价

既然 10 月全国畅销图书排行榜继续不那么好看，那就暂且不说榜单信息，先谈谈一件让我耿耿于怀的事情：图书的再版与涨价。

在传统出版业，一本书如果卖得好，一印再印，那么它的定价应该会有所下调，因为没有了编校等方面的成本，这种事情在早年是有的，我见过也买过这样的书。

渐渐的，再印图书价格下调这件事基本上没有了，保持原价成为惯例，一些老牌和权威的出版社也是这样。

再印和再版图书定价上调最早的原因是成本提高，比如纸张价格的大幅度涨价，这也是这些年来书价上涨的最主要的原因，当然也不排除有些出版社和出版机构搭车涨价，赚取高额利润。而当这一切成为出版群体的集体行为时，无疑是读书人的灾难。

好在网购出现了，减少中间环节，让利于读者，无疑是购书者的福音，但当购书者一味追求低折扣，以致出版方无利可图或者贴钱吆喝时，涨价便成为一个出口，于是书价越来越高，折扣越来越低，读者是不是因此就得到实惠，还真不好说。

新书涨价，老书涨价，畅销书也涨价，渐渐地，出版机构发现，涨价依然可以成为盈利或者暴利的途径。我曾见过一本号称销售量几百万册的畅销书定价一次提高 10.00 元，感觉真是太过分。

最近路遥的《平凡的世界（全三册）》再版，定价从108.00元调到138.00元，涨价30.00元，也就是说，如果和之前同样的折扣，比如5折，购书者要多付15.00元，出版机构多挣15.00元；即便是降到4折，购买者还是会比之前多付12元。

手边有一套2012年3月第二版《平凡的世界（全三册）》，定价79.80元，2016年1月第47次印刷。的确，《平凡的世界（全三册）》一直非常畅销，即便如此，它的定价依然一涨再涨，喜欢它的一批批年轻人为此要付出越来越多的钱，因此，这样的事情让我总感觉有点不对劲，应该是哪儿出了问题。

当然最受伤的还是实体书店，越来越高的进价，即便是运营成本不增加，因为没有网店的折扣力度，只能是前景堪忧。

不平凡的图书定价，着实让读书人的心里没办法安静下来。

说不清楚的事情，就这样了，还是来说说2021年10月图书畅销书榜吧。

虚构类榜单前十名：《遥远的救世主》《活着》《百年孤独（50周年纪念版）》《云边有个小卖部》《三体》《天堂旅行团》《三体Ⅱ·黑色森林》《三体Ⅲ·死神永生》《平凡的世界（全三册）（2021年版）》《房思琪的初恋乐园》。

相比而言，非虚构类榜单要好看一些，《蛤蟆先生去看心理医生》连续5个月蝉联榜首，《在峡江的转弯处：陈行甲人生笔记》升至第二，它和《我与地坛》《人类简史:从动物到上帝（新版）》《天才在左 疯子在右（完整版）（新版）》均属于本月返榜图书，另外，《如果历史是一群喵（8）——盛世大唐篇》进入前十名。

非虚构类榜单前十名：《蛤蟆先生去看心理医生》《在峡江的转弯处：陈行甲人生笔记》《半小时漫画中国史（全新修订版）》《半小时漫画中国史（5）》《半小时漫画中国史（2）》《半小时漫画中国史（4）》《半小时漫画中国史（3）》《你当像鸟飞往你的山》《非暴力沟通》《如果历史是一群喵（8）——盛世大唐篇》。

　　非虚构类畅销书榜只有一本新上榜图书：《半小时漫画党史（1921—1949）》，据资料介绍：《半小时漫画党史（1921—1949）》与9月上榜的《漫画百年党史——开天辟地》主题和形式相类似，但在营销重点上有所不同。《半小时漫画党史（1921—1949）》在宣传上主打"针对青少年研发，给孩子们讲党的故事"，同时附赠中国党史大事记折页。

　　图书市场既然是市场，就一定会有利益和逐利，定价是这样，选题也是这样。

　　当然还会有其他东西，以后再说吧。

56 当漫画书统治了世界

"政屏说书" 2021 年 12 月笔记——

11 月全国畅销书排行榜就像冬季的世界一样缺乏生机，前十名基本上处于位置调整状态，"三体"系列重回开卷虚构类畅销榜前三位，上月榜首《遥远的救世主》退至第四位，《活着》则跌至第十位。

11 月有 3 种首次入榜图书，再版的《平凡的世界（普及本）（2021 版）》进入前十名，《遥远的救世主》的作者豆豆的另一部作品《天幕红尘》排在第十二位，美国科幻经典《沙丘》首次入榜，排名第十九位。

查了一下，《平凡的世界（普及本）》去年的定价是 39.80 元，今年再版后的定价是 49.50 元，涨价幅度果真不小。不过这样一来，销售折扣下来了，总体销量上去了，出版商也赚大了，如今的市场和购书者着实让人无语。

关于目前的畅销书榜单近年来持续处于新热点不足的状态，榜单长期被经典畅销书及其新版本占据，即使有新书入榜，也往往在一两个月后黯然退出这一现象，有一种观点认为："一方面说明大众市场的虚构类新书没有形成新的畅销热点，另一方面也说明在如今流量当道的环境下，一本新书要想为更多读者所知，必须战胜已有的畅销书，在流量推送中取得优势，这加大了没有自带流量的新

239

作者、新作品畅销的难度。"而在我看来，没有好作品出现、缺乏理性和主见的购书者才是问题的关键，而被流量推送所左右的图书市场，注定是不正常和不成熟的。

值得关注的是"双11"网店促销，让畅销书更为畅销，"三体"系列和《苏菲的世界（新版）》，销量居然是上一个月的3倍多。《百年孤独（50周年纪念版）》《平凡的世界（全三册）（2021版）》《杀死一只知更鸟》《红楼梦（上下）》等的销量是上月的1—2倍。

2021年11月全国畅销图书排行榜虚构类前十名：《三体》《三体Ⅱ·黑色森林》《三体Ⅲ·死神永生》《遥远的救世主》《云边有个小卖部》《百年孤独（50周年纪念版）》《平凡的世界（普及本）（2021年版）》《苏菲的世界（新版）》《天堂旅行团》《活着》。

相比较而言，非虚构类图书受"双11"网店促销的影响要小一些，但它所呈现的状态也颇令人不安。

在11月非虚构榜单中，《苦难辉煌（平装）》《撒哈拉的故事》《这里是中国（2）》等3本书返榜，另外还有3本新上榜图书，分别为"半小时漫画"系列的新作《半小时漫画〈三国演义〉》和《半小时漫画〈论语〉》，"赛雷三分钟漫画"系列的新作《赛雷三分钟漫画中国共产党历史》。

有关资料显示，"赛雷三分钟漫画"系列虽然是畅销书榜单的新面孔，实际上它从2019年就开始出版，据说其内容包含中国史、世界史、人类简史、四大名著中的《三国演义》以及新近刚上市的汽车史。《赛雷三分钟漫画中国共产党历史》10月已经进入实体店渠道非虚构榜前三十位。

看一下11月非虚构类榜单前十名：《蛤蟆先生去看心理医生》《你当像鸟飞往你的山》《半小时漫画中国史（全新修订版）》《半小时漫画中国史（5）》《半小时漫画中国史（2）》《半小时漫画中国史（4）》《半小时漫画中国史（3）》《如果历史是一群喵（8）——盛世大唐篇》《如果历史是一群喵——夏商西周篇》《如果

历史是一群喵（2）——春秋战国篇》。

在这份榜单中，除了《蛤蟆先生去看心理医生》连续6个月蝉联榜首、《你当像鸟飞往你的山》升至第二位，前十位其他8位全部沦陷于"半小时漫画"系列和"如果历史是一群喵"系列，如果把范围扩大到前二十位，又有5群"喵"和2个"半小时"出现，而且在最后10位里还有2个"半小时"，两个系列一共17种，总数比前一个月增加了一种。如果这两个系列势头不减，新品迭出，"赛雷三分钟漫画"继续发力，真是难以想象12月的畅销书榜单会是怎样的一种状态。

应该说，这样的榜单除了让人感觉不安，还有尴尬，当大家都去看漫画了，或者说当漫画书系列成为一个国家最好卖的书，那么一定是什么地方出了问题。

当漫画书统治了世界，这个世界或许就成为一个笑话。

另外，"政屏说书"2021年最后一场线下活动，12月26日上午在新华书店三孝口店举行。由于年底活动多，本次活动与合肥市作家协会中心城区会员联谊座谈会合并举行，当然，"图书"依然是它的主题。

在第一个环节里，我在做了开场白之后，请几位在2021年出版个人作品集的作家谈一谈自己的创作体会，相信他们的发言会让其他会员有所受益。

接着我请近40位参加活动的会员做一个简单的自我介绍，尽管只是三言两语，让大家互相有个了解，同时也会于其中获得一些信息和启发，效果颇好。

我在发言中谈了自己的一点感受：既然我们加入了作协，顶着"作家"这个名头，就应该努力多写一点多发表一点，力求有所进步和突破。建议大家在新的一年里，制定一个写作目标，然后尽力去完成。

最后，我为大家解读了11月全国畅销图书排行榜虚构类、非虚构类前十位的图书，并简单谈了我的体会和感慨。

各种合影之前还有一个小"福利"，每位会员都可以按照签到顺序选择一本图书、杂志或者精美的笔记本：《月是故乡明》《好日子是怎么来的》《合肥这座城》《漫步合肥街巷》《清明》《未来》……

他为什么要说书

刘　睿

如果不读书，你怎样生活？

这个问题对于刘政屏尤为残酷。在我们这个因"最爱读书"而闻名的城市里，他是著名的爱书人。

每个人都有与生俱来的使命，而他找到了完成使命的方式——读书与说书。他精力充沛言出必行，创办了"疯狂读书会"与"政屏说书"两个金牌栏目，自己当仁不让担任主持人，且号召和集聚了本城一众文艺积极分子，在24小时书店的开放式会客厅内圆桌座谈纵横捭阖，让合肥人的周末从此与书同行。

作为这两个栏目的机动嘉宾，我也时常于周末出没24小时书店，在此疯狂读书酣畅对谈。印象最深刻的两次，"《阅读合肥》十周年"和"政屏说书2020年度总结"。我们生活在"朋友圈里天天见"的时代里，而"《阅读合肥》十周年"特别活动好像一次"老友记"，一众师友从城市的各个方向前来欢聚一堂，为那一个平平无奇的冬日镀上了一道温柔的金边。

重温《阅读合肥》的目录，仿佛与十年前的自己对话，一切恍然若梦，却并不令人慌张。《佳木葱茏》《合肥的芳香》《远处飘来的乡音》《梦里小巷几棵槐》，我们深爱的那个老合肥，好像是从遥远的"石器时代"款款走来，她还是每个人记忆中的样子。

2020 年的主题是反思与重生，我们的生活曾一度按下了暂停键，有太多问题需要从书中寻找答案与抚慰。2020 年的"政屏说书"也曾转入线上，当明白了没有什么是"理所应当"后，能够平静从容地线下相约，便显得格外珍贵了。又是一个冬日，几位爱书人如约而至，围坐聆听年度图书榜的个性解读，看到我们的老朋友《活着》和《围城》稳稳地跻身畅销榜单，比我年长的书还在长销，而新生力量来势凶猛，很难说谁会笑到最后。

世界在改变，存在即合理。读书，谈书，从专业而内向的事，变成了大众化、外向型的举动。虽然有识之士以极其审慎的态度专门论证了"读书人到底够不够用"，而事实上，虽然各种形式的"读书会"遍地开花，却没有一个主办方需要为人气担忧。或许在平生读书最用功的那些年里，我们都不曾想到，有一天会为了读书共襄盛举，但当这一天来到，我们欣然接纳，也热情参与。

合肥已多次荣登亚马逊"中国最爱阅读城市榜"榜首。从 24 小时书店、自助图书馆到共享书店、城市阅读空间，浓郁的书香已深深融入这座城市的基因里。阅读像一把钥匙，开启了一个前所未有的文艺黄金时代，每逢周末，读书会、新书分享、当代艺术展和室内设计沙龙扎堆，让"文艺青年是否够用"成了某种幸福的烦恼。

但也必须直面手机阅读的价值与潜力。手机、电子书等新阅读载体正在取代纸质书成为主流，对于留恋"从前慢"的人们来说，面对这个事实多少有点儿痛苦，而时代的浪潮从来只允许融入，而不容拒绝。手机阅读有自己的生长规律，与纸质阅读几乎毫不相干。它生来就是一个全新的课题，是非成败都需要时间来说明。

好在，当我们想要找回远离智能手机的自在，体验一整个下午集中精力的"烧脑"式阅读，享受指尖在字纸间摩挲的愉悦，享受阅读真正好文字的快乐，拯救迷失于海量信息中的双眼，拯救日渐麻木的审美，"政屏说书"总是在，这是身为合肥人的隐形福利。

王小波在《我为什么要写作》中说道：水往低处流、苹果掉下地，狼把兔子吃掉，都是顺势而为，而写小说便相当于"水往山上流，苹果飞上天，兔子吃掉狼"，是一件费力不讨好的事，类似物理学上的"反熵"。在智能手机与ChatGPT当道的时代里做一个痴心的说书人，一定程度上也是"反熵"吧，因为那些"当堂阅读"的小说与杂文，或许我们都会慢慢忘记，但掩卷那一刻的领悟我一直没有放下——

阅读并不一定具备"改变人生"的神奇功能，但终究是在改变着什么。

它没有那么"高大上"，只是日常生活的一部分。

独自阅读或是在一起谈书，只要喜欢就好。

人生海海，道阻且长，感谢"政屏说书"，给了我们锻炼口才的机会，也为时光留下了特别的印记。

我与"政屏说书"

周骏西

我与"政屏说书"的缘分，要从2018年1月说起。

那时候我刚进入三孝口新华书店的策划部，接到的第一个工作就是写当晚要发布的"政屏说书"活动预告。那时我还没有添加刘老师的微信，策划部主管告诉我活动的主题是"芳华"。我脑海中便想到了金庸老先生在《天龙八部》里一回目的章节名：红颜弹指老，刹那芳华。于是我便以此为题，写了一篇活动预告，发了出去。

孰料第二日，岳玲便大呼小叫地来找我，说我写错了，刘老师对此很是恼火。我才知道，原来活动的主题是严歌苓的《芳华》，我闹了一个大乌龙。

幸运的是，刘老师没有责怪我，只是和我说好，今后每次的活动预告先发给他过一遍，然后再发布。自那以后至我2021年6月离开新华书店，我一共撰写了53篇"政屏说书"活动的预告与回顾。在这期间，刘老师指导了我许多关于遣词、用句、排版的知识，让我受益匪浅。

除了为"政屏说书"写公众号外，这三年半内，我也作为现场的工作人员与热场主持，陪伴了几乎每一场的活动。用相机与文字记录下一幕幕精彩的时刻，这其中有故事，也有感动。几乎在每期解说榜单时，都能看见逛书店的读者驻足停留，仔细聆听。有些读者甚至会掏出纸笔，记录自己接下来想要阅读的书目。这或许就是我们做这场活动的意义，告诉大家现在大多数读者都在读什么，为什么会读这些图书，帮助大家在茫茫书海中，梳理一个方向。

在解读榜单的过程中，最让我敬佩的两点，一个是刘老师的洞察力。要知道每个月的榜单其实都会有不少的熟面孔。虚构榜的《活着》《西游记》《百年孤独》，非虚构榜单的《天才在左疯子在右》《半小时漫画》系列都是榜单常客。若是让我上去解读榜单，早就词穷。而刘老师却每次都能从中洞察出一些背后的原因与玄机，使这个环节每回听都有收获。这是刘老师非常厉害的一个地方。

其次，就是刘老师的包容。记得有一次榜单上榜了一本有些"离经叛道"的青春文学。在制作榜单幻灯片时，刘老师问我有没有看过，我当时表明自己从来不看这种类型的书。谁知道在活动现场，刘老师特地把这件事点了出来，说他在听了我的话后，特地回去还翻看了一小部分。刘老师告诉在场的每位读者，每本正规发行出来的书都有它合理的一面，不用戴着有色眼镜去把书分成三六九等，可以适当地多看看，兼收并蓄，了解不同的领域。

2018年6月，"政屏说书"迎来了全新改版。除了一如既往地说榜单，聊图书之外，还新增了"业内人士解读"和"藏书展示"两个环节。

所谓的"业内人士"，就是从事图书发行行业的同事们。当时我们邀请了文学组、社科组以及创新小组的几位老师。因为是改版后的第一期，新增的这个环节也不知道反响会如何，所以我也跟着他们一同紧张，生怕活动当天卡壳，出纰漏。我们提前在七楼影吧里面排练，当时觉得大家说得都很顺畅没有问题，可面对我一个人和面对三孝口书店五楼驻足的大量听众，就不一样的。李老师刚开始说话的时候，拿着话筒的手都在抖；夏老师解读时，头都不敢抬，双眼一直盯着面前的书；李老师穿了一身正装跑过来，发言时额头的汗珠不断往外渗。但是紧张这个情绪是可以随着发言而消退的。每位老师解读一会图书后，很快就都渐入佳境，说出了非常精彩，打动人心的观点。尤其是冯老师的发言大出乎我所料。他解读的是霍金的《时间简史》，开场直接坦言自己没有看懂。我在一边记录时，听得直懵圈，心想这是不是要翻车。谁知道冯老师对这本书紧接着提出了自己的质疑，从另一个角度说出了自己对这本书的理解。太了不得了！我们阅读并非是一定要全盘接收作者的一切思想，我们每个人都是独特存在的个体，就是应该用书中的理念去对自己的生活认知产生能动作用，可以是指导，当然也就可以是质疑。

2021年3月，记忆尤深。

这一期活动的主题是"书信"，邀请大家可以带上从前的信件来分享背后的故事。我从家翻出了高中时与朋友互诉衷肠的信件来，那时正是书信交友的尾声时代。手机短信，QQ交友已经兴起。书柜里寥寥几封信件，正象征着一个时代的尾声。

可我却不能带去分享。年少时的情话太过于天真和露骨。

这一点我比不上张华曼老师。她是疯狂读书会的成员，她带来了自己念书时与笔友的信件。为我们现场所有人读出了当时浓浓的爱意，以及时过境迁的遗憾。

听众里，还有她读小学的儿子。她告诉刘老师以及现场的听众们，她就是特意要儿子坐在一旁听的。纸上写的情动，她读出来的是释怀。表明自己对这段感情的放下，对青春悸动的告别。

而我也到了要告别的时候。

2021年5月，是我最后一次为"政屏说书"活动写推文。当时刘老师得知我要离开的消息后，很震惊，也有些忧伤。他和我说他本就打算在做到第50期后就转变一下活动的形式，既然我要走了，他后面也就不怎么打算做了，就到50期就结束吧。当时我几乎也要落下泪来。我是2017年9月来到三孝口书店的，在书店工作这将近四年的时光里，除了办公室的同事们，打交道最多的就是刘老师，参与最多的也就是刘老师的活动。"政屏说书""疯狂读书会"以及签售活动，穿插在我这四年生活的每一个角落。当听到刘老师说活动结束时，我也万分不舍。可以说每一期书单都是时光的见证，每一个故事都承载着美好的回忆。

但终究是说了告别。于是刘老师让我在公众号上发布征文启事，让大家将自己对"政屏说书"的任何感受都能付之文字投给他。并告诉我作为"政屏说书"活动最长的陪伴者，一定也要写一篇。我当时答应得很痛快。我也认为我必须写些什么，作为这四年时光的记录。可没曾想换了新工作实在太忙，再加上我的惰性，一直听到要截稿了，我才匆匆打开电脑码字。

刚打开电脑时，我还在忧心，不知道写些什么，打算写够800字就收笔。却没想回忆点点滴滴都涌上来，一下没有刹住，写了2000多字。

但对于政屏说书的记忆，又何止2000多字呢？

"政屏说书",亦师亦友

李海燕

最近,合肥这座城市很火,火到了中央电视台,让全国人民都知道了合肥"科里科气"。也就是说,合肥是座科技之城,有志气要成为下一个深圳。原来不起眼的二线小省会,正迈开大步,信心满满,朝着千万人口万亿GDP的现代化大都市挺进。这让我们生活在合肥的人着实兴奋不已。

其实,我想说的,咱合肥还是一座文化之城,用"文里文气"形容一点也不为过。合肥人爱读书爱买书爱逛新华书店是出了名的。节假日,就数新华书店最热闹。许多城市开书店亏本,在合肥开书店,购销两旺,那是大大的盈利呢。

这种现象的存在,除了这座城市的文风昌盛、居民普遍的文化素养较高外,还与一批活跃在文化领域写书卖书致力于文化传播的人士是分不开的。这其中我要说的是合肥绅士刘政屏先生。

政屏先生是土生土长的合肥人。他文质彬彬、文章华彩、优雅得体、乐于助人、谦逊有礼。他热爱自己的家乡,讴歌自己的家乡。所以,朋友们都称他为合肥绅士。他的职业是图书人,当过安徽省最大的图书城的总经理,卖着书。他又是中国作协会员,知名作家,写着书,一本一本地出,多与合肥有关。《享受合肥方言》持续畅销,一印再印。最近又出版了两本书《合肥这座城》和《漫步合肥街巷》，倾注了他对这座城市的爱，引起很大反响。他不遗余力地为文化事业努力着奉献着。2017年7月20日，以政屏先生为主要发起人，一档文化沙龙"政屏说书"拉开帷幕。持续到2021年5月30日，已经成功举办了49期。50期即将举办。多么了不起的成就。

"政屏说书"是在每个月的中下旬，由政屏先生在全国最著名的24小时营业的合肥三孝口新华书店，为读者宣讲上个月全国图书的销售情况，列出榜单，解读有些图书为什么持续畅销上榜，而新上榜的图书又为何能崭露头角，等等。他还会对当下图书领域的热点、流行趋势做概述，还会对国际国内获奖作品及时点评。不仅如此，每一期都会有一个与图书有关的主题，或者请省内外著名作家学者和读者见面，讲述与文学有关的读书写作事宜。令在场的听众大开眼界，深切受益。

从第一期开始，我就是热心的参与者和听众。每到月中，就积极关注"政屏说书"何时举办，生怕错过了学习机会。

现代社会，信息大爆炸，获得知识和信息的途径太多太便利了。读书，已经成了很奢侈的事情。可是纸质阅读，还是获取知识修身养性的最佳方式。爱读书的我们可能会有阅读偏好，只选自己喜欢的书本阅读。也因为时间有限，不可能获得广泛的有关图书的新进展。如果你去参与了"政屏说书"文化沙龙，它就像老师一样，给你一个榜单排行，使你对当前的图书状态有个清晰了解。至于自己要看什么书，自然而然就会有所选择。

比如余华的《活着》，已经出版20多年了，可这本书仍然时不时持续占据虚构类榜单榜首。说实话，此前我真没有认真读过。那么，看到了这样的超级人气榜单，我下决心好好拜读。读过以后，扼腕长叹，心绪翻腾，对它长期占据榜首一点也不吃惊了。还有一本是我女儿介绍给我的书《断舍离》，买了来细看。受益匪浅，果断地断舍离了很多无用的东西（包括精神上的）。在某几期的榜单上这本书也赫然在列，感觉女儿还是蛮有眼力的。看来好书上榜自然有它的道理。茅奖得主麦家的一本长篇小说《人生海海》很火，榜上有名。这个书名也有点吸引人的眼球。我迫不及待地买了一本想了解内容，也想知道好到什么程度。看过以后，的确带给我很大的震撼，触动了我的心灵。可是也有一点感觉，是否形式大于内容？有些许失落。或许我是错的，可这就是真实，就是阅读的真实，是阅读让我们去感受去思考去领悟。如果不去阅读，怎么会有自己的感受呢？

"政屏说书"给我们展示了一个阅读的窗口，引领我们跟随时代的步伐，感受时代的脉搏。每一本书，都有着时代的烙印，都是那个时代的缩影和折射。

在"政屏说书"的活动中，经常会看到平时难得一见的老朋友，这是非常令人愉快的事情。大家都是文学爱好者或者从事与文字有关的工作，志趣相投。见了面，问一声好，如口渴了饮一杯清茶般舒适。君子之交淡如水，没有过多的寒暄，也不必那么亲热，可是彼此的尊重和牵挂都写在笑意的脸颊。许多时候，朋友们会在报纸杂志上看到彼此的作品，了解创作动态。为朋友的努力和成就而高兴，在这里见了面不忘祝贺。这种感觉非常美好。

记得2019年"政屏说书"新春第一期，如期在新华书店三孝口店五楼社科馆举行，作家常河先生的新书《一脚乡村一脚城》也同时首发。常河是著名媒体人，光明日报安徽记者站站长。他经常出现在电视台，对热点事件和时事新闻进行点评，很有知名度。那天，来了他的许多粉丝，有献花的，有表达敬意的，非常热闹。还有其他一些作家的新书首发，也是在这里举行的。"政屏说书"这个平台，为写作者和读者提供了一个非常好的交流场所，让文学的种子广泛播种，让文学的友谊源远流长。

政屏先生为了做好每一期的"政屏说书"，付出了极大的努力和辛劳。即使是在新冠疫情最严重的2020年，政屏先生都没有放弃，一个人对着屏幕云播出。令人动容。正因如此，才有了如此高涨的人气和极好的口碑。"政屏说书"已然成为合肥市的文化名片。

不记得自己参加过多少期"政屏说书"了。但是有一点我知道，只要能参加的我一定要去。它是良师又是益友。

"政屏说书"——一路走来一路读

胡晓斌

说"政屏说书",当然首先得简单介绍下"政屏"。

"政屏"是刘政屏先生的名字。他是新华书店负责人还是作家更是文化名人。合肥文化圈里,刘政屏的名字仿佛合肥地标一样的存在。

不少合肥作家写过关于刘政屏的文字。印象最深的是有一篇将刘政屏称为"合肥绅士"。温文尔雅又文质彬彬,算是对刘政屏先生的高度概括,其实,"绅士"一词对现在的人来说还是有些隔膜的。我与刘政屏相识早已超过十个年头,要是由我来说,刘政屏先生,作为合肥土著文化人,最适当的称谓就是——政屏老师。相信他也会接受这样一个有色彩、内涵简单而又丰富的尊称。

作为新华书店营销总监,政屏老师的本职工作当然是卖书。职业卖书人当然要熟悉书籍,这算是工作范围内的事,然而,政屏老师过人之处就在于他不仅仅是从书本的商品属性来售书,而且还从书本的精神层面,以书为桥梁和纽带,团结一大批媒体人、专家学者乃至普通读者,这也成就了政屏老师今天的江湖地位。

因为工作关系,一段时间我和政屏老师有过密切接触。对政屏老师的总体印象就是:做事极认真、对朋友极热心、极乐于助人。这也是我周边熟悉他的朋友的集体印象。

23日下午，参加了2021年第一期"政屏说书"，也是"政屏说书"开办以来的第46场，主题是对前面45期的回顾。看到精心制作的PPT上的一幅幅画面，我立马想到一句话：一路走来一路读。五年的时间，这份合肥阅读的记忆拼图完整的勾勒了阅读合肥的轮廓。从这五年的阅读经历里，我们得以窥见阅读的城市地图。

实在是一份宝贵的阅读记忆。

五年，四十六个主题，从策划到执行到制作，这其中又要倾注一个人多大的力量？这种坚持不禁让人对政屏老师心生佩服和敬意。"政屏说书"不仅仅是自己解构图书现象，而且集中了从专家学者到滴滴司机的大量读者，是一群真正热爱阅读的读者的体验。"政屏说书"实际上更是一种范围广泛的、精心组织的读书会。

这几年，合肥对阅读的重视力度空前。"政屏说书"的举办地——合肥科教书店成为全国闻名的24小时网红书店，我也多次参加官方组织的阅读活动，然而，那种高大上的氛围更多的是注重表面文章，与读书基本上没啥关系，我最深的感觉就是来参加的读者，很少有真正热爱阅读的人，在舞台上的分享者给人的感觉更多的是卖弄，这样的读书会只是徒有读书外形而缺少内核。

"政屏说书"和这些读书会是完全不同的两个频道。"政屏说书"里有流行阅读，也有经典重读，有热点追踪，更有冷门热读，有国内外的皇皇巨著，也有本土作者的美文。这些来自民间的读书体验，在"政屏说书"里都可以找到。政屏老师在创新自己的模式，用大数据、个性化阅读，纤夫般地引领着我们这个城市的阅读方向。

在办读书会的同时，政屏老师自己也一本又一本地出着书，那些记录的文字让人熟悉、温暖和快乐。"政屏说书"，一定会在创新的烙印上成为合肥阅读的灯塔，成为合肥文化的标志。

将工作与爱好结合起来，想必，政屏老师每次费心费力筹划时，也是累并快乐的过程。

致敬，政屏老师；致敬，"政屏说书"。

回望"政屏说书"的那些瞬间

叶 纯

2021年1月23日的下午，赶到三孝口书店的五楼时，那张熟悉的长方桌刚刚清场，有些空荡，我在桌角找了个位置坐下，回望四周。现在已是2021年，"政屏说书"自2017年7月20日第一期首播，已经横跨五个年头，时间真快。在一个群里，读到这么一段话，"今天下午，坐在教室里，刚想动手扯前排女生的头发，突然想起来，我是来开家长会的。呵呵，时间好不经用，抬头已是半生"，这种意外和感慨，感同身受。

"政屏说书"第一期聊的话题是东野圭吾，"东野圭吾为什么那么红？"，今天是第四十六期，主题是回顾，回顾"政屏说书"的往期精彩。虽说一月一期，几年时间不长不短，能坚持下来，除去信念，我想也一定有某种内在的东西存在，好比投资，吸引你的是其内在的价值，越稀缺越值钱，"政屏说书"背后稀缺的是什么呢？正想着，下午活动的第一个嘉宾到场，看到她，我似乎恍然大悟，不是问题的问题，迎刃而解，嘉宾是马丽春。

在我眼里，刘政屏和马丽春就是一对黄金搭档，他们俩往那一坐，我脑海里会蹦出一句成语，珠联璧合。一个是发行人，一个是媒体人，还都是读书人，策划文化活动，单打独斗不比人差，合在一起是锦上添花，强强联合。早期在安徽图书城，他们联手打造的

"周末七点档"新安读书沙龙就非常叫座，影响和口碑颇佳，从图书城到三孝口，"政屏说书"延续了这种合作，书店有举办文化沙龙的传统，纸媒有拥抱新媒体的诉求，移动互联时代，以资深书店人刘政屏解读每期（上个月）开卷排行榜榜单图书和书籍知识的"政屏说书"应运而生，每月一期，早期"徽派"客户端直播。有意思的是，这种合作不是捆绑，是一拍即合，这是让双方都很舒服的一种联系，依靠却不依赖，某种距离感保持了他们各自的特色。我想，"政屏说书"背后的核心逻辑，是不断坚持，它从"栏目化"逐步演变为"平台化"。合肥的GDP突破万亿，强省会战略明显，发展的平衡需要硬实力也需要软实力，省城的文化发展需要不同层次的平台，来对接方方面面的文化诉求，"政屏说书"就是这么一个接地气的平台，每期的活动已不限于只是榜单的解读，而是提供一个舞台，不同层面的读者在书店通过这个节点产生了交集，定期的文化交流成为常态，成为一道风景。

坐在那里，听着讲述，欣赏着精心制作的PPT，一幕一幕，几年的时光浓缩在方寸之中，原来有这么多的作家和读者在"政屏说书"里留下他们的故事和声音。陈家桥谈东野圭吾热，许辉解读《人类简史》和《未来简史》两本简史的走红，翁飞解剖"一带一路"倡议的国家背景，闫红聊的是"鸡汤"文学的取与舍，余同有回顾了他的2017年的阅读记忆，许若齐谈的是《芳华》，许春樵分享了"小说的阅读与创作"，张纪回忆的是"我的祖父张恨水"，汪军离不开他的安庆《记忆场》，章玉政下功夫的是《刘文典传》。还有黄复彩的《墙》，温跃渊的"小岗村"，康诗纬"半个世纪的手账"，常河"一脚乡村一脚城"，苏北《呼吸的墨痕》，汪郎说"百年汪曾祺"，期期精彩，错过了何其遗憾。

《合肥的小街小巷》这一期尤为特别，众多作者齐聚，表达了对合肥这座城的热爱，78岁的陈频写的是义仓巷；程耀恺的老家在刘老圩子旁边，当年扛着箱子就来合肥上学了，他写的是女儿住的地方永红路；许春樵写的是飞凤街，飞凤街和城隍庙，在他看来不再是文化想象，是现实对街巷赋予了新的意义；常河写的是梨花巷和拱辰街，每个人都有自己的个人地图，挖掘打捞合肥的烟火文化和市井文化，真的还要继续；马丽春想了很久，没敢对芜湖路下手，工作过的安庆路和环城路在她看来没有挑战性，于是她写了新居所旁的书箱路，一气呵成。主编刘政屏直言，"还有多少人关注我们身边的小街小巷？回味的时候，很多东西找不到了。"

2020年的关键词是疫情，刘政屏一定会记忆犹新，因为有好几期，他突然面对的是空空如也的现场和镜头。没错，因为疫情不能聚集，"政屏说书"开启了抖音直播和线上连线，书店里空无一人，他独自站在那里，想象着下面有很多人，像上网课一样，完成了至少三期，那份坚持，值得敬佩，当书店暖心回归时，他是否在丛中笑呢？

"政屏说书"的很多期，参加的都是普通的读者，因为读书，因为文学，因为热爱，他们走到了一起。读书达人的汇聚，正在读的书的分享，现场"朗读者"的天籁，读茅奖作品的体会，夏日读诗的悠韵，我和我的书店故事，最难忘的一本书，文博会的读书会专场，出版社的图书专场，《阅读合肥》十周年，《傅雷家书》谈父亲，读书会读《她们》，那些写合肥的书，走进大学的校友会。这也是"政屏说书"的接地气之处，以书为媒，只要爱读书，不论你身在何处，心始终在同一频道。

"政屏说书"还会有更多的精彩瞬间，面对"十四五"开局之年，刘政屏说，"政屏说书"会坚持线上线下，会坚持走出去，会坚持求变求新，但贴近图书、贴近读者的宗旨永远不会改变，读者永远是参与者和主人翁。

"政屏说书"一路走来，一路坚定，一路执着，就像一位参加活动的作家说的，平时很少能见面的一些人，都能在这里见到，这是不是也是对"政屏说书"的一种认可呢？

写在后面的话

2021年5月21日，"政屏说书"第49期，2022年1月"政屏说书"第50期，之后做了几期"政屏说合肥"，2023年3月25日，"政屏说书"第61期，那一期活动的预告里有这么一句话："过去的6年间，'政屏说书'有多场店外活动没有计入，因此本期活动校订为'政屏说书'第61期"。

与此同时，2021年6月开始，我坚持每个月写一篇解读榜单的文章，有点"纸上说书"的感觉，2022年则写了一组12篇"榜单与下单"，将全国畅销书榜单与自己日常下单购书的过程合在一起写，也算得是一种独特的"说书"吧。

经过了比较烦琐、漫长的记录、写作、统稿的过程，以及大量图片的寻找、挑选，还有诸如榜单的核对、文字的规范、统一等一些细致而单调的工作，夜以继日、冬去春来。所有这些，会让人苦恼，也会让人上瘾。如今回首，感觉的确是有些不容易，而自己终于可以轻轻地松了口气。

应该是一件有意义的事情，我想这不仅仅是对于我自己而言，我希望看到的是它能够渐渐显示其价值，对于一些人有所帮助和启发。

在每一期"政屏说书"活动现场，或许只有几十上百人，非常时期则只能有十余人，但这本书则会有一个广阔的读者群，期望有尽可能多的读者能够通过这本书了解"政屏说书"这个活动的方方面面，以及它一直致力于的活动目标：让更多的人了解图书，爱上读书。

刘政屏

2023 年 8 月 31 日

刘政屏 ◎ 著

坐店说书

有书的日子

安徽师范大学出版社
ANHUI NORMAL UNIVERSITY PRESS

· 芜湖 ·

金屋藏书刘政屏

温跃渊

在安徽作家中，刘政屏显然还是一位公众人物。因为是书店经理，他们常常举办读书会，出镜率高，报道得多。

政屏出身书香门第，家学渊源。从小便爱看书。他22岁进书店，卖书。虽然有几次转型发展的机遇，他还是舍弃了，坚决卖书。从看书、卖书到写书，而且自己写的书自己卖，而且还卖得很"火"，更是"有经得味"了！

大多朋友知道政屏写书，卖书，但还不太知道他爱买书，而且买书买得很是疯狂，穷买。但他精买。他买了许许多多中外名家的文集。一套一套的，且还有各种版本。比如《铁凝文集》，他就收有20世纪八九十年代的一套版本。听说铁凝到安徽来了，他也无缘见到。但他决心要请铁凝在她这套文集上签个名。听说铁凝要到霍山县去，他也跟去了。他也不吭气。只是把那套《铁凝文集》拿在手里，让人一眼就能看到。果然，铁凝终于看到了！看到这套书了！她像是看到失散很久的孩子，觉得很是亲切。谁还有这样一套早年的书呢？她撑眼一看，是位帅哥，英俊而又儒雅，矜持地微笑着，见铁凝看他了，他便轻声说道："主席签个名罢？"陪同的人员当然不想半路杀出个程咬金打乱他们的行程，但是铁凝轻柔而果断地说：行。签吧。而且立马就坐到沙发上，签了起来。铁凝在签第

1

一本书时，写上"刘政屏先生惠存"后，她还说了一句：后面的书我只签自己的名字吧。政屏说，好。有了中国作家第一号人物的签名，这套书的分量就不一样了。王蒙先生著作的签名也同样很是重要。刘政屏到中国作协的北戴河疗养院去休养，在这里又见到王蒙先生和邓友梅先生。王蒙在合肥签名售书时，是刘政屏主持的，对政屏还有点印象。刘政屏立即跑到秦皇岛新华书店，将所有王蒙和邓友梅的书全部买来，不全的，请家里的同事们火速快递过来，请二位大家在他们的著作上一一签名。

刘政屏还有一个已经正在实施的计划，在坚持收集皖籍作家作品的基础上，把安徽的著名作家和重要作家的著作全部收齐。省作协主席许春樵已向他许诺，出一本，就签上名送他一本。刘政屏首先要把合肥本土作家一网打尽。连百岁老人彭拜老先生20世纪50年代初期64开的小剧本，政屏都搜集到两个版本。我说，合肥本土作家你还有一个"漏网之鱼"：远在黑龙江哈尔滨的作家王忠瑜。合肥人，早年家住安庆路。先是画家，后是作家，且作品多多。长篇，短篇集，散文集，诗歌集，随笔集，电影，电视。都有。80年代想"叶落归根"回合肥，到我家里去过，当时与我也有书信来往。

政屏道：没听说这人。温老，都说你是安徽文艺界的"活档案"，这回真服了你了。当晚，他就网上搜到《王忠瑜文集》8部，立即网购了。

政屏对书籍版本的搜集，真叫人拍案称奇！光是鲁迅先生的《呐喊》的各种版本，刘政屏竟然收集到200种！我不知道中国现代文学馆有没有，但是我想，在中国能拥有200个版本《呐喊》的人，除政屏外，恐怕很难再有第二人了！

除去拥有200个《呐喊》版本的住所之外，政屏在离市内较远的地方，还有一个更大的好几层的图书楼。他每一次买更大一点的房子最重要的原因，就是书太多了，需要更大的地方存放。

政屏的藏书，不但多，而且全。一进家门，迎面的背景墙，是一个错落有致的书架，全部为精装套书，左面为普希金、莎士比亚、托尔斯泰、契诃夫、巴尔扎克、雨果、马克·吐温、加缪、海明威、毛姆等国外著名作家的文集；正中为红色的"茅盾文学奖"获奖作家的全套作品的精装珍藏版和一些现当代著名长篇小说的精装本；右边是中国从古至今的重要作品集和文集，包括《鲁迅全集》《胡适文集》《莫言文集》，与安徽有点关联的《张爱玲文集》，等等。

这里还有人民文学出版社的"名著名译插图本·精华版"80种，他一一配齐。

政屏买书，花钱只是一方面，花费精力找书、配书，然后分门别类整理上架才是最大的投入。他享受这个过程。面对满架满屋无所不在的藏书，他感到开心和满足。

"我说政屏，你这里完全可以挂个牌子，叫'刘政屏藏书馆'了。"

英俊的刘政屏身上，不可否认，有时还有点年轻人的嫩生，他不很自信地问道："可以吗？"

我理直气壮地说："怎么不可以！你开饺面馆，能叫'刘政屏饺面馆'；你开理发馆，可以叫'刘政屏理发馆'，你这一幢楼到处都是书，叫个'刘政屏藏书馆'又怎么的了？"

我看他有点松动，就继续"加杠"："你曾经与百把名人有过交集，只逮着一位苏叔阳签了一个书名。建议你从现在起，遇着一个就逮着一个！就题签'刘政屏藏书馆'，相信若干年后，光这些名家题签，就是一笔无价之宝！"

政屏没有吱声。我们坐下来喝茶聊天。

过了一会，我突然想到，我提给政屏家挂个"藏书馆"的提议，是一个馊主意。挂个"藏书馆"的牌牌有什么意思？是想让人进来参观吗？那这个家还算是家吗？整天乱哄哄的，还让人睡觉吗？夫人身体不太好，还让她好好休息吗？除非把隔壁那套空房子再买下来住家，这边倒可以做个什么"馆"的。可是哪有钱啊！就是买这套房也是捉襟见肘了。当初想买时，老父亲就不赞成。父亲是个有十块钱只敢花五块的人。

罢了，罢了，不提什么馆了。看书需要安静，住家需要平静。政屏是个行事低调从不张扬的人，但他是个优秀的沙龙主持人，我看这个"馆"，就权作是文友们一个喝茶聊天的"休闲沙龙"吧。

目　录

有关书的事

巴金先生的《随想录》

收到一包书，其中有一本是巴金先生的《随想录》合集。于我而言，这本书属于意外收获，在孔网搜寻其他一个套系的书，看到了这本，品相不错，价格又合适，于是就买了。

1999年，由人民文学出版社发起，评选出20世纪一百种优秀中国文学图书，由人民文学、中国青年、解放军、作家和三联出版社，以及南海出版公司统一装帧，重新出版。

"百年百种优秀中国文学图书"包括《官场现形记》等52部小说、《南社丛刻》等23部诗歌、《寄小读者》等15部散文、《包身工》等3部报告文学、《上海屋檐下》等7部戏剧。评选过程颇认真严谨，因此具有一定的意义和价值。

印象中这套书我似乎一本也没有，近年注意到它也是因为它的一些品种在二手书市场上总体价格偏高，有些甚至高得有些离谱。

巴金先生的《随想录》的写作从1978年12月开始，到1986年7月结束，用了近8年时间。它们首先在香港的《大公报》上发表，起初的计划似乎只是一本书的规模，但是因为反响很好也很大，一发不可收，一共写了150篇。这些随想被收集在《随想录》《探索集》《真话集》《病中集》《无题集》等5本书里，1979年12月至1986年12月由香港三联书店初版，1980年6月至1986年12月由人民文学出版社初版，其合订本1987年8月由北京三联书店初版，

1988年5月由香港三联书店初版。

不记得是什么时候开始读到《随想录》的，应该是从图书馆里借到它的第一和第二集，并做了很多笔记。1983年4月23日，我买到《真话集》，1985年3月31日，又买到《病中集》，这两本书都是初版一次印刷。之所以一直追着阅读和购买巴金先生的"随想录"，是因为这些文字里有一种力量和激情，感动感染着我。

巴金先生说："五集《随想录》主要是我一生的总结，一生的收支总账。"在《随想录》的"总序"里，先生写道："这些文字只是记录我随时随地的感想，既无系统，也不高明。但它们却不是四平八稳，无病呻吟，不痛不痒，人云亦云，说了等于不说的话，写了等于不写的文章。那么就让它们留下来，作为一声无力的呼喊，参加伟大的'百家争鸣'吧。"

人民文学出版社1986年出版5本一套小32开的《随想录》，很是精巧，在每本书的封底，有这样一句话：文艺界人士认为这是一部"力透纸背，情透纸背，热透纸背"的"讲真话的大书"，这是一部代表当代文学最高成就的散文作品，它的价值和影响，远远超出了作品本身和文学范畴。

说真话，不说假话，从来既是一个简单道理，也是一个至高的目标，要做到这一点，太不容易。不能将全部责任都推给社会和别人，我们每一个人都有责任，为了一己的苟且，为了一些蝇头小利，我们满口的胡言乱语，满篇的荒唐文字，而且不以为耻。

也正因为此，巴金先生的《随想录》才更显得难能可贵，值得我们一读再读。

四十年来，《随想录》由人民文学出版社、香港三联书店、北京三联书店、作家出版社和上海文艺出版社出版了多种五卷本和合订本，其中有特色的版本颇多。

北京三联书店1987年8月出版的《随想录》（合集）的精装本，是《随想录》第一本合订本，无论是外封还是硬封，都非常讲究。

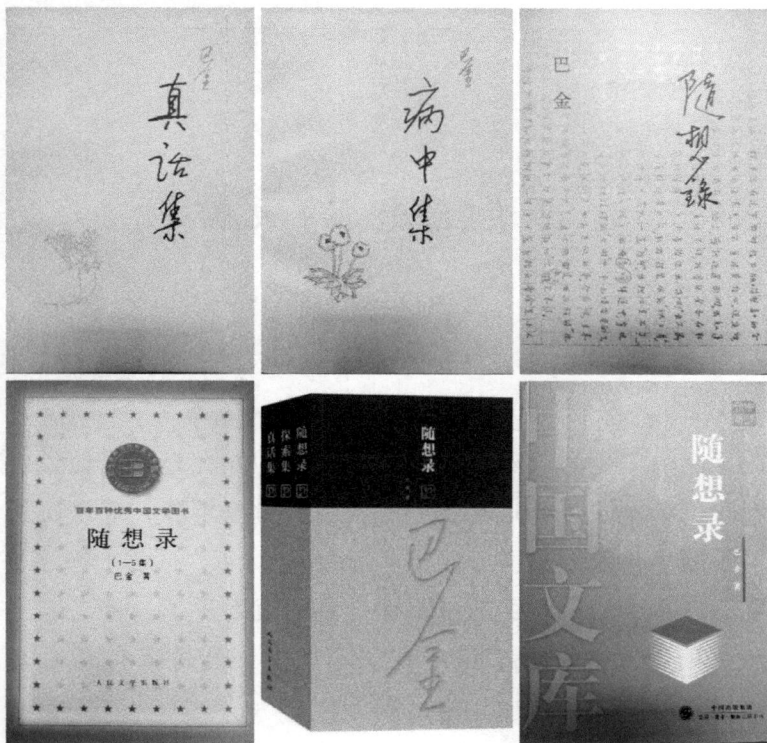

它的定价是 8.80 元，这在当时不算便宜，但是我还是买了，现在看来，的确蛮珍贵的。

为了写这篇文字，我特地查了一下《随想录》版本资料，可谓开了眼界，也动了心思，尽管价格不菲，应该还是会忍不住要下手的。

没办法，好版本值这个价钱。

（2019-01）

再谈《随想录》版本

　　在《巴金先生的〈随想录〉》里，说到我在查询《随想录》版本资料时，开了眼界，也动了心思，尽管价格不菲，应该还是会忍不住下手的。

　　也不过几天吧，就真的忍不住，真的就下手了，接二连三。不过两三天时间，一件件书就送到了家里，当然肯定有其他书，但《随想录》一定是它们中的主角。

　　人民文学出版社2006年5月出版的5本一套《随想录》，32开，深绿封面，暗条纹，有巴金头像和凸出的书名。此版每册卷首均有一张巴金先生的照片，内文也增加了不少插图。低廉的价格，良好的品相，更为难得的是能够一次性购齐，不容易。

　　在我之前的收藏中，有一套人民文学出版社2014年2月出版5本一套的《随想录》，32开，版型大小介乎1986版和2006年版之间，配有半幅盒套。深蓝封面，布纹，有巴金印章，烫金书名，封底有巴金银色签名手迹。后环衬为金色，印有"本书由巴金故居提供支持"字样，似乎是定制图书。但是实体书店卖场也是有销售的，清楚地记得，我这套书就是在安徽图书城的文化惠民季的启动仪式上购得的。

　　此版插图为双色印刷，插图量较2006年5月版减少许多，但是增加了一些《随想录》中外版本的书影。

与这套书同时出版的，还有一套精装本，在我的印象中，这是《随想录》在内地的第一套精装本。

这套精装本和平装本版式插图均一致，但外形的差距太大，天地头和切口三面刷金，配有盒套。暗红封面，压印巴金签名手迹，烫金书名，看上去有些奢华。

说实在的，开始的时候我有些不能接受这样的版本，感觉它与巴金先生文字的风格不太符合。但是后来我想通了，《随想录》的价值不仅仅在于当下，它对于我们国家与民族的影响，将是长远的，而这，正是一部经典必备的条件。制作时不妨讲究一些甚至奢华一些，使它可以阅读，可以收藏，可以传世。

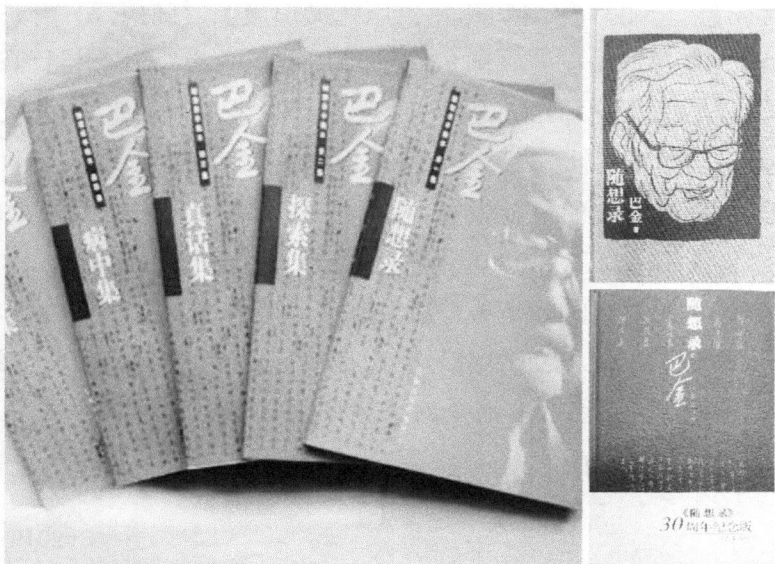

还有一套《随想录》，也是极有特色。首先是它的开本大，标准的16开，第二，是它的印制精良，尤其是图片，堪称精美。第三，也是最重要的一点，它是一套手稿本。从74岁到82岁，巴金先生一笔一画缓慢而执着地写着一篇篇《随想录》，随着年岁的增长和身体的衰弱，巴金的字迹越来越无力走形，但先生的思想和意志一点也没有减弱，真是让人敬佩！因此，手稿本不仅让我们读到内容，同时还能看到先生的思考过程和坚定执着的精神。这套书出版于1999年，因为那一年巴金先生95岁，所以就将印数定为950册，为《随想录》增添了一套珍稀品种。2015年，这套书又印了一次，印数为2000套。

三套单行本之外，又收了3本合订本。

第一本是作家出版社2005年10月第1版，巴金先生就是那个月的17日去世的，不知道是巧合还是特地出的纪念版。此书蓝色封面银色书名，作者名及印章红色，里面有7张图片，没有什么特色。全书只有427页，字号小，版式挤，纸张差，这种质量的书难免让人产生一种错觉。

4年后，2009年1月，作家出版社又出版了《随想录》合订本，精装本，腰封上印有"《随想录》30周年纪念版"，该书封面深豆沙色，成品尺寸152×230，665页，整体版式疏朗大方。

人民文学出版社2018年11月第1次印刷的《随想录》（合订本）无疑是《随想录》的最新版本。让人有些疑惑的是它注明的"1980年6月北京第一版"，1980年是《随想录》第一集出版时间，用它作为合订本的初版时间是否合适，似乎值得商榷。这本书做得非常大气，布面精装，封面图案为丁聪所画巴金漫画像，让人印象深刻。全书717页，图片多而全面，环衬贴有巴金故居藏书票，无疑是《随想录》版本中的上品。

（2019-01）

巴金《随想录》宣纸线装本

我小时候接触过线装书，那时候家里虽然已经没有多少书了，但线装书还有几套，被父亲收得相对隐秘一些。庆幸的是，它们大多有幸躲过一个大劫难，保存了下来。

每年天气晴朗的时候，父亲会把它们搬出来，轻轻翻着，很是小心，仪式感极强。那种场景，给我留下了很深的印象，也让我感觉到自己与线装书之间的距离。

如今，宣纸线装书算得上图书中的奢侈品了，其收藏价值远远大于实用价值，因此一般情况下没有必要印制宣纸线装书，一般的图书即便是印制了线装书，也没有必要购买收藏。

但巴金先生的《随想录》属于例外，因为它具备印制宣纸线装书的所有条件：经典作品，具备传世价值，自然也就极具收藏价值。

据我所知，巴金先生《随想录》宣纸线装本一共有4种，其中手稿本一种，竖版印刷本3种，因为制作成本高，定价自然不菲，在旧书网上的价格从数百至数千元不等，而且大多还不是全品相，让人更是纠结。

巴金先生的《随想录》是我藏书中的一个小目标，说它"小"，是因为它在国内的品种相对较少，搜集难度相对较低。另外还有几种稀缺品和几种宣纸线装本，需要不少钞票，因此对于这几种书和国外翻译本，我是轻易不会下手的。

收藏（包括图书收藏）的确是应该尽力去寻找和得到自己喜欢和感兴趣的东西，但永远不要想着绝对收齐收全，这个道理我是明白的。我们可以在收藏上下很大功夫，花费很多时间和钞票，但一定不能让它过于影响自己的生活，时时惦记，茶饭不思，就没意思了。

所以，尽管我总想着至少收藏一套《随想录》的宣纸线装本，有文友也极力鼓动我早下手，但我还是迟迟没有行动。

直到前几天，翻看一本关于巴金先生《随想录》版本的书，了解到一些图书背后的故事，才正式决定行动起来。

现在看来，我挑来挑去的这个卖家算是找对了，因为它极有可能是制作方的网店，所以不但图书品质一流，价格也是出乎意料的优惠，于是果断下单，而且是两套：手稿本和竖版印刷本。

与此同时，居然买到了《随想录》在内地的最早版本，比人民文学出版社的版本还要早。而之前我以为是不可能找到它的。因此这对我来说无疑是个奖励和刺激，联想到不久前发现的极易被忽视的《随想录》一种版本，以及前几天搜寻到的《随想录》两种平装合订本，品相不错，价格也不高，上下册那种居然还是一版一印，的确有些小确幸，感觉某某朋友所说的我最近会有的好运莫非就是这个！

几天之后，夜色很好，心情不错，我极小心地挑开刚收到的线装书包装纸，打开函套，大概翻了几页，便将它们原装原封地收好，放到书柜里，仿佛完成了一件不大不小的事情，松了一口气。

线装书果真是不一样，一卷在手，感觉立马就变了。虽然分量并不重，但面对线装书那一刻的心情，迥异于平常走近任何一本书。一个清爽安静的地方，一种心无旁骛的状态，才适合捧起这样的它们，一页页翻过去，仿佛是一种仪式，又像是一种别样的享受，惬意而庄重。嘈杂、躁动的氛围里，风风火火、心浮气躁的人，都是没办法体会到这一切的。

　　还有一个细节挺有意思，网店的包书纸居然是用印刷过的整张宣纸，不由得让人有点意外和窃喜，仿佛得了便宜似的。这样的东西在印刷厂或许就是废纸，但对于藏书者来说，对于了解宣纸线装书的印制很有帮助。如果有合适的机会和合适的人，"废物"或许还会得到很好的利用。

　　买来的书自然是要看的，稀罕、娇贵的宣纸线装本也是如此，但一定会是正式一点，讲究一点，包括时间，地点和气候，心中无事，身心放松，把单纯的读书变成一种多方位的享受和满足。

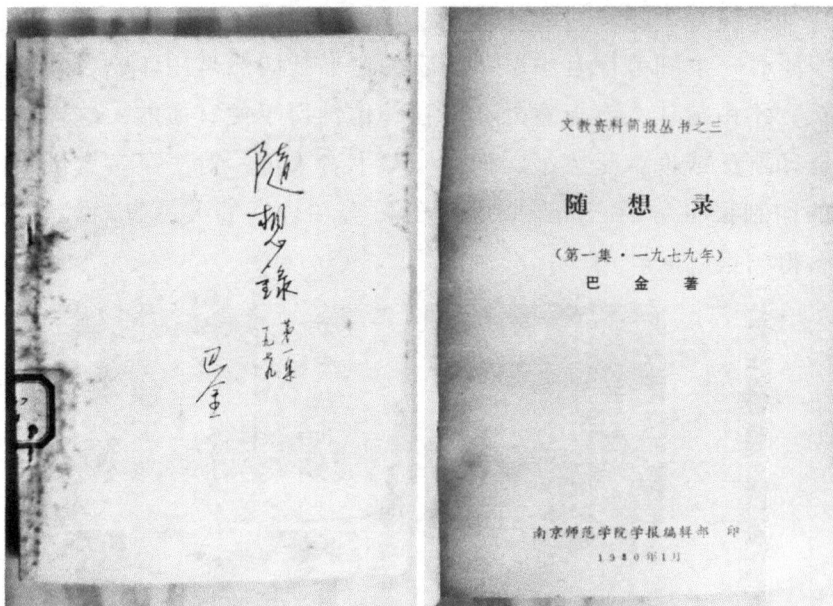

关于享受和满足，不同的人估计有不同的理解，一个买书时永远感觉自己缺钱的人，在享受和满足上的出息自然也不会高大上到哪里去。这一点，还要请各位理解和宽容。

（2021-06）

"巴金别集"（第一辑）

　　毋庸讳言，购买"巴金别集"（第一辑）的第一原因就是价格便宜，折扣力度大，全新的书，已经到手的8本书一共只花了60多点的钱，大约4折（原价159.00元），现在书价飙升，不少图书定价虚高，60多元钱买一本书很正常。

　　当然，肯定不是仅仅因为便宜，"巴金""别集"这样的标签才是关键。巴金先生的书有一些，一部10卷本的选集，一些单行本，这两年开始收集《随想录》版本，合起来应该有二三十种。虽然收藏的巴金先生的书仅限于这些，但它们基本上都被阅读过了，有的还不止一遍。

　　巴金先生著作等身，其全集煌煌26卷，没有买自然也没有通读过，这套书可以弥补一些遗憾。而且是小开本，一本书几万字，便于携带，阅读起来没有压力。巴金先生早期的作品，文字充满激情和真情，尽管题材混杂，厚薄不一，但几乎本本有脍炙人口的名篇，至今读来，依然会受其感染。用真心真情打动读者，从来就是巴金先生作品的特点。

　　第一种《海行杂记》11月11日方才从合肥新华书店三孝口店购得，做活动7折，原价18.00元，实付12.60元。本书是巴金先生1927年年初从上海乘邮轮去法国留学的旅途记录，因为只是为两位哥哥写的，所以类似日记，读起来比较轻松。

第二种《俄罗斯十女杰》11月11日网上下单，13日收到，原价36.00元，实付约12.30元。本书是巴金先生为俄国女革命党10个代表性人物所写的评传，找机会再看。

第三种《路途随笔》是巴金先生1933年的游记合集，全部发表过，相比较6年前的游记，文学性更强一些，激情似乎也更高昂一些。《鸟的天堂》《朋友》等名篇即出自本书。

第四种《生之忏悔》包含巴金先生1929—1934年所作散文、随笔、书评、序跋等，翻阅的时候发现有一篇《薛觉先》已收录第三种《路途随笔》里了，于是就看这一篇，读了之后，发现那个时候的巴金先生相当的愤青，语言激烈。

第五种《忆》收录巴金1933—1936年所写的回忆性散文，有三篇来自最早的《巴金自传》（其中《做大哥的人》应该看过），其他也是类似文字，这倒让我很感兴趣。

第六种《点滴》收录巴金1934—1935年初的散文和杂感，基本看完了，感觉平淡了些，不知道是否与他在日本时的心情和生活环境有关系。

第七种《控诉》收录巴金1932—1937年诗文，有呐喊，更多的是控诉，文字激烈，呈现出国难当头之时，一个不一样的巴金。

第八种《短简》是巴金在报刊上写给读者的16篇书简和散文合集，文字真诚、坦诚，我一向喜欢这样的文字、这样的作家。

第九种《梦与醉》是巴金1936—1938年间所写的散文、序跋和部分译文，单字标题的有5篇，以前似乎读过。

第十种《路途通信》自然是信函的合集，写于1938年下半年至1939年初。《前记》的第一句话是："这些都不是可以传世的文章"，第二段第一句是："这些全是平凡的信函但是每一封信都是在死的黑影的威胁下写成的。"我想，这样的文字，一定是可以抓住人的。

将巴金早期作品集重印，之前也有，但这套书最具规模，书尾注明是巴金故居策划的。创意挺好，开本大小也不错，但封面简单了点，而且白色调也不好，缺乏用心和特色。我见过的好几套鲁迅先生作品的单行本系列做得就很好，让人忍不住一买再买。

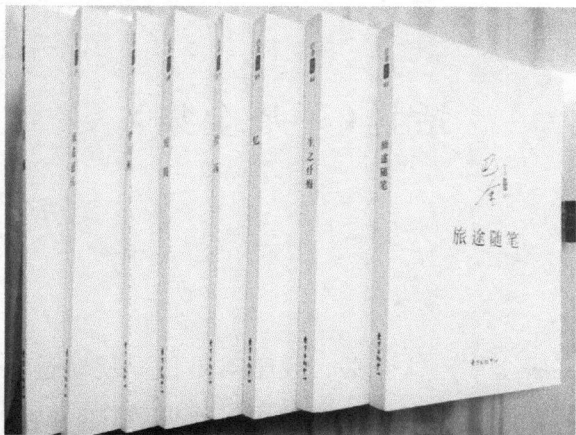

还有一个遗憾，就是没有原封面，我想，如果在封面或者扉页上展示一些包括封面在内的原书信息，无论从感觉还是品位价值上，都会加分的。

书买回来了，理由似乎也很充足，但是否会看是个问题，估计不少朋友也是这样暗自嘀咕甚至蔑视的。不过我想好了，这一回决定逼自己一把，近期把它们通读一遍。一口气读一本书，"巴金别集"这样的书无疑是最合适的。

（2019-11）

（附注：每本书介绍目前只有一句话，没有用句号，我的打算是读完一本书，写上三两句，然后再画句号，因此这篇文字要有一段时间才能够真正完稿。）

（再注：截至目前，还没有完成计划，有点尴尬。不过今天倒是把这10本书全部翻了一遍，有些文章还细细地读了，感觉是一如既往地喜欢，同时决定暂时不把它们收进书柜里，最近有时间就翻翻看看。——2021-07）

话说《茅盾全集》

对于《茅盾全集》这套书，我绝对是很早就动过念头，但每每都被自己否定，时间越久，这样的否定速度越快，渐渐地，也就不再去想它了。

1984年它刚刚开始出版时，是文化界一件很大的事情，我不可能不注意到，但诸多因素限制了我的购买意愿。不过后来它的一些分册特价的时候，我还是买了几本。

在当时看来，这套书做得很淡雅，因为使用了新兴的覆膜纸做封面，又显得很时尚。但是，一些年过去后，这种封面的问题来了：整体容易卷翘，覆膜容易起泡，不耐旧，等等。前些日子，翻看手头的几本时，发现它们大多因为走形起泡失去往日的风采。

我是在购买其他书时发现它的踪影，几次之后，特别是看到它的第1卷后，决定下手。不过我的心态还算比较理性，前期目标是凑齐前11卷。手头现有5、6、7、9、11卷，需要购买的1—4卷，8卷，10卷，一共6本。

从本月16日下单购买第1卷，到18日下单购买第10卷，3天之内6本全部搞定，可谓短平快。至于价格，最高35.00元，最低8.00元，合计103.00元，也不算高。但是陆续收到书时，问题来了，先天不足加上各种毛病和瑕疵，让人越来越失望。而那本售价8.00的，正是品相最差的，正应了那句"便宜没好货"。

经过我比较"专业"的清洁修补，它们的品相好多了，翻翻看看，当时一流的版式设计和印制工艺，大气舒服，这样的版本能够让人安静下来，而阅读的过程自然是一种享受。

《茅盾全集》出版之初，确定为40卷，其中1—10卷小说，11—17卷散文，18—40卷为中外文论、回忆录、书信、日记等，最后由于增加了附录1卷，补遗2卷，一共43卷。

我注意到《茅盾全集》在网上二手书市场里的一个现象：前10卷价格属于正常范围内，但是10卷之后，价格一路上扬，每卷动辄百元甚至几百元，全套价格则喊出了好几万的高价。这的确是一个很有意思的事，在现代作家全集文集里可谓绝无仅有。

为什么会有这样的情况出现？我想应该是与其内容特点及图书市场、社会大气候的变化，印数相应减少有很大关系。

因为《茅盾全集》不是一次性出齐，各卷本单册销售，给了读者更多选择的机会，加之各种因素造成市场需求量的大幅缩水，出版社出于利益考虑，持续减少印数，短板效应渐渐凸显。那些所谓最不好销售的分卷直接左右了整套书的数量，因此它们的身价渐渐抬高乃至飙升。

这真是一个让人匪夷所思、哭笑不得的事情，奇高的市场价格会让那些回头再想购买者后悔，还是会让一书在手坐等购买者上钩的书商们开心，还真不好说。没人下手，也没有交易，形成一种僵局。

茅盾先生1981年3月27日去世，遗嘱将25万元稿费捐赠给中国作协作为奖励基金，茅盾文学奖自此设立，并很快成为中国文学界最具影响力的奖项。

这些年来，对于茅盾先生非议轻慢之声日盛，但我始终认为，任何脱离历史环境和具体事实的评判都是不理性、不科学的，至于那些靠着信口雌黄，随意臧否逝者，以为自己博名气和阅读量的人，也迟早会为他们的轻浮付出代价的。

一个举足轻重的文学奖项，一部收藏价值极高的文集，或许都不是出于刻意，但却都是声名日隆、价值倍增，为公众瞩目。而这，或许就是冥冥之间的一个安排。

是的，安排。

（2019-01）

"茅盾文学奖获奖作家的短经典"系列丛书

中国当代长篇小说乃至整个文学界的最高奖"茅盾文学奖"，自1981年设立，至今已经评选过十届，获奖作家近50位。这些获奖者在多年的文学创作中，除了长篇小说之外，在中篇小说、短篇小说和散文等"短"体裁领域的创作也是成就斐然，名篇佳作迭出。比如王蒙、张洁、宗璞、阿来、李国文的散文随笔，贾平凹、苏童的短篇小说，毕飞宇、迟子建、李洱、徐则臣的中篇小说，等等。

人民文学出版社的"茅盾文学奖获奖作家的短经典"系列丛书应该就是出于这种考虑而编辑出版的。该系列丛书2013年出版，编选了16位茅奖获奖作家的中篇小说、短篇小说和散文代表作，其中有张洁的《我那风姿绰约的夜晚》、李国文的《唐朝的天空》、陈忠实的《释疑者》、迟子建的《寒夜生花》、张炜的《品啊时光的声音》。

2020年年初，人民文学出版社出版了新版的"茅盾文学奖获奖作家的短经典"，据相关报道，这套书在2013年版16种的基础上，扩充到了21种，增添了第九届和第十届的获奖作家的篇目，其他作家篇目也有所增加。

后来我在书店看到了这套书，由于重新设计了封面，和之前的版本完全是两个风格，几乎没有一点相似之处。当时我还不知道它

"扩充到了21种"。最近因为需要推荐书,关注了一下这套书,发现它与2013年版的那套书的区别不是一点点,具体说来有以下三点。

一、"扩充到了21种"并不是16加5,而是16减2加7。说来好笑,到这个时候,我才算真正明白"扩充到"的含义。

减去的两本是莫言的《蓝色城堡》和麦家的《八大时间》,其中《蓝色城堡》是大红的封面,与其他15种淡雅的色彩风格不一样,估计应该与莫言刚刚获得诺贝尔文学奖有关系。照说这套书里最应该保留的就是莫言的作品,偏偏他这本不在了,想必是版权上出了问题。

二、新版与旧版除了内容上有所增加,还有一本书的书名换了:毕飞宇作品集原来书名是《人类的动物园》,新书名则是《青春和病》,起初我以为是由于"每一本书,都以作家的一篇散文标题作为书名"这个原则,后来发现并不是如此。查了一下,两个书名都来自作者的散文标题,不知道什么缘故。

三、新旧版书目排序有变化,两种排序似乎都没有什么"规律"可循,不过新书目的最后7种是新增加的,而且是按得奖时间顺序排列的,其中第十届的4位获奖者甚至还是按照得票多少顺序排列的,其他的为什么不是这样?有点好奇。

在这套书新版相关资料里,有一段话既简明扼要地说明了长篇小说、中篇小说和短篇小说的特征,从另一个角度说明我们为什么要关注作家的中短篇小说及散文。

对作家而言,长篇小说的体量一方面考验作家的写作耐力,对结构布局、矛盾冲突和人物塑造的要求更全面,对认识生活的宽度和深度的综合要求更高。另一方面,它巨大的包容度也给作家留下了辗转腾挪的空间,它甚至允许旁逸斜出,允许枝蔓横生。短篇小说则不同,在有限的空间内,它需要灵光闪现,需要出奇制胜,需要一击即中。介于中间的中篇小说,是中国独有的体裁,五到十三万字的特殊形制,让它更有包容度、更有吸引力。而散文,作为中国文学中传统最为深厚的文体之一，一直吸引着当代作家的注意。

新科茅奖得主李洱对"短经典"有着自己比较独到的理解，他在评价自己这本《它来到我们中间寻找骑手》的时候说："这是我精心选出来的篇目，希望给自己的创作做一个阶段性的总结，也希望读者能够从中看出来我对生活的见解。如果说短篇小说关注的是一个词语，那么，介于短篇和长篇之间的中篇小说，则展示了两三个词语之间的关系，因此中篇小说蕴藏着巨大的潜能，有非常多的可能性。"这是"短"的优势。但"无论创作什么体量的小说，准确来说都是小说家唯一的美德"。

的确，"短经典"系列丛书有着其很显著的特点，比如读者在毕飞宇的作品集里，既可以看到毕飞宇的著名中短篇小说《青衣》《哺乳期的女人》《相爱的日子》，也可以看到他的散文精品《人类的动物园》《那个男孩是我》《记忆是不可靠的》，从而对于毕飞宇的写作风格和特点有一个大概的了解。另外，通过这样的作品集，读者可以在比较短的时间里欣赏和学习作家的短篇经典，也算得是一个"捷径"。

我想，这或许就是"茅盾文学奖获奖作家的短经典"意义和价值所在吧。

附："茅盾文学奖获奖作家的短经典"系列丛书新版书目：

1. 《灵魂之舞》阿来

2. 《我那风姿绰约的夜晚》张洁

3. 《大树还小》刘醒龙

4. 《寒夜生花》迟子建

5. 《唐朝的天空》李国文

6. 《品咂时光的声音》张炜

7. 《释疑者》陈忠实

8. 《向右看齐》徐贵祥

9. 《麦田物语》王安忆

10. 《地上有草》周大新

11. 《醉里挑灯看剑》熊召政

12. 《萤火》宗璞

13. 《青春和病》毕飞宇

14. 《红狐》贾平凹

15. 《离我们很近》李佩甫

16. 《忘却的魅力》王蒙

17. 《苍老的爱情》苏童

18. 《在西去的列车上》梁晓声

19. 《你或许看到过日出》徐怀中

20. 《在水陆之间，在现代边缘》徐则臣

21. 《它来到我们中间寻找骑手》李洱

（2021-02）

"中国现代作家选集"系列丛书

　　20世纪80年代初，一套颇具特色的作家选集一下子抓住了我的眼球，封面是特写式的作家照片，传真的效果，书名就是作家的名字，整体感觉简洁大方，特色鲜明。

　　这套书就是由人民文学出版社与香港三联书店联合出版的"中国现代作家选集"系列丛书。两个出版社共同拟订书目分别出版，计划出版五十种。人民文学出版社是简化字横版，香港三联书店则是繁体字竖版。

　　当然看上它不仅仅是因为装帧设计，按照预告介绍，它"选收'五四'以迄当代较有影响的作家……作品力求精选其代表作，并尽可能提供作家的资料，包括作家的生平及其作品赏析，作家的年表，并附有作家生活照片和手迹等，使读者在有限的时间内能对作家及其作品有较全面的认识"。这样的版本在当时是不多见的，即便是今天，也是不好找的。人们热衷于做大开本、大体量的书，能够设身处地，踏踏实实为读者做书的，似乎不多。

　　最早买到的应该是《许地山》和《艾青》，时间是1983年，其中《许地山》在港版里是第一本。这之后一直盯着这套书，《萧红》《庐隐》《李广田》《冰心》《朱湘》《朱自清》等，只要见着，立马下手。奈何这套书出得是不紧不慢，一年就那么三两本，1987年之后好几年都见不到它的踪迹。一次特价书展中，发现两本港版书

23

《鲁彦》《柯灵》，价格不低，因为没有人民文学版的，还是买下了。

1992年和1993年间，它又出现了（或许是我又发现了它），自然是要买的，《俞平伯》《郑振铎》《田间》《老舍》《臧克家》等就是那个时候买下的。至此，我一共买到16种人民文学版的，2种香港三联版的。

一晃，20多年过去了。

去年，在网上寻找其他书时，发现它的踪迹，没忍住，又下手了。《戴望舒》《胡适》《巴金》，品相中上，价格6元到20元之间，感觉挺好。今年1月，又集中购买了一批，《叶圣陶》《茅盾》《鲁彦》等，一共7种。

与此同时，买了5种港版的。《王统照》是新品种，其他我均有内地版的。有了几本同样图书的两种版本，自然会对照着翻看的，没承想这一翻还真就翻出了名堂来了。

首先由于一个横版右开，一个竖版左开，导致书的封面互为反照。其实这样做是有问题的，随意反转作家照片，造成作家形象失真，未免轻率。

其次港版的印刷质量明显高于内地版，纸张和清晰度不是一个档次，这种差别在当时很普遍，现在基本上不存在了。

还有一点，就是两本书的出版日期的不一致，比对了手头仅有的5组书，发现它们两种版别的出版日期相差的时间，最短1年10个月，最长的居然有7年多。这么长的时间差的背后，到底是怎样的原因，我们无从知晓，仅从目录和图片上看大多数也是一致的，只有《臧克家》是个例外。香港三联出版时间是1987年6月，人民文学出版时间1994年8月，相差7年2个月。或许因为这个原因，内地版的作家年表港版多了6年的内容，在作品选择上有不少差别。同时在封面色彩的选择上也存在着很明显的差别，书里图片差异高达到11张。

由于时间跨度比较大，人民文学版这套书的定价，由1983年的

1元左右到1995年的16元多，涨了十几倍。它也从一个侧面勾勒出我们国家图书价格变化轨迹，书价一路上涨与国家的大形势应该是一致的。

说到定价，还有一个有趣的现象：在如今的网络二手书市场上，这套书的售价相差几倍甚至十几倍，其原因除了作家当前的人气指数，就是出版时的印量。早期的《许地山》《艾青》《萧红》

《冰心》《朱自清》的印数都在20000册以上，《庐隐》《朱湘》《李广田》《叶圣陶》分别是18200、11000、8500和8000册，之后大多在三五千册之间，最多的也没有超过8000册。我注意到印量数次低的是《林徽因》，只有2760册，相比印数最高的28700册的《茅盾》，不到十分之一。我估计某些人看到这儿，一定会情绪激动起来，进而会大肆联想和发挥，当然少不了又要轻浮地抹黑一把茅盾先生。而了解当时图书市场的人知道，当时一本书的印量，是出版社在分析市场需求和新华书店汇总来的订数基础上确定的，不存在主观故意。反过来说，就是一本书的印数反映出其作者在当时受欢迎和关注的程度。估计那时候谁也没有想到，那些印数高的书，在如今二手市场上普遍白菜价，而那些印数偏低的书，价格大多都高了起来。

没办法，这就是市场。

还说《林徽因》，如今不但是二手书市场稀缺抢手货，而且似乎还是唯一一本在第二次印刷时更换了封面的书。我是在今年初才购得它的第一次印刷版本的，极淡的色调，模模糊糊的一个人，全然没有2000年第二次印刷时封面的清新时尚。这与作家在印刷之时的境遇和影响颇为类似，让人不禁唏嘘感慨。

根据现有图书和有关资料，这套书大约出了30多种。我收集到的人民文学出版社这个系列最近的一本是1995年出版的《卞之琳》，香港三联书店的则是1990年出版的《柯灵》。以后它还会继续出版下去吗？我感觉有些悬。不过，世间之事，哪有那么多的圆满，何况即便是出齐了50种，是不是就是齐了？也不好说。

（2019-06）

注：2019年6月之后，我陆续又买了一些"中国现代作家选集"系列丛书，有资料显示，港版的出书计划已经突破了50种。

我收藏的白桦先生作品集

白桦先生于今天（2019-01-15）凌晨去世。

尽管之前从各种渠道知道他年事已高，且身体不好，但是得知消息的那一刻，心里还是猛地揪了一把。

白桦先生沉寂久矣。印象中，1979年开始，1981年达到高潮的《苦恋》事件之后，他便渐渐地淡出人们的视线。

对于那个事件的具体细节，记忆已经不是很清楚了，或许从一开始就没有弄明白。唯一印象深刻的，是两个毛头小伙子，用复印纸一式两份，一笔一画地将剧本抄了一遍。并记住了："欢歌庄严的历程，我们飞翔着把人字写在天上。"

这之后，白桦先生似乎一直是一位敏感人物，1980年发表在《收获》杂志上的长篇小说《妈妈呀，妈妈!》，甫一问世便引发强烈反响，中国青年出版社随即出版了其单行本，第一次印刷54000本。我购买了这本书，它也是我收藏的白桦先生的第一本书。

　　我收藏的白桦先生的第一本诗集是《白桦的诗》，人民文学出版社1982年10月第一版第一次印刷，印数31700，这样的印量的诗集，现在是不敢想象的。

　　在这本书的自序里，白桦先生说："我的诗像我的小说、戏剧、电影一样，都是从地层下喷射出来的、混浊的原油，没有加工炼制就燃烧起来了。"这样的判断是理性而准确的，它是白桦先生作品的特点，同时也是不足之处。世间的事常常是这样，很难做到两全，如果真的要有所取舍，真情实感无疑还是居于首位的。

　　后来我又陆续收藏了《白桦的中篇小说》《白桦小说选》《远方有个女儿国》。

　　《白桦的中篇小说》1985年6月由中国文联出版社出版，本书收集了《啊！古老的航道》《我的遥远的故乡》等8部中篇小说，其中《闪光——童年记事之一》《野狗——童年记事之二》似乎是自传体小说。

在这本书的后记里，白桦先生写道："作品一经问世，往往有一番争论，有褒、有贬，有毁、有誉。这大约是中外古今文坛上正常现象。如果作家真的用心灵在写，而且作家的心灵正直、善良、热爱生活和人民，那么，他的作品就会像草原上的花朵，随季节的不同，承受不同方向吹来的风。"

《白桦小说选》是我在南京购买的，收录了作者14篇短篇小说，由四川人民出版社1982年11月出版，有意思的是它的第一篇竟然也是《啊！古老的航道》。

《远方有个女儿国》由人民文学出版社1988年5月出版，首印98000册，是我收集的白桦先生作品中首印数最高的。其"内容说明"的第一句话是："这是一部从形式到内容十分新颖独特的长篇小说。"

有意思的是，书中还夹着当年的购书发票，时间是1991年6月11日。

《百年一瞬》是白桦先生的一本散文随笔集，由湖北人民出版社2000年1月出版。这是一本精心制作的书，算得上低调的奢华。

《长歌和短行》是白桦先生1981—2009年间的诗歌选集，2009年8月由云南人民出版社出版，据说这本诗集出版过程颇不顺利，难能可贵的是它收录了作者的几首长诗。

在《叹息也有回声》的开头，白桦先生写道："我从来都不想做一个胜利者，只愿做一个爱与被爱的人。"

前年开始大规模购买图书时，发现了上海文艺出版社的《白桦文集》（四卷），虽然有些疑惑和不踏实，但感觉还是应该收一套。

到手之后，发现它比我预想的要好一些，但充其量只能算一套选集，因为它只收录了白桦先生少部分作品，比如长篇小说卷，只收集了8部中的两部，戏剧卷则也是半数不到。好在每卷后面都有一个相对应作品的"要目"，由此可以大概了解白桦先生的创作情况。

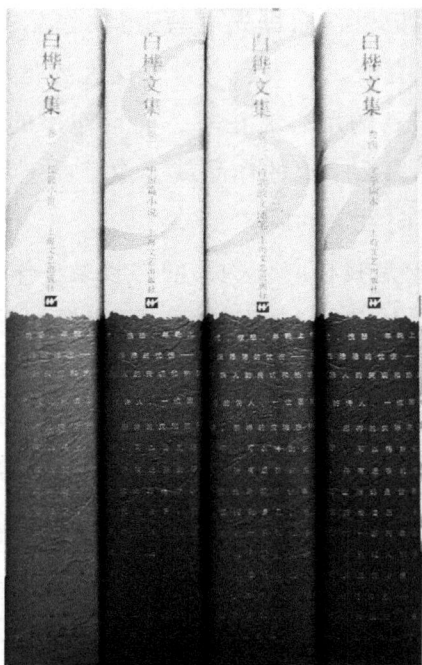

　　《白桦文集》2009年11月第一版第一次印刷，2017年7月第二版第二次印刷，我购买的是第二版，四卷分别为"长篇小说""中短篇小说""诗歌散文随笔""文学剧本"，我想如果要是出全集的话，总该有个十几二十卷吧。

　　不过话又说回来了，好作品不在多，一两部小说，三两首诗歌，能够流传下去，能够让几百年甚至上千年以后的人们感受到写作者的真情和才华，就已经很好。

（2019—01）

《天云山传奇》版本漫谈

鲁彦周先生的中篇小说《天云山传奇》写作时间是1979年3月16日至4月5日，发表在1979年7月出版《清明》创刊号上。

如今再翻看《清明》时，发现目录上标注的《天云山传奇》的页码是从90页开始，实际上是从95页开始，估计是忙中出错。发表时配有插图2张，一张是罗群和宋薇两人因为马惊了，第一次独处，并确定恋情，第二张是宋薇去为冯晴岚扫墓，看到罗群和周瑜贞一起为冯晴岚扫墓，听到他们的对话。最后，她默默祈祷她（冯晴岚）安息，同时她也为罗群和周瑜贞，暗地里献上她的虔诚的祝福！插图者是叶家和，皖籍知名画家，因为曾在媒体工作，报纸上时常会有他的一些速写。

《天云山传奇》发表之后，引发巨大反响，旋即获得中国优秀中篇小说奖。

百花文艺出版社1980年1月出版了单行本，32开，印数85000本，这个数字现在看来简直不可思议。

1981年3月，百花文艺出版社又出版了第二版，开本是当时很流行的窄32开，正式注明其属于"百花中篇小说丛书"系列，这个系列后来成为藏书界的一个热点。第二版是插图版，有3张插图，第一张也是罗群和宋薇定情之夜的场景，不同的是两个人骑在马上。第二张是冯晴岚用板材拉着重病中的罗群，风雪交加。第三张又和《清明》一样，是宋薇在为冯晴岚扫墓时看到罗群和周瑜贞。第二版第一次印刷的印数是49000本。

《天云山传奇》影响巨大，上海电影制片厂决定把它拍成电影，鲁彦周先生1980年1月在上海写好电影文学剧本，著名导演谢晋在电影厂领导的支持下，顶住压力，很快拍摄出电影，并于1981年初通过审查。电影公映后，反响很大，好评如潮。先后获得文化部1980年优秀影片奖，1981年第一届中国电影金鸡奖最佳故事片奖、最佳导演奖、最佳摄影奖、最佳美术奖，第四届电影百花奖最佳故事片奖，第二届文汇电影最佳故事片奖，1982年香港第一届电影金像奖最佳影片奖。

中国电影出版社1980年12月出版了电影文学剧本的单行本，封面是男主人公罗群的剧照，印数12300本。

《天云山传奇》小说单行本2种印数是13.4万本，加上电影文学剧本单行本印数，一共有14.63万本，真是太厉害了！

中国电影出版社1983年7月出版的《天云山传奇——从小说到电影》是一本很有特色的书。全书包括三部分内容：第一部分是电影文学剧本、分镜头剧本；第二部分是编剧鲁彦周、导演谢晋等，主要演员石维坚、王馥荔、施建岚等，以及摄影、美工、音乐、录音、剪辑等创作人员的经验体会；第三部分是评论文章。另外还有不少人物形象照、剧情和工作照，最后还收录了该影片的获奖资料，全书570多页，可谓电影《天云山传奇》的一本小百科全书。

为一部电影出一本书，现在估计不会有了吧？当然，或许还有，只是我不知道。

《天云山传奇》版本里还有一个极其丰富而有趣的部分：连环画书，即过去人们常说的小人书。在已知的至少5种的同名连环画书里，有传统的绘画版，但大多数是那个年代比较时兴的电影图片版。现在的我，兴趣点已经从后者转向前者，因为绘画版的属于原创，更具有艺术性。但在当时，我是很喜欢电影图片版的，将其作

为同样题材连环画中的首选。可见有些东西，时过境迁，会有不少改变，甚至是颠覆性变化的。

不过有些东西是不会变的，比如对于《天云山传奇》这部小说和这部电影，至今我依然认为它们都是佳作，都是经典。

（2021-05）

莫言文集版本漫谈

我收藏当代作家文集，就品种和数量而言，莫言无疑是第一位，原因自然是他获得诺奖。2012 年 10 月 11 日开奖之前，我根据各种信息判断，联系上游业务员，确定莫言作品大批量调货。开奖后的第二天，业务员说出版社有 80 多件货，是不是全部要，我说全部要。这样一来，安徽图书城就拥有了上海文艺出版社全部库存品种的莫言作品。

莫言获奖显然严重刺激了公众，一时间莫言作品成为抢手货，并且很快一书难求。

近水楼台，我自然也是见样收一本。在此之前，我只有那本红彤彤的《蛙》。

仔细翻看之后，我发现我所收集的算不上真正意义"莫言文集"，因为它分别属于几个小系列：2008 年出版的"莫言获奖长篇小说系列" 5 种（《红高粱家族》《酒国》《檀香刑》《四十一炮》《生死疲劳》），2009 年出版的"莫言长篇小说系列" 4 种（《天堂蒜薹之歌》《十三步》《食草家族》《红树林》），2009 年出版的"莫言短篇小说全集" 2 种（《白狗秋千架》《与大师约会》），2010 年出版的"莫言中篇小说系列" 3 种（《欢乐》《怀抱鲜花的女人》《师傅越来越幽默》），也就是在这最后一个系列每本书的后飘页，才出现"莫言作品"书目，一共 15 种，《蛙》列在"长篇小说"系列的最后，那本著名的《丰乳肥臀》还没有出现在其中。

这套书做得很精致，无论是封面设计，还是硫酸纸腰封、内页版式，都十分用心、大气。

2012年6月，上海文艺出版社出版了一套"茅盾文学奖获得者莫言作品系列"，封面统一风格，极具乡土色彩。根据图书后飘页看，本系列已经是一个比较系统的文集了，而且加上了《丰乳肥臀》，一共16种。从手头有限的资料判断，这套书应该是已经完成整体装帧设计，但没有出齐。

网上没有莫言的书，实体书店也全部卖断货，出版社显然是不可能放过这个商机的。几乎所有出版社的莫言作品及相关图书都在大量加印。不到一个月，上海文艺出版社的新版本出来了，其装帧设计与6月出版的那一套基本相同，只是没有腰封，封面和书脊上有了诺贝尔奖的标志或字样。

随之而来的，是部分网店、私人书店及路边摊大量的盗版书，其普遍特点是总体感觉似是而非，细节上画蛇添足，印制粗糙简陋。这样的"书"，虽然很容易判断，但是如果大意，也很容易中招。

与此同时，作家出版社出版了一套20本，定价680元的"莫言文集"，每本书的封面上方都印有"中国首位诺贝尔文学奖得主莫言代表作"，虽然极具时间感，但显得有些多余，不伦不类。从书脊和版权页看，这套书的版权所有者是一家图书公司。从书里莫言亲笔所写的序言来看，这套书是2011开始策划出版的。

由于不是特别喜欢作家版这套全集的装帧设计，而上海文艺出版社推出的那套16本"诺贝尔文学奖获得者莫言作品系列"，无论是从整体风格，还是印刷质量上来看，都是不错的，而且它还在封面的右上角加上了有诺贝尔头像的奖牌图案。所以最终我选择了它。而作家版的只购买了一本《蛙》。

说到这儿，我觉得可以稍微将一下：上海文艺出版社至少出版过3种"莫言作品系列"：分类版，茅奖版，诺贝尔头像版。作家出版社则与图书公司合作出版了第一套比较完整的"莫言文集"。

另外还有一套精装本"莫言文集"，整体架构与作家版的相同，只不过换了一家出版社（云南人民出版社），印制讲究得多。不过价格也不菲，1688元。2023年年初又发现一种软精装本"莫言文集"，百花文艺出版社出版。听说还有一种特装本，到目前为止还没有见过。这几种版本应该都与作家版"莫言文集"出自同一个出版机构。

5年多来我对莫言作品集的认识仅局限于此，直到前不久，发现某网站在低价出售作家版莫言文集，决定凑齐一套时，才留意查询一番。这一查居然又有新发现：早在莫言获诺奖前8年，就有一套"莫言文集"出版。这个发现让我很吃惊，上网查了查，整套价格并不是太高，但数量有限，且多数品相一般。这刺激了我的收藏欲，我决定一本一本凑齐它。

一个月前，当我收到第一批4本书时，欣喜之余，少不了左看右看，寻找它们的特色。

应该说它们属于一眼看上去不那么抢眼的书，色彩沉闷，图案单一，尤其是封面用纸，深色部分极易磨损露白，浅色部分则又容易发黄脏旧，让人有一种少了一道工艺的感觉。

可是如果仔细观察，就会发现，其实它们还是有很多可圈可点的地方，比如醒目大气的书名用的是立体突出的压模工艺，整体色彩虽然不是太多，但沉稳大气耐看。翻开图书更是有着不同寻常的感觉：以莫言各种台版外版作品书影为图案的环衬，依然是冷色调，翻过环衬，清爽简洁的内封让人眼前一亮，接下来是六页高清铜版纸图片，图案依次是莫言彩色照片、莫言签名、简介和黑白照片（跨版）、莫言手稿和8连张黑白抽烟照片（跨版）、莫言外版作品彩色图片。正文之后还附有"莫言创作年鉴""台湾出版书目""海外版作品翻译情况""小说被改变成电影"。从"《白棉花》，台湾导演，我不知道名字"这样的表述中，我们可以确定这些资料是莫言先生自己整理的。

这些发现无疑更加坚定了我收齐全套书的决心。通过仔细寻找和联系，逐步将一本又一本书收入囊中。不过，最先收齐的还是作家版20卷本的"莫言文集"，原定价680元，用了不到4折的价格，记得很清楚，最后一本到手的是《与大师约会》。紧接着就是这套12卷本，原定价430元，用了150多元，也是不到4折，在急于求成的心态下，最后一本《白狗秋千架》花的钱最多。

在这个过程中，我又记起我收藏的上海文艺出版社分类版莫言作品集少了短篇小说集《白狗秋千架》，近期又发现这套书里，我原以为并不存在的版式统一长篇小说《红高粱家族》也是有的。赶紧选择下单之后，我长舒了一口气：因为我感觉自己补齐的不仅是一套书，更是一种缺失——仅仅是把书收回家来是不够的，研读，品味才是一位藏书者应有的态度。

（2018-08，2023-03）

短命的搞怪版"余华作品系列"

　　余华作品的总量不是很大，早期版本相对比较复杂一些，2004年上海文艺出版社出版了"余华作品系列"（12本）之后，虽然十几年间其文集的出版社或出版机构改变了几次，但其版本变化情况总体清晰明了。

　　但是当我开始关注上海文艺出版社出版的"余华作品系列"（12本）时，发现一个让我很是疑惑的问题：其第一版和第二版之间居然只相差4个月，最夸张的是其中一本，居然第二个月就出了第二版。一般情况下，某位作家一个作品系列出齐后，三五年甚至更长的时间内不会有什么改变，如果销售好，尽管开机加印便得了，既减少了成本，也利于市场的识别。

　　我首先想到的是管控上的原因，但总感觉似乎不至于，于是便在网上四处寻找答案，很快就发现原因应该是在图书的装帧设计上。这时候我已经尝试着收集上海文艺出版社"余华作品系列"的第一版和第二版，尽管这两个系列似乎都不是那么容易收

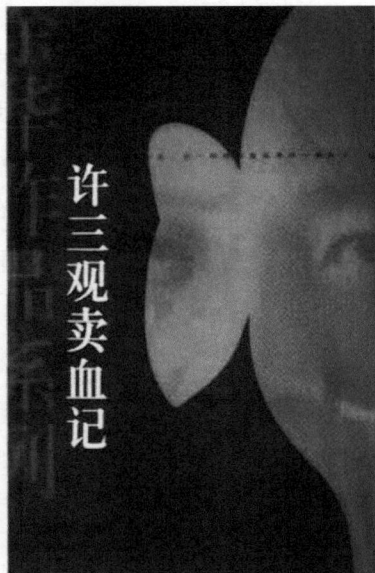

齐，而在旧书网上整套的标价又过高，有点奇货可居的意味。

经过一段时间网上寻觅，第一批几本陆续到手，当我把它们在桌子上铺开，不禁乐了起来：哈！果然奇葩！

我一直试图弄明白这套夸张怪诞封面的含义，但到目前为止依然没有成功。但我清楚地看到每一个封面上都有一个作者的脸，由于图案的变化，我们至少可以很容易看到作者的一只眼睛，另一只眼睛则隐藏在近似黑色的色调里。也有几本书大致可以清晰地看到作者的两只眼睛，但那种花脸和看上去支离破碎的五官着实让人感觉怪异。

应该说出版方和设计者是下了功夫的，力求给人一个深刻难忘的印象。但是他们忽视了一个重要因素：艺术的适用性和大众的审美观。当我终于收齐第一和第二版全部24本书后，总体感受是第一版搞怪，第二版正式。仔细比对之后，我发现两个版本最大的不同点有两个方面。

第一自然是封面，第二版彻底抛弃第一版的思路，采用的是单色、局部压模、部分文字运用银色等工艺，给人的感觉是正式、讲究，比较大气。

第二是我之前忽视的图书的厚度。在版式和页码没有任何改变的情况下，改用轻型纸，全套图书厚度由9cm增加到16.5cm，这样改变的结果，使作品集更有分量感。

也许有人会觉得这件事有些奇怪甚至搞笑，实际上这种改变背后有着很多微妙的东西在里面，有些可以说清楚，有些则只能意会。

这次紧急改版之后，显然是达到了预期的效果，之后的3年多时间，没有再做改变，手头有一本上海文艺出版社2006年9月第16次印刷的《活着》和一本同版2007年11月第12次印刷的《在细雨中呼喊》，除去封面颜色、内心用纸、整本书尺寸有稍许变化，总体感觉是一样的。

不过，若是从收藏的角度来看，搞怪版"余华作品系列"倒是具有挺高的收藏价值，因为短命，因为相对较少，尤其是个别品种。也许有人会因此感觉滑稽好笑，但收藏原本就是另一种思路，况且，世上许多事情，是讲不清道理的，这个，或许也算是其中之一吧。

（2018-09）

残雪是谁？

时间是 2019 年 10 月上旬，再准确一点就是 10 月 9 日前后。

如果说这几天文化圈越来越大的热点是残雪进入诺奖赔率榜前三，那么最大的疑问就应该是："残雪是谁？"

对于国外博彩公司的诺贝尔文学奖赔率榜，我一向心存疑惑。按说整个评奖过程严格保密，50 年后才会解密候选人，他们凭据什么？如果说完全是空穴来风的臆想，它又的确有很多次猜中或者接近最后的结果。记得 2012 年诺奖开奖之前，莫言在赔率榜单上是第二名（第一名是村上春树）。

残雪我是知道的，但作品读得少，具体情况不清楚，查了一下，摘抄如下：

残雪，原名邓小华，女，1953 年 5 月 30 日出生，湖南耒阳人。1970 年后历任街道工厂工人，个体裁缝。1985 年开始发表作品。1988 年加入中国作家协会，先锋派文学代表人物。部分作品在中国的香港和台湾出版，并被译介到日本、法国、意大利、德国和加拿大等国家。

另外，据说她是我国女作家当中作品被翻译到国外最多的，曾获多种外国文学奖或者提名。在其文学回忆录的腰封上看到这样一句话："自称能超越卡夫卡"。

早晨查了一下，残雪的作品在大部分网站已经售罄，旧书网站里有限的几种大多价格飙升，有的堪称天价。

合肥书店里残雪作品还有一些，而且也在备货了。现在各实体书店和网店估计都在备货，为了更稳妥一些，大多数网店都在预售。而残雪大部分作品的出版者湖南文艺出版社估计已经在加印了，而且还会全社动员，设计出新的封面或者护封，版子和印刷机已经处于待命状态，一旦宣布残雪获奖，立马开足马力，印制、发货。

其实我最关心的还不是这些，我感兴趣的是如果残雪获奖了，一些人会怎样表态，一直默默无闻，一直与国内奖项无缘的作家，获得如此大奖，会不会让有些人觉得打脸。

当然，一定会有很多机构站出来表示祝贺，估计基本上是官样文章，套话一通；一定会有不少人说他早就认为残雪是一位了不起的作家，其作品如何如何之好；当然很快就会有另一种声音出现，质疑诺奖公众性，讽刺诺奖是一小部分的狂欢。

与此同时，一定会有一股全民购买甚至抢购残雪作品热，然后，在朋友圈晒图、谈感想，大家议论纷纷……

当然，如果残雪没有获奖，那自然会是另一番景象和声音，明天（10月10日）晚上找时间再看再写吧。

晚上7点，诺奖公布了，获奖者没有阎连科，没有余华，也没有残雪，不免失望。但是说好了的事，还是得做，接着往下写——

残雪果然没有得奖，很多人都松了口气。有时候就是这样，不在于残雪该不该得这个奖，而是大家都不知道的一个人如果得了奖，感觉总是怪怪的。当然，过于小众的确也是个问题，毕竟我们的作品是写给读者看的。

记得家里原来有残雪的作品，下午果真找到一本《黄泥街》，长江文艺出版社"跨世纪文丛"第四辑中一种，1996年3月出版，收中短篇小说7个。本辑里同时收有汪曾祺、张炜、林白、迟子建、周大新、阿成、张欣、蒋子丹、周涛的作品，由此可见20多年前的残雪已经有一定的影响力。

最近买的几本残雪作品，《边疆》《吕芳诗小姐》属于湖南文艺出版社2019年2月出版的"残雪作品典藏版"系列，精装，有护封和书签，装帧设计很有特色。此套丛书目前有13本，从书名上看，小说似乎还没有散文、文学理论多。

另一本长篇小说《赤脚医生》也是今年2月出版的，据说残雪为写这本书花费了3年时间。在这本书的后勒口上，有一个湖南文艺版"残雪作品"书目，4卷本《残雪文集》之外还有21种，的确不少。

处女作《黄泥街》有了，最新作品《赤脚医生》也有了，那就先从这两本看起，了解一位作家，最好的办法，就是读书。

（2019-10）

欢喜心过生活——林清玄和他的签名书

因为 1999 年 4 月林清玄先生来合肥做活动，我得到了他的两本签名书：《林清玄散文》《鸳鸯香炉》，那天是 4 月 23 日。

那时候的合肥，开始有来自台湾的作家，第一位是刘墉，第二位就是林清玄。因为对于刘墉讲演的印象很深刻，所以听说林清玄要来，我自然也是兴致很高，主动去参与接待和陪同。

见到林清玄先生时，多少有点"被吓着了"的感觉，谢顶，四周头发拖得很长，个头也不高，给人一种瘦小的感觉。我和同事们窃笑：怎么长成这样？

但当他在中国科技大学讲演厅发表演讲的时候，我们的感觉瞬间就变了：风趣幽默，机敏睿智，往往是风轻云淡的几句话，立刻就会引得全场哈哈大笑，看似随口而出的几句话，又会赢得满场的掌声。因此无论是气场还是效果，一点都不输给在他之前的刘墉。人们在笑声中接受了他，同时受到启发，有所收获。

也就是在听了他和刘墉的讲演之后，我意识到，对于故事和思想的传播来说，无论是文字叙述还是口头表达，都需要用心和技巧，相对于死板僵硬的材料和报告，机智轻松、深入浅出地记录和讲述，效果要好得太多。

同时，在林清玄先生的作品里，我读到了一些相对陌生的东西，不温不火，柔软而明确。

2017 年 4 月 10 日下午，有文友打电话说林清玄先生到合肥了，问我可有时间一起吃个饭。我说好的，心想着终于又能见到林先生了，如果可以，再给他安排一场活动，2014 年之后，我一直负责书店的市场营销，所以只要有机会就想着在书店做活动。

我兴冲冲地从北二环赶到南边很远的一个酒店，等了一会，林先生和他夫人等几个人来了，见面的那一刻，我愣住了，眼前的林清玄先生和上一次相比，变化太大了。十八年，让一个精神抖擞的人变得如此的衰弱，轻声细语，行动迟缓，似乎连转个方向都是那么的困难，而且，居然还穿了件很厚很长的呢大衣。如果不是事先查了一下，我绝对不敢相信他只有 64 岁。

不过当我打开手机里十八年前的照片时，他显然很开心，把照片拿给夫人和随行的人看，然后很愉快地再次和我合影。其他人见了，也放松了下来，纷纷与他合影。就餐的时候，他兴致颇好，只是语速要慢一些。大家很随意地聊着，很自然地折转话题，气氛还算轻松。

吃完饭，邀请人拿出一摞林先生的作品集，请他签名，人多书少，一个人只能有一本。我和林先生说了当年我 8 岁的儿子被他的演讲逗得不停地哈哈大笑这件事，现在儿子已经 26 岁了，希望林先生为他签这本书。林先生仔细地问了我儿子的名字，然后写了两句话："清净心看世界，欢喜心过生活。"

当天晚上我就翻看了这本《形影之间观世事》，感觉林清玄先生作品的风格有些变化，因为我不但读到了深沉与睿智，还感受到他文弱谦和后面的张扬的个性。

2019年1月23日，听到林清玄先生去世的消息，很意外，想着即便是林先生身体衰弱，也不至于这么早就去世了。媒体的朋友知道我和林先生有那么一些交往，当天下午采访了我。第二天，《新安晚报》刊登长篇报道：《作家林清玄去世：与安徽结缘二十年》。

2020年初夏，北京时代华文书局的朋友送给我一些书，其中有3本一套林清玄先生的作品：《凡事喜悦 自在生活》《人生不乐复如何》《持续做一个深情的人》。这套书做得非常精致，全彩印，插图很有特色，护封下端延长部分反折，成了腰封。扉页的背面，有林先生手书的书名，每本书还有两张卡片（或者大书签），上面也都是林先生的手迹，多是一些禅语。

当然，最让我意外的是，每本书的环衬上，都有林先生的签名，反复研究了一下，是手迹而非印刷上去的。查看了一下出版时间：2018年6月，也就是说，林清玄先生去世前半年，还到过北京，签了一批书，而我竟然在他去世一年多后，得到其中的3本。

不能不说，这是一种缘分。

林清玄先生在《凡事喜悦 自在生活》的序言里说："微小的事物里有幸福欢喜。"翻看着这几本书的时候，就有这样的感受。

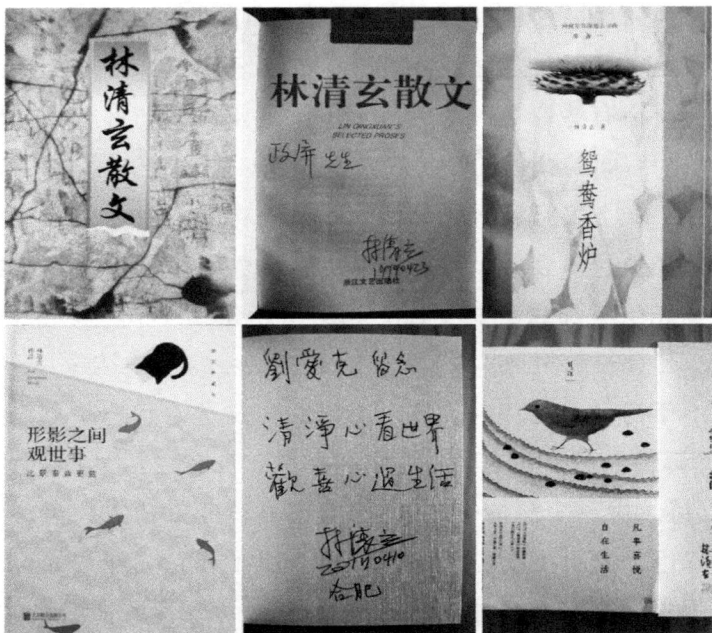

林清玄先生又说：

我认为（这个社会）最缺的是两种：一是"从容"，一是"有情"。这两种品质是大国民的品质，但是由于我们缺少"从容"，因此很难见到步履雍容、识见高远的人；因为缺少"有情"，则很难见到乾坤朗朗、情趣盎然的人。

如果说，这样的话语还有那么点"鸡汤"的感觉，那么"人活着，要像个人"这样的话，就显得有些沉重了。而"不管这个世界如何对待我们，我只要吐出自己胸中的香气，也就够了"，则让我琢磨了好一会儿，并深以为然。

林清玄先生的文字，读起来很轻松，但文字背后的思想和智慧，就不是那么轻松简单了。因此，读林先生的书，需要安静下来。

（2021-07）

从《声音》到《我遇到你》

　　《声音》是敬一丹1998年的作品,《我遇到你》则出版于2015年4月。

　　第一次见到敬一丹,是20多年前的1998年9月20日。清楚地记得,那一天是周日,街上的人很多。那时的敬一丹因为"焦点访谈"栏目而家喻户晓。我7岁的儿子甚至能将"焦点访谈"的宣传语"时事追踪报道、新闻背景分析、社会热点透视、大众话题评说,每日请看:焦点访谈!"背得滚瓜烂熟,时常挂在嘴边。

因此，尽管当天我是下午班，还是和妻子一起带着儿子去了我工作的地方：位于三孝口的科教书店。关于当时的情形，我几年前在"我们曾经相遇过"系列文字里写过："1998年前后，应该是名人出书的一个高潮，这其中就包括敬一丹的《声音》。现在想想，那时候真是简单，央视名嘴，既没有前呼后拥、戒备森严，也没有什么背景音响、红地毯，就这么简简单单地在书店大门口摆几个书架、一排桌子，敬一丹到了以后，坐下就签。本来就是邻家大姐的范儿，那一天更是随和、亲切。"

尽管如此，尽管是在自己的单位，我还是没好意思打扰敬一丹，只是和妻子抱着儿子在她后面蹭了一张合影。今天再看这张照片，依然为儿子那天真开心的劲头所感染。

再见敬一丹，是17年后。2015年金秋时节举办了第十一届黄山书市，9月12日上午，敬一丹携带其新著《我遇到你》出席读者见面会。我作为主持人，自然是有些压力，除了在此之前翻阅其作品，还准备了一些应对万一出现冷场的办法。

事实证明我的担心是多余的，那天的活动非常成功。读者的热情理智，敬一丹的放松随和，使得整场活动气氛轻松愉快。

在活动即将结束的时候，一身轻松的我还是决定把已经准备好的包袱抖出来——我拿出了多年前的那张合影。

敬一丹显然没有料到会有这样一张照片出现，当她得知照片上一家子居然都在现场，有些兴奋，连忙招呼我和妻子儿子按照照片上的位置，再拍一张合影。一时间记者和读者手持相机手机一拥而上，咔嚓咔嚓拍个不停。敬一丹问我，这张照片可以送给我吗？我说当然可以。敬一丹一听风趣地说，签名签名，你们一家三口都要签名。

那一次他给我们签名时写了"有缘"两个字。

由于这次见面留下比较深刻的印象，两年后我们再见面的时候，自然是比较熟悉了，自拍、请人拍了一张又一张合影。

记得那一天是 2017 年 6 月 25 日，敬一丹带来的新书是她和她的大学同学们合著的《我 末代工农兵学员》，我则又一次成为活动的主持人。为了增加一些怀旧的氛围，同时也为了纪念敬一丹时隔 19 年再一次来到原来的合肥科教书店现在的新华书店三孝口店，我和同事们特地在此之前举办了一个寻找当年的老读者活动。

功夫不负有心人，没多久，还真的找到了几位。当他们的一位代表带着《声音》出现在现场时，引发一阵轰动，敬一丹在感慨之余，又说起了我们一家与她的缘分……

虽说是找到了当年的读者和敬一丹当年签名的《声音》这本

书，但我心里还是有些不对劲，因为我的那本《声音》不见了，以至于怀疑自己当时是不是买了书请敬一丹签名了。不过按照我的性格，又是当时的那种氛围里，即便是为了儿子，我也应该会买书的。

又过了两三年，我的疑问终于有了答案，《声音》找到了，签名本，20多年后，"祝福刘政屏" 5个字依然让我感到一些暖意。

记得2017年6月我和敬一丹等人私下聊天时，她说家里有很多亲人之间相互的通信，她也有把它们整理出来的想法。我很理解她的想法，但上千封的书信整理起来可是件大工程，谈何容易。

没想到不过一年多时间，一本名叫《那年那信》的书就出版了，着实让我感到意外，自然也很佩服。当时我就在想，没准哪天敬一丹老师又会来到合肥，我们又会再见面的。

等了一段时间，没有任何动静，我决定先买本书看了，再见面时自然会更多一些话题。虽然我们平时偶尔也会在微信里聊一聊其他作家的书，但如果要接待她，为她主持活动，还是先把书看了，找点感觉为好。

于是下单，书很快就到了，打开一看，居然还是签名本，真是很意外。

《那年那信》这本书做得挺有味道，很精致，也很温馨。有意思的是，在它后飘页上的纸袋里还塞了一封敬一丹亲笔写给读者的信，自然是复印件，在信里，敬一丹说："怀旧，是一种珍视，是一种不愿意忘却的态度。"

的确，怀旧是一种回首，看那些我们走过的地方，遇见过的人，心里难免就有许多滋味和感慨，就像我现在写与敬一丹的过往旧事，眼前和耳旁，就会有一些画面，一些话语。

（2018-09，2023-02）

半个世纪的回顾——《安徽文学50年》

当我准备在比较宽敞的新居客厅做一面墙的大书架，而且以展示经典精装书为主，并各方搜集、购买此类图书的时候，我遇见了它，一套展示安徽文学界五十年创作成就的《安徽文学50年》。

精装本，8卷9册，安徽文艺出版社1999年11月第一版第一次印刷，定价：240.00元。这在当时，绝对是很讲究的一套书。

半干的抹布，柔软的纸，一遍又一遍擦拭之后，这套出版于19年前的精装书好看了许多。几天前，当我从专卖旧书的人手中接过来的时候，它们显得灰头土脸，无论从气息还是手感都很糟糕。

但我还是很欣喜，毕竟这样一套书无论是从规模还是从质量来说，都不可多得。在一个重要的节点，做一套这样的书，是一个很好的创意，也是一份郑重的回顾。

编辑力量很棒，汇集众多皖籍文化名家。顾问有公刘、那沙、鲁彦周、严阵等，编委里有刘祖慈、苏中、白榕等。各卷内容及主编依次如下：长篇小说：贾梦雷；中篇小说（上下）：段儒东；短篇小说：徐子芳；诗歌：陈所巨、韩新东；散文杂文：唐先田；报告文学：苏廷海；儿童文学：刘先平；文学评论：钱念孙、黄书元。各分卷副主编和编委里有季宇、倪和平、周旗、李正西、陈桂棣、薛贤荣、潘小平、王达敏等；出版方的编委和责任编辑有王玉佩、王谦元、刘哲、周子瑞。19年过去了，我们无从知道当时这么一群人具体做了什么，有过什么周折和故事，但我们看到的是一套蔚为大观的书，对于安徽乃至全国文学界，其文学价值和史料价值自然不容小觑。

在这套丛书中，我们可以看到从1949年到1999年的50年间安徽一些重要的文学作品，如长篇小说《风雷》（陈登科）《破壁记》（陈登科、肖马）《张玉良传》（石楠）《古塔上的风铃》（鲁彦周）；中篇小说《天云山传奇》（鲁彦周）《康巴阿公》（刘克）《三人行》（彭拜）《万家诉讼》（陈源斌）；短篇小说《央金》（刘克）《抱玉岩》（祝新义）《被爱情遗忘的角落》（张弦）《和陌生人喝酒》（潘军）；报告文学《热流》（张锲）《部长家的枪声》（高正文）《凤凰展翅》（温跃渊）《淮河的警告》（陈桂棣）。也可以看到安徽著名作家和诗人的名字，还可以看到当时才露头角，现在已然成为安徽文坛中坚力量的作家和诗人的名字和作品，过去和未来，开创与传承，厚重而流畅。

人生在世，很多的事情都是可做可不做的，如果喜欢，愿意，也不妨去做一做；有些事是一定要去做的，关乎公众的事，则一定是要有人去做，否则，就会有缺憾乃至失误。同时，在做一件事情之前，我们的心机和所谓"想法"可以尽量少一些，单纯一些，而做事的过程则需要多点更多点心思和智慧，如此，很多年后再回首，才不会遗憾，不会懊悔甚至愧疚。而后来之人，也会因此产生一种敬意。

80元的价格，可谓低廉，也与它的价值没有关系。因此，我将它们放在我的皖籍精品专架上，作为我对那些为安徽文学做出过贡献的前辈和老师们的敬意。

（2018-11）

一本作为礼物的书——《辞源》(第一册)

上周买了3本二手书，其中一本是《辞源》第一册，布脊纸面，商务印书馆 1979 年 7 月修订第一版，1980 年 3 月北京第二次印刷，定价 5.70 元，品相完好。

其实我父亲在 20 世纪 80 年代初就购买了一套《辞源》，当他将 4 大本布脊纸面的《辞源》带回家的时候，我明显能感觉到它的分量。大气的封面设计，叶圣陶先生题写的书名，以及不菲的定价，繁体字，各种文言文和典故，都让我对它仰视。

可能正是因为此，在很少使用到它的情况下，后来遇到特价，我又买了它的第三第四两册，全布精装加塑封纸的护封，分别是 1987 年 10 月第五次和第四次印刷。定价也高了不少，10.55 元和 11.70 元。后来又配到了第二册，布脊纸面，1981 年 5 月由湖南省出版公司重印（第一次印刷），定价 7.10 元。在这本书的第一页，还夹着一张"《辞源》第一分册第一次印本勘误表"。至此，我已收集到 3 本《辞源》，唯独缺少一本颇为关键的第一册了。此次得以收齐一套，自然很是欣慰。同时让我意外的，它居然还是一本"新婚贺礼"。在它的环衬上，送礼物的人很郑重地用毛笔写着：

　　××××同志　结婚志禧

　　　　王××潘××吴××敬贺　一九八一年四月

同时还加盖了一枚印章：百花齐放。不知道是刻意如此还是有意搞笑。按照常理推测，王、潘、吴3人当时送的应该是一套书，一共二十多元钱，每个人不到十元，比较符合当时的情况。

现在的年轻人，包括70后，估计都很难理解，30多年前的人们结婚时，居然会有3个人合买一套书作为贺礼这样的事，而且还郑重其事地写上贺词署上姓名。的确，虽然用图书作为礼品送人，曾经是一件很普遍的事，但用作结婚贺礼，还是不多见的。不过相比于那些失常的岁月里人们动辄用红宝书送人，用《辞源》这样的工具书作为贺礼，显然要文雅时尚得多。

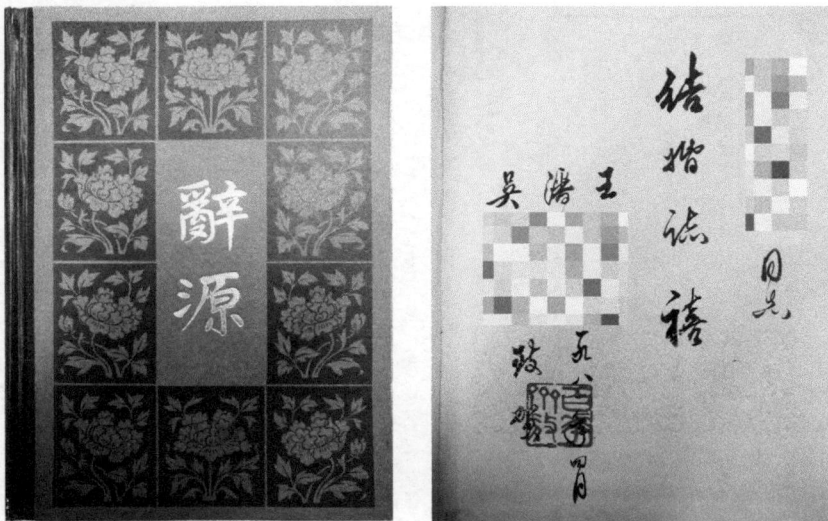

20世纪80年代初，正是文化复兴初始阶段，那个时候一本世界名著，一部工具书，都是很受欢迎的礼品。随着时间的推移，图书出版的繁荣和进步，以及人们越来越物质化，这样的风气渐渐地淡了下去，即便是送，也偏于实用型图书。记得1987年一位同学结婚，其他几个高中时的兄弟合起来送了一份礼，其中就有一本《实用育儿大全》。环衬上也题了词："今日洞房翻锦浪，明朝天使下凡来，公主乎？少爷乎？"当时的谐谑嬉笑，至今仍不时会被提起。

忽然想起我曾经也在一个并不是太熟悉的文化人结婚时，挺被动地送了一份礼：一套印制典雅的函装本《红楼梦》，我当时那种别别扭扭的心情和举动，现在想起来还会感觉到很好笑。

很多年过去了，除了自己的作品集，现在的人们之间还会送书吗？应该不多了。课本和学习资料之外，纸质图书在年轻人中的使用率越来越少，身边的藏书自然也就无从谈起。而在过去的几十年、几百年乃至上千年里，图书曾经是读书人之间一种很拿得出手的礼物，实用而风雅。

是的，风雅。

（2018-12）

散落路面的斯文

中午下班有点迟，骑上车匆匆往回赶。

刚过芜湖路，就发现慢车道地面上散落着一些老式牛皮纸信封，应该是从某个收废品车上飘下来的。继续往前，忽然看见一张有着规规整整毛笔字的纸，再往前，又是一张，不远处似乎还是薄薄的一沓。心里咯噔一下：如此斯文的字，可不能任由自行车电动车和行人碾来踩去。于是掉头，一张一张地捡起，那薄薄一沓居然还连着印有版权页的封底。

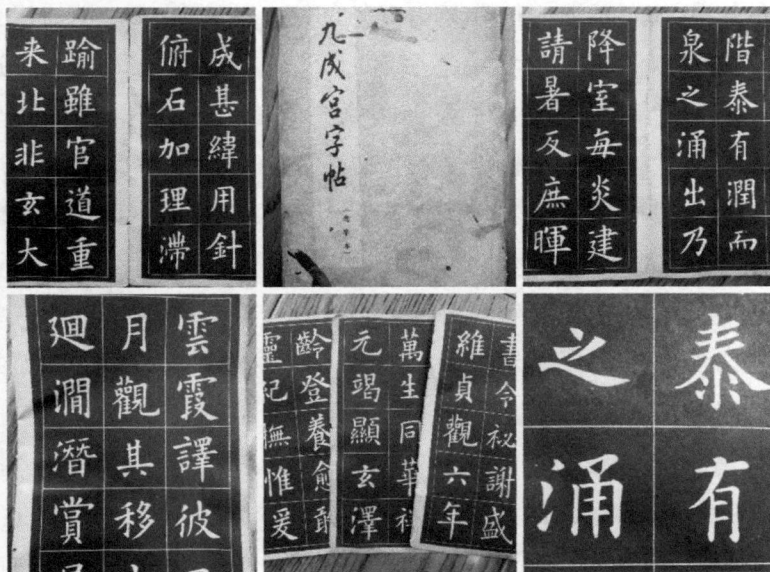

仔细看了下：《九成宫字帖》，唐·欧阳询书，朵云轩1964年7月出版，定价0.22元。也就是说，我手里这些发黄变脆的纸张是55年前出版的一本字帖的一部分。

收好这些字帖散页，便去路边一个熟食店买了菜，午餐凑合一下。骑上车稍稍迟疑后，决定还是再回去一趟，看看有没有遗漏的，或许还可以找到封面，尽管刚才已经很仔细地看了一遍。

别说，还真的在路牙边发现了一张，继续往回，在一览无余的路面找寻，没有。折回头时，发现一个停在路边的送外卖车后有一张纸，走近一看，哈！真是心诚则灵，它就是封面，那一刻有一种奇异的感觉：虽然散落一地，但它们都在啊！

午餐后，取出字帖散页，擦拭去它们上面的浮灰后，开始欣赏这近乎完美的书法作品，心里居然有些激动，看了封二的"简介"："九成宫醴泉铭，唐碑，太宗贞观六年（公元六三二年）立。魏徵撰文，欧阳询书，正楷，楷法温润中见峭劲。兼有隶书笔意，为欧阳询晚年代表作。"我记住了"温润中见峭劲"。

"简介"里还写道："《九成宫字帖》是选字本，采用该碑较早拓本的影印本为底本，精选其中完整的字，重新编排，稍加修描印制，字迹清晰，宜于初学毛笔字者习字临摹。"至于为什么是选字本，另一则"说明"里做了解释：一是"为便于初学者临摹起见，剔除了原碑、帖中残损和过多的重复的字，尽量选取完美的字形"。二是"古代碑帖内容大多存在封建迷信意识，因此，我们选字就不考虑保持原文字句的完整与通顺"。

第一条理由可以理解，而且合情合理，第二条现在看来有些搞笑，但在那个年代，却是再正常不过了。要说可笑的话，后面的一句话的确有些意思："我们印制这类字帖，是供初学者临摹。达到书写上清楚、端正、整齐的目的，在于用来练习字的笔法、技巧的，虽然这些碑帖上的字体，现在已有不少简化，因为都是古人书写的，所以还照原本的繁体印出，但剔除一些现在完全不用的古代异体字。"有些字现在简化了，但古人写的字没办法改，所以还按照原本的繁体字印出了，为什么要这样的解释，估计是因为心有余悸，编辑者的小心翼翼可见一斑。

书法我是外行，小时候家里有些字帖，也随着兄长们写过一些大字小字，后来没有坚持下来，今年写家族往事时，便感觉作为书法世家的后人，不懂得书法的确是个遗憾。今天这本残缺不全的《九成宫字帖》，似乎又一次提醒我应该有所行动，以减轻乃至消除这种遗憾。

我想，或许从它开始，是一个办法。

补记：

随手写的一段文字在微信朋友圈上，没曾想评论还不少。有调侃的："什么东西在你眼里都是宝。""捡到宝啦！"有惊叹的："啊，这都能捡到啊？"有点赞鼓励的："秋风的馈赠。""有心人总有所得！""差点斯文扫地，幸有慧眼善行。""一早起来看见老师随笔，感慨得此善缘全因为是爱书惜书之人啊，正能量满满。"

著名画家、摄影家康诗纬留言："有50多年了，第一次印刷版本，甚好！在我国，垃圾=文物，文物=垃圾。"内行而沉重。

至于类似"红粉送佳人，宝剑赠壮士""真正的好去处！"让我感觉愧不敢担，倒是"字都在找你啊！"让我颇有同感。

"这字真好看！"这样的路遇真是很美好！

（2019-10）

被抛弃的诗集

你也许想了一下，也许想都没想，就决定将这十多本（或许更多）诗集和一些废旧报刊纸壳以及一些你认为没有用的书一起卖给了收废品的。

尽管你急于处理掉它们，但你还记着要撕去写有你名字的那张纸。当年你一本一本将它们买回来的时候，你和当时大多数人一样，会在书的扉页或者环衬上写上自己的名字、购买时间、地点，以示郑重，同时"宣示主权"。

"哼！当年居然那么痴迷诗，读诗背诗写诗，浪费了多少钱多少好时光。"你一边自言自语，一边很不耐烦地快速地翻着撕着，开始的时候你还算仔细，《戴望舒抒情诗》扉页上，名字写在右下角，你将那一角撕了。但是撕着撕着你着急甚至气恼了，半张纸甚至一张纸地撕了起来，《中国现代朦胧诗赏析》，撕！《年轻的思绪——汪国真抒情诗抄》，撕！撕到《英国诗文选译集》（英汉对照，王佐良译）时，你发现你的名字写在扉页上，犹豫了一下，没有将一页纸全部撕了，于是留下了一半书名。你把朱自清的《荷塘月色》也放在诗集一块，估计在你看来，这些散文也就是诗，你顺手一撕，竟然撕出些味道来，仿佛有意为之。

你翻了又翻，确定《歌德抒情诗选》（1981年版，定价0.50元）《尼采诗集》（1986年版）《台湾朦胧诗赏析》（1989年版）以及席慕蓉《无怨的青春》（1986年版）这几本书没有签名，"奇怪，还有没签名的？记忆中那时候买到书以后第一件事就是工工整整签上名字和时间地点的。可能当时有朋友或者家人在旁边，闹哄哄的，不太方便，然后就忘记了。"你自语道。或许因为这，你有些大意了，将几本没有签在扉页或者图书受水有些粘连的书上的签名给漏了，于是我知道了你的名字，并猜测到你的性别和一些经历。

你曾经是一位爱诗的女孩子，20世纪80年代你在合肥或者周边某地生活，1985年3月你在合肥买了一本《诗的技巧》，那时候你应该有十几岁了，不但爱诗而且想写诗。后来你去了北京，在五道口附近上学或者打工，但你依然喜欢诗，1988年10月21日你买了《徐志摩抒情诗》，1990年7月你买了《汪国真抒情诗选》，那时候徐志摩已经火了好一阵子，而汪国真则风头正劲。

那时候的人真有意思，几乎所有的年轻人都会或多或少地喜欢读一些诗，诗集不但买来自己读和收藏，还会作为礼品送人。一本48开的《1992年周历·普希金情诗百首》就是两个朋友作为礼物送给你的弟弟（也是我根据一些线索猜测的），祝福他生日幸福。这本独特的小诗集在当时可算得是很讲究了，除了收录普希金100首情诗，还有"精美珍贵的丽人玉照、诗人手迹、亲笔画及俄罗斯风景画等百余幅"。你一定很喜欢这本小书，甚至爱不释手，于是你或者软磨硬泡，或者用其他东西交换，最终得到了它。当时那份喜悦你还记得吗？你像得到宝贝似的，时常拿给你那些喜欢诗的朋友看，惹得他们一阵羡慕，要知道那时候有些书卖完了就再也买不到了，更何况还是一本有时效性的周历。

你最爱的是抒情诗，说明你的性格小资，向往浪漫的生活，但是一切似乎并不像你想象的那样，你要工作挣钱、结婚生子、养家糊口，一天又一天，一年又一年，你彻底地忘记了这些诗集，你的生活里都是些很现实的东西。直到有一天，你要搬房子或者你感觉拥挤的家里已经容不下这些诗集了，你决定将它们卖给收废品的。

　　或者，你过得很好，物质上可以说应有尽有，各种享受和应酬之余，你刷刷抖音、看看视频，然后开心地抖动着你脸部的赘肉。你不再看书了，更不会读诗了，在你华美的新居里，已经没有一个角落留给这些诗集，于是你随手把它们扔进了废品袋。

　　你会不会有那么一点怅然若失？你有没有一点短暂的迷茫？我不知道你只是抛弃了这些诗集，还是抛弃了诗意的生活，或者你觉得你的生活里压根就没有了诗意，或者是你彻底地忘记了诗意。

　　我在一个有些恍惚的状态下，决定要了这十几本诗集，尽管我已经有其中的几本，而且我也是多年不读诗了，但我被那低得不能再低的价格刺激了，这些被认真讲究地制作出来诗集不能够就这样被糟践了，它们应该有一个好的去处。

　　在我看来，诗歌可以不再痴迷，但诗意的生活什么时候也不能放弃的，如果人生没有一些幻想和浪漫，那真是没有什么意思了。

（2019-11）

一本被撕坏的书

近日痴杜荀鹤诗，网上觅一售价最低的杜诗版本，书价 10 元，运费也是 10 元。为了避免薄书旅途再受伤害，又加购了两本似乎可有可无的书，好在都很便宜，《中国并称名人辞典》作者签赠本，精装，6.00 元；人民文学出版社的《曹操是怎样炼成的》，2.00 元。

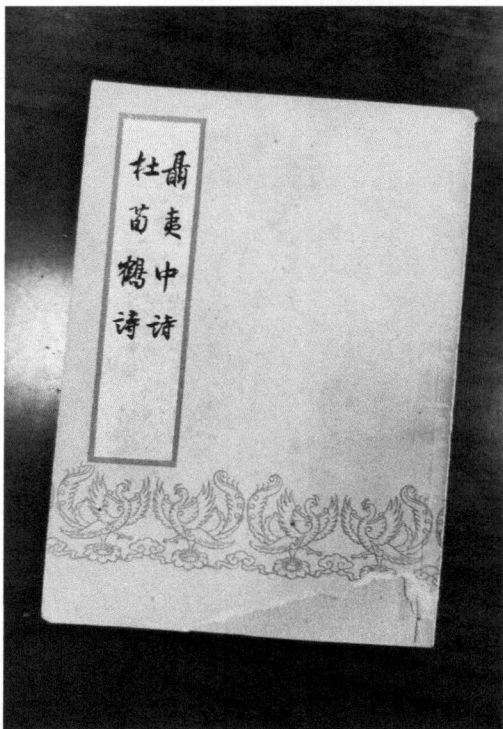

第二天收到书，果然是"破损无封底但不缺页"，竖版，粗纸印刷，有一种很明显的年代感和老旧的味道。破损部分是封面右下角，扉页（背面是版权页）完全撕去，封底也应该是人为撕去的。书的原主人应该是一个细心的人，买书的时候在封面和扉页都签了名写了字的，封底似乎也是如此，当他（当然也可能是他的后代）决定处理掉这本旧书时，他（或他的后代）

又很仔细地消除了他留下的所有印记，于是，一本完整的好书没有了。

在买了书要不要签名钤印这件事上，我也挺没主意的。早年买了书都会很认真地在扉页写上名字和购买日期，有自己的印章后，又时常会盖在书上，但后来买的书多了，加之对书近乎严苛的惜护让我放弃了这个习惯。现在想想，还是应该写个名字或者购买时间地点的，能够再写上三言两语自然更好。如此对于一本书来说，似乎更有些内涵和意味。当然有一个因素很重要，那就是一手好字，对于一本书来说，太难看的字实在是不适宜涂抹上去的。

从一个藏书者的角度来说，我是喜欢那些有原主人一些印记的旧书的，包括从图书馆流出来的书里面完整的藏书章和借书卡，通过它们可以了解这本书流转的轨迹。关于这，有机会可以另写一文，有故事也有趣味。

照例将这本薄薄的书清洁修补后，感觉好了一些，书脊上关键字基本全在，也算难得。让我颇有些意外的是：居然还是杜荀鹤诗全编，与文友从网络上下载的电子版比对了一下，它少了7首诗，只有317首，估计与其版本比较早有关系。

查了一下，这本书是由中华书局上海编辑所编辑，中华书局1959年4月第一版第一次印刷，定价0.38元。中华书局上海编辑所成立于1958年7月，1978年1月改为上海古籍出版社。这样的沿革关系，我也是因为这本书才知道。

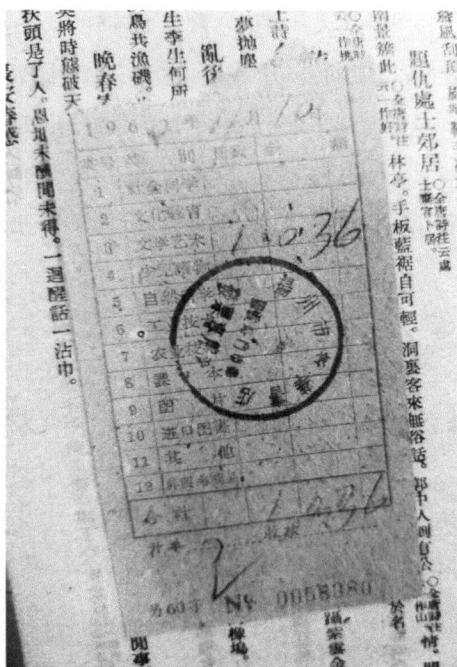

　　这几天一直在看杜荀鹤的诗，今天翻书，居然发现了一张老旧的发票，128开或者更小，纸张似乎比图书还要粗糙暗黑一些，不过上面的文字很清晰，开票日期是1960年11月10日，开票人姓王，印章上的文字是繁体字的"扬州市新华书店XX路门市部"。瞬间觉得自己赚了，冲这60多年前的一张小发票，这二十多元钱也值了。

　　当然，一本老书的价值是多方面的，尤其是其独特的时代印记，纸张、排版、印刷、定价等，无不反映出属于那个年代的一些独特的东西。就文本而言，也可以得到一些重要的依据，比如杜荀鹤诗作的发现与整理进程，版本差异及鉴别等。

　　一本被撕坏的书，便引发出这么些思绪，当年杜荀鹤"卖却屋边三亩地，添成窗下一床书"，又该有多少故事和曲折，说起来没准就是一段传奇。

（2022-05）

附着在图书上的情感

　　很长时间没去周谷堆旧书市场了，也很少在旧书群里下单，原因无非是想刹刹车，许多人都在替我担心：买那么多书往哪里放哦？更深层次的担心则是：买那么多书可能看得完？

　　上上个周五，见旧书群里有我省一位知名画家的画集，大开本精装，一套3本，看上去品相不错，一共50.00元钱，问了一下还没有出手，当即付了款。通常都是网上交易，周谷堆拿书，但第二天阴雨，不想过去，便拖到了今天。

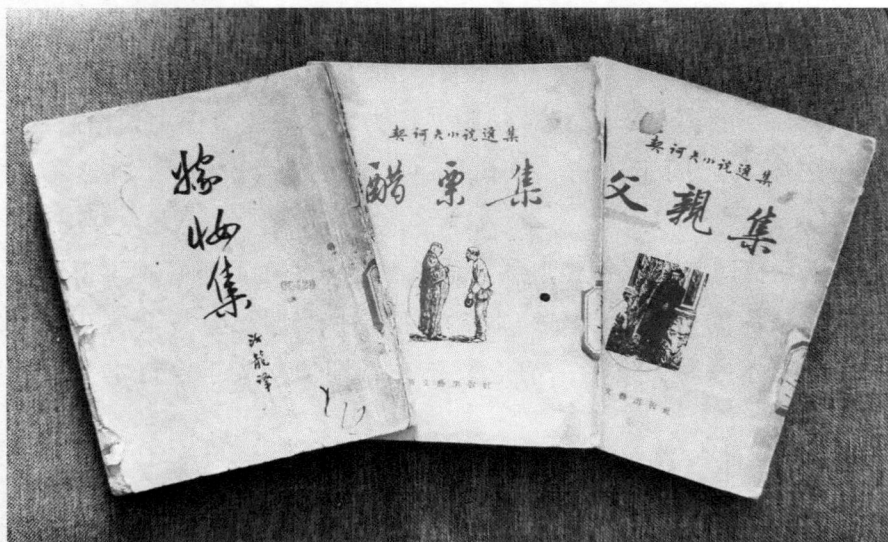

难得天晴了，心情也轻松不少，由于去得迟，到达时已经是人多得走不动路了，估计是春节以后最火的一次。

几个人一起过去的，到达后就散开了。我从第二排开始看，不一会儿就发现几本书，一套《合肥五十年文学作品选》（上下）和《合肥五十年戏剧作品选》，还有一本《刘铭传家族》，前3本家里是有的，其中戏剧选里有我父亲的剧本《背父报国》，后来又找到一本《无为名人》，5本在一起20元，算是还了5元钱的价。

父亲一辈子写了不少作品，剧本大多都上演了，但公开发表的不多，发表渠道少是一方面，父亲不主动或者说不屑于是主要原因，说到底是遭逢厄运的后遗症。这个问题说来话长，暂且打住。

前一段时间在一家旧书店买了一本《安徽文史资料》，里面有我祖父一篇文章，便花了10.00元钱买了回来，大家都说价格不高，很有意义。今天又看到一本，品相也不错，只要2.00元钱，二话不说赶紧付款。祖父留下来的文章本来就少，发出来的几篇还是我父亲后来整理的，尽管家里有样刊和样书，但是见到了还是想买，似乎买的不仅仅是一本书，而是一种念想和慰藉。

继续往前，发现几本契诃夫作品集，一看就是20世纪50年代的，翻了翻，果然如此，《嫁妆集》是1950年版（1952年印刷），《父亲集》《醋栗集》是1957年版，均为繁体竖版，图书馆出来的，品相还凑合，问了价格，3本书一共10.00元钱也卖，自然不会放过。

汝龙翻译版，属于经典款，这么些年来见过的单行本不下四五种，印象深的是1982年那一版，很精致，当时感觉一套要花不少钱，只买了一种，之后一直念念不忘，即便是买了合订本，依然如此。

现在的书总体趋势越来越大、越来越厚，像汝龙版契科夫作品集这样的"小书"便愈发显得舒服、可亲。

直起身，发现旧书只集中在第二第三排，似乎比以前要少，不少书商已经习惯在网上卖书，不愿来摆摊了，当然网上卖书也有它的问题，没有摆摊这么便捷。作为淘书者，自然希望书摊越多越好，不会多想书商们的感受，这是差别，也是现实。

微信联系，又问了同去的文友，找到了丁老板，对上号后，递过来一个拎袋，随口说了声："还是签名本呢"。只随便看了一眼，品相果然还行，也挺沉的，制作得很讲究。

回到家，擦拭之后，翻看了一下，三本画册不但都是签名本，而且还是好几年间连续签名赠送本，真是难得。稍微查了一下，对于受赠者以及画家和他之间关系有了个大概了解。画册保存得也很好，得空细细翻阅。不过心里总有点那个，总是想着一个词：辜负。

我们在这个世界上，除了人与人之间的感情，与一些物件比如图书也会有感情的，更何况是朋友、熟人、相识者的书，附着其上的感情，真是不能也不应该如此随意地辜负了。

（2022-02）

71

几本"文物书"

错失一本书，当我在一个旧书群里发现它的时候，他已经被别人要去了。当时我并没有太大的遗憾，但当我稍稍研究了一下之后，我发现这是一本极具版本价值的书。

书名很有时代特色：《九颗红心向祖国》，作家出版社1965年出版，全书内容实际上是一篇长篇通讯，讲述的是1964年4月发生的一件震惊中外的事件，巴西政变当局以莫须有的罪名逮捕和迫害9名中国贸易和新闻工作者，这9位勇士经过长时间的抗争以及中国政府和世界上许多团体和个人的支持和努力，最终于一年之后回到祖国。

我在群里看到这本书时并不了解这个历史事件，我一眼看上的是图书扉页上的赠词："这本书是杜昂同志送我看的，我看了以后，受到极大教育和鼓舞，现转送给明湘、紫仙同志阅。信传一九六五年十月二十七日于鞍山"。随后我又在书的封面右下角发现了杜昂的签名。

杜昂是谁？信传是谁？明湘和紫仙又是谁？他们是一对年轻夫妻吗？凭直觉和网络上些许信息，杜昂应该是一位领导，信传也是领导，但比杜昂位置要低一些。当然，他们是谁不是特别重要，重要的是这本书的流传过程：杜昂买了这本书，看完之后送给了信传，信传看完之后，又把这本书送给了明湘和紫仙两个人。这样的传递，对于一本书来说，真是很有意义，有些类似现在比较时尚的漂流书。

很多年前就听说过一种说法：苏联有规定，超过50年的图书就可以认定为文物。不过对于当代中国来说，50年前出版的图书还真不算多，而且随着时间的推移，将会越来越少。

最近，无意中购得几本"文物书"，论年代均超过上一本书。

《列宁的童年》，连同扉页、目录和后面的版权页一共58页，很薄的一本。人民出版社1951年3月北京初版，它是根据新华书店东北总分店1947年11月版重印，距今68年了。竖版，繁体字，四位数的书号，颇为夸张的1900元定价（自然是旧币），都让人有一种久远的感觉。这样的书，对于我来说，更多的是版本意义。

吴晗先生的《读史劄记》纯属网购凑单，到手之后感觉品相一般，翻看版权页才发现是三联书店1956年2月一版一印，印数5000本，定价1.48元，想着那一年出生的兄长都已经退休了，忽的感觉应该珍惜它，历尽风雨，劫后余生，60多年来它绝对不容易。

吴晗先生在后记中写道："多年来喜欢读历史，类集了很多史料。读的书很杂，注意的问题也很多，一个专题的史料积累到可以提出问题了，再进一步有系统地读有关的书，发掘更多的史料。"简单的几句话，实际上是给做研究的人指出一个途径，即读书和提出问题很重要。

还有一套书其实出版社没有到50年，但从某种意义上，它更具备"文物书"的特质：具有历史价值。

据资料介绍，20世纪上半期，美国三位著名史学家联合写作了《世界史》，从文明演进的角度来论述人类过去的历史，在美国风行一时，历经修订。我国于1946、1948年两次翻译此书。1975年1月，三联书店又出版了此书，版权页注明的翻译者是中央民族学院研究室。

当我拿到这样一套3本的《世界史》时，一方面为它的版式、字号之大气，黑白、彩色插图之多而惊奇，同时1975年这样的时间节点和翻译者让我有不小的疑惑，首先，"文革"期间，一个大学的研究室居然还敢组织一些人翻译美国人写的《世界史》，而且还是在三联书店这样的名社出版，第二在我印象中冰心老人与中央民族学院似乎有关系，是不是老作家学者的奉命之作。查了一下，果然如此，翻译者有冰心、吴文藻、费孝通等。这可就有意思了，多位大家名家居然联手翻译这么一本书，按照现在的思维逻辑，简直是匪夷所思，而在那样一个年代，没准还算是一种政治待遇，感恩戴德呢。

书还没有看，序言翻过了，有比较公正客观的部分，也有一些很有趣的语言，甚至可以说奇葩，抄录几段，也算得奇文共欣赏。

——由于作者站在资产阶级立场上，用唯心主义历史观来研究历史的，所以，不可能如实地反映历史的本来面目，更不可能正确地反映人类历史的发展规律。

——几千年的文明史，就是阶级斗争的历史。

——同其他资产阶级史学著作一样，本书从头至尾贯穿着"英雄创造历史"的反动观点。作者竭力为反动统治者、资产阶级代表人物歌功颂德，根本抹杀人民群众创造历史的伟大作用。

——本书对于中国历史的叙述，也同样暴露了作者的反动立场。书中对中华民族在世界历史上的巨大贡献轻描淡写，对我国劳动人民推动历史前进的伟大作用视而不见。在介绍孔丘的时候，作者虽然承认他的思想是"保守"的，却偏偏要向他献上一顶"伟大的中国哲人"的桂冠，把这个反对社会变革、顽固地维护奴隶制的思想家吹捧为"政治改革家"，在书中散布了他的反动说教。

——作者也提到了秦始皇统一中国的历史作用，却又攻击他采取的"焚书坑儒"的进步措施。

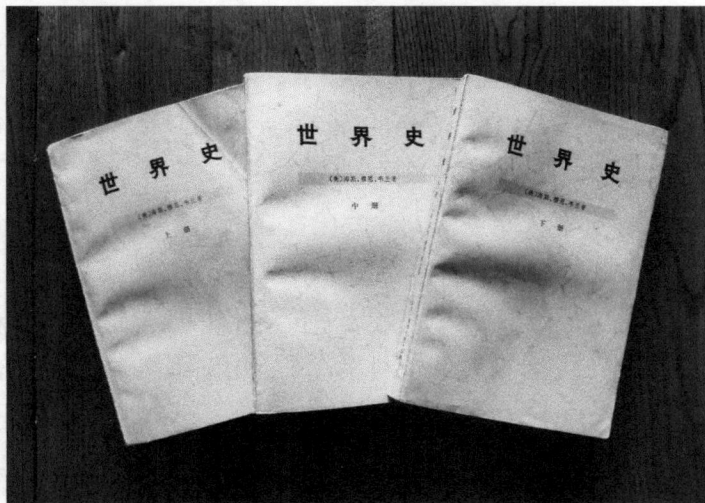

浓厚的时代特色，虽然很是怪诞可笑，却是一段真实的存在。

（2019-11）

签名书收藏随缘就好

我收集了不少名家签名书，这些书基本上都是我当面请他们签的，其中有些是因为对作品的喜爱，有些则是对于作者感兴趣，有些，则完全是感觉既然遇上了，还是签一本吧。请别人代为找名家签名的很少，专门去书店或者网店购买签名书则更少。不过偶尔打开一本新买的书，发现居然有作者的签名，那一瞬间的感觉的确有些奇妙。

不过什么事情都有例外的时候，比如有一段时间，遇到一本价格不是太高的签名书，也会顺手买回来。当然这些签名书的作者往往都没有太大的名声，或者比较小众。

《趁年轻，折腾吧》（袁岳写给在青春的十字路口徘徊的你）上海财经大学出版社 2013 年 1 月出版。作者本人似乎就是一位很能折腾的人，据说"是一位商人，更是一位学者。他学贯中西，精通社会学、管理学、法学等多个学科"，出过几十本书。平心而论，书名有些道理，封面上几句话也有些道理：

——年轻的时候两样东西很重要，第一要折腾，第二要脸皮厚

——年轻人最大的迷失是什么？是没有意识到你可以为梦想去折腾。

　　——不为梦想行动的人，空有一个年轻的身体，却没有年轻人的灵魂。

　　至于书内容怎么样，暂时没有看，没办法说。

　　《80年代中国新诗创作年度概评》，作者朱先树，长江文艺出版社1993年8月出版，印数2200，在当时绝对是太少了。查了一下，朱先树先生是著名诗歌评论家，1940年出生，四川省富顺县人，1965年大学毕业分配在中央文化部艺术局工作，1972年调商务印书馆当编辑，1978年调中国作家协会《诗刊》社工作，担任过编审、编辑室主任等职务。由于在《诗刊》社工作，对于全国诗歌创作的总体情况的了解应该比其他人要全面一些，每年一篇总结性文字因此有了很好的基础。翻看这本书，读着那些熟悉的诗句，心里有一种久违的悸动，我知道，那是属于青春的记忆，在刺痛我的神经。

　　这本书是朱先树1994年10月签送给曹子西的，曹子西当时应该是北京市某文化部门的官员，后来任《北京通史》的主编，他们之间有交集也是情理之中的事。

我在买《行走的中国》这本书时，并不知道这本书的内容是什么，甚至想当然地以为它或许是一本游记类的作品。当然我更不知道张胜友是谁，尽管感觉这个名字有点耳熟。当我打开这本书，我才发现，作者是一位何等了得的人物。

这本书2009年6月出版后，张胜友就签名送给一位叫魏斌的先生，而据我猜测，他极有可能就是央视著名导演，纪录片频道总监魏斌。

买《丹青十字架——韩美林传》理由无非两点：它是韩美林传记，而韩美林曾经很长时间在安徽；它有李存葆的签名，虽然我不能确定李存葆是不是写《高山下花环》的那位，本书是不是他的作品。书买回来了，封面上的作者是茅山、光明著，人民文学出版社2002年1月出版，扉页上则有李存葆王光明的签名。查了一下，茅山还真是李存葆的笔名，王光明是山东作家，他们两人合作的作品不止这一部，报告文学《沂蒙九章》影响很大。这本书是送给"牟云女士"的，如果没有猜错的话，她极有可能是总政歌舞团的一级演员牟云，他们都是山东老乡。

写到这儿，我发现有个问题：为什么这些受赠者会把这些书丢弃了？是这类书的确太多，还是这签名书本身有问题。这其实也是我为什么不愿意从网上购买名家签名书的原因所在：利益之下，必然假冒充斥，这几本书价格基本平和，那些动辄好几十、一两百甚至更多的签名本，还真不是买不起，而是不敢买。

说白了，签名书首先是书，是要看的，升值这块不要太奢望，是否有人会买，是否有人相信，都是问题，因此，不必太当真，遇着了，签一本，遇不上，也不失落，随缘就好。

（2019-11）

签名、印章及其他……

所谓签名书，现在似乎仅限于作家（作者）签名的书，约定俗成，也没什么不可以。其实即便是作家（作者）签名，也有签赠和签售的区别，近期有幸收到老作家温跃渊老师的小说集《临河小镇》，作家金萍老师的新作《我的村庄我的国》，作家黄圣凤老师的新作《韦素园传》，作家许诺晨的新作《逆行天使》，都属于签赠图书，这些书让我感觉亲切，也会抽出时间认真拜读，同时也真诚地祝贺他们！

有的作家（作者）签赠和签售时也会盖上自己的印章，还见过只盖印章不签字的，基本上都是有特殊原因的，这么些年来，遇到的也就三五次，这里就不细说了。

还有一类签名是购买者签名，构成元素大多是姓名+日期，有的还会写上购买地点，我有一本《"呐喊"分析》（许钦文著，中国青年出版社1957年第2次印刷）就是如此，购买者喻凯，购买时间是1957年1月，购买地点是"淮矿"，估计应该是淮南。

买书送人过去比较流行，平时送，分别时送，结婚时也会送。关于这，我的《一本作为礼物的书》《几本"文物书"》里就写到过这种书。

还有人买到书不写自己的名字，只盖一个藏书章，才买到的《劳动在从猿到人转变过程中的作用》（恩格斯著，人民出版社1953

年1月上海重印12版）就是这样，至于印章里这位"白杨"是不是那位大明星白杨？还是重名？我估计是重名，毕竟叫白杨的人目前全国有16000多人。

单位，尤其是图书馆（室）采购回来书以后，都会在书上盖几个章，贴上标签卡袋，同样是才买的《汉文学史纲要》（鲁迅著，人民文学出版社1963年第2次印刷）就是在封面和扉页盖上学校图书馆的印章，其中藏书的"藏"字居然用的是不太规范的简体字，印象中现在合肥好像没有"合肥化学工业学校"，上网查了一下：合肥化学工业学校，1958年始建于合肥，"文革"前曾部分迁于蚌埠市，1974年，在原安庆石化总厂会战指挥部旧址上恢复办学，更名为安徽化工学校。这本书估计是在学校迁出合肥时留下来的，一晃，五十多年过去了。

想想看，一个人刚把书买回来的时候，认认真真写上自己名字时，是多么的郑重其事，绝对不会想到有一天会把它们丢弃了。多少年后的一天，当他（或者他的孩子们）真的要将它们如垃圾一般卖给收废品的时候，他或者他的孩子们心里会不会有那么一丝不忍？我想应该没有，因为在他们眼里。这些书陈旧过时了，没有什么价值。细心一点的，会将他的名字涂抹掉或者如我收藏的《马克思主义与民族、殖民地问题》（斯大林著，人民出版社1954年6月第3次印刷）这本书一样，扉页被简单粗暴地撕去，留下一道刺目的伤痕。

实际上，图书作为一种文化的载体，应该为这个社会所共有，任何人都不可能长久地占有它，达观一些，善待它们，让它们发挥最大的作用，是每一个人应有的心态。

（2020-07）

买书的理由

　　元旦那天，浏览一个颇具规模的特价书网站，发现它特价后"每满99减40"的活动力度挺大，便下了一单，20本，原价626.90元，实付133.60元，2折多一点。

　　5日书到了，因为忙乱一天，只在晚上匆匆拆开看了一下，用毛巾和纸巾将它们擦拭一番后，便睡了。今天上午无事，外面又冷，便躲在暖房里将这些书逐一整理登记好后，又全部翻看了一遍。

　　去年底再次见到著名军旅作家徐贵祥，几次接触后，有了一些直观的了解。但他的作品没有读过多少，所以近期准备从手头现有的几本书看起，其获得茅奖的长篇小说《历史的天空》自然是第一选择。尽管家里已有《历史的天空》精装本，但看到一本它的平装本，还是决定买下。我的理由是：平装本更易翻阅，况且精装本在另外一处，这本放在身边，不耽误阅读。我

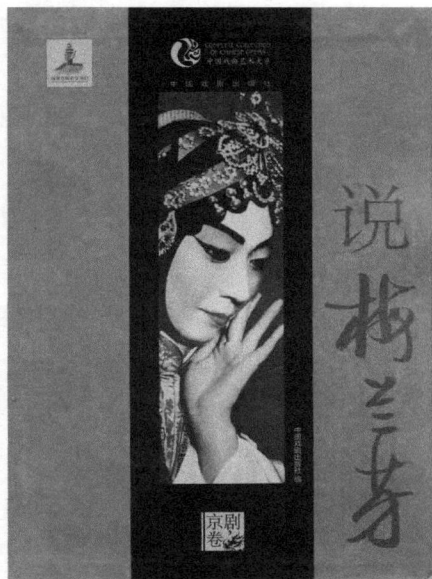

想，如果以后再遇到《历史的天空》的其他版本，只要价格合适，没准还是会买的，理由已经想好，暂且不说。

知道黄晓阳是因为《二号首长》，后来又低价收了他的《爱情万岁》，这次看到《高参》，自然也不会放过，封面有一句话："参的是人心，谋的是大事"，还有一句"畅销作家黄晓阳历时三年亲笔之作"，且不说是否通顺，单这"亲笔之作"就颇有意味，因为黄晓阳有个工作室，出品作品颇多，显然不可能都是他的"亲笔之作"，至于是不是都署他的大名，就不清楚了。

好几年前，有文友向我推荐过一本旅英女作家虹影的作品，感觉有些灰暗搞怪，这次看到她的长篇小说《阿难》，只要3元多，便买了，找个时间再感受一下。

买长江文艺版《查泰莱夫人的情人》的原因有两个，一是看一下这个版本有无特色，二是看一下这套书质量如何，总体价格很低（这本书4.30元），是否值得下手。劳伦斯的这部作品一直颇受争议，但一直销得很好。

我收集了不少的烟盒，因此看到《烟盒》这本书自然不会放过，想着一定是一本烟盒图集，翻看之后才知道它是一本有关烟盒的回忆性文字，属于"穿过童年"系列书的一种。文字似乎一般，烟盒（准确说是烟标）只是背景和底图。

刚刚跨入2019年，买一本《1979：中国故事》理由就不用多说，况且这样具备史料价值的书没准什么时候就能用得上。

唐师曾是一个了不起的传奇人物，以前买过他的《我在美国当农民》，这次是《我钻进了金字塔》，他的书图文并茂，好看。

唐弢是一位文化大家，尤其在鲁迅研究和藏书方面成就卓著。《唐弢画传》是为纪念他100周年诞辰而作，翻看之后，对唐弢先生更多一些了解。

英国作家王尔德是一位另类人物，至于他到底是怎样的一个人，他做了什么，经历了什么，一直不是很清楚，一本《凋谢的百合——王尔德画像》是否可以说清楚这些，看过之后就会知道，书不厚，图片蛮多，读起来应该不费劲。

这些年陆续低价收集过一些中国戏剧出版社的"中国戏剧艺术大系"里的书，软精装，做得不错，《说杨小楼》《英秀堂谭——谭门七代画传》《粉墨春秋——盖叫天口述历史》《说马连良》《说侯喜瑞》《说王瑶卿》《说谭鑫培》《周信芳传》等，闲时翻翻，很有些意思，但是一直没有买到有关梅兰芳的，原价太高。这回只要26.50元，当然就买下了。说来也是，没有梅老板，怎么着也不像回事啊。

我装修房子一向只凭自己的感觉，有点野路子，现在没房子可装了，倒想起来买几本装修的书看看，当然原因还是价格便宜（3.80元），为优惠凑数。别说，翻看之后，感觉还真不少。有共鸣（英雄所见略同，呵呵），有启发（还是孤陋寡闻了，呵呵），有懊悔（这是肯定会有的，呵呵）。以后如果有机会，事先一定要多看多听，免得花了钱还不出彩，自己心里别扭。

咱们合肥现在也有地铁了，据说六号线马上又要开工。不过我第一次乘坐地铁是在北京，一本《乘着地铁游北京》做得真不错，小开本，大容量，实惠实用，尽管出版时间久了点，很多内容也旧了，但留一本做资料还是不错的。我想，等到咱们合肥地铁有了七八条线路了，也可以做一本《乘着地铁游合肥》的。

说到这儿，大家看出来没有，但凡想花钱买书，理由多了去了，而且听起来是不是还很有道理。

（2019-01）

买书有时也讲个缘分

最近因为网上淘书，持续处于一种纠结状态，关于这件事，我会有一个比较长的文字，题目想好了：《我的认识》，那种反思检讨类的东西。

虽然密集打款收书，但是不太愿意多发微信朋友圈，一是因为这样的文字小众，没多少人看。最主要的还是心里有点虚：这样买买买的，是否值得拿出来说。

但是今天收到的2件书有点特别，加之年前网点和快递陆续关了停了，下不了单花不了钱自然也就买不了书，心里的压力随之小了一些，于是又有心思琢磨说道一通了。

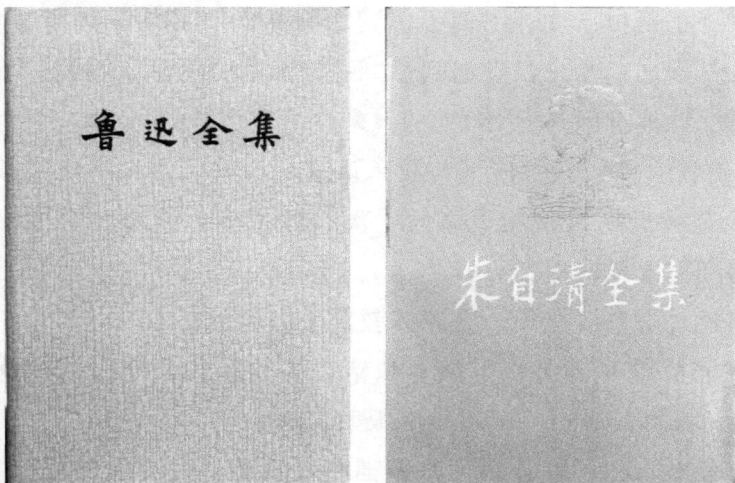

先说第一件书，一个半大的纸箱，用胶带严严实实地裹得像粽子一样，下午邮局工作人员送过来的时候多少有些抱怨：是书吧？

凭经验，这种包装看似严实，实际上禁不住周转时的抛摔的，辽宁盘锦，少说要转运三四回的。打开一看，果然是的，大半精装书书脊和书角磕碰。照说网购书磕边碰角是普遍现象，对此早有了有心理准备，但这批书有些特别，25年前的《鲁迅全集》精装本，居然几乎全品，正常陈列时应该有的灰尘、斑点都没有，不能说不是个奇迹。据我判断这些书应该一直处于包装或者密藏状态。那么为什么现在会出现在旧书书商的铺子里？而且只有16卷中的7本，真是个谜。

虽然我已经有了几种版本和特色的《鲁迅全集》，但一直有一个愿望：收集一套1981年版的16卷精装本《鲁迅全集》，以弥补当年的遗憾。第一版第一次印刷已经可遇不可求，我只希望能用各种印次的凑一套，并由易到难收集了10—16卷。这次能够一次性收到3—9卷，并且是如此好的品相，真是太难得了。

关于这7本书，我注意到一个有趣的细节：网店书商1月23日上书，我第二天1月24日下单，可谓无缝对接。冥冥之中真的会有一种东西在暗示和帮助我吗？

或许正是由于此，书商不但同意抹去20元零头，还承诺包邮，这样的好事之前从来没有遇到过。更让人称奇的是，当我"得寸进尺"试探性地询问一套150元的《朱自清全集》（平装本）是否可以100元给我，他居然答应了！我承认这是我最愉快的一次付款，虽然它也是我近期付款额最高的一次。那位笑：没准人家也很开心呢，遇到你这样贪便宜的书迷。

这套《朱自清全集》是江苏教育出版社1988年1月启动，1993年最终完成的一套书，平装本和精装本的印数是二比一，总数在6000至15000本之间，1996年出版第二版。

馆藏书，除了书脊因为日照褪色，品相良好，能够低价获得，自然开心。虽然我们的日子一去不复返了，但只要我们内心里的那份热爱还在，便觉得人生不是那么让人悲凉。

傍晚取到的第二件书是很小的一个包，里面有薄薄的4本书，一本出版于1982年的《双桅船》，另外3本是1955年出版的《胡风文艺思想批判论文汇集》（一）（三）（四）。

舒婷的诗集《双桅船》是我当年苦苦寻觅而始终没能购得的书，30多年后还会下单购买它，不仅仅是了一个心愿，更是对青葱岁月的一种回味和纪念。

胡风与胡风事件，我了解得不多，尽管陆陆续续买一些相关的图书，但是一直没有走近它们。这3本书是这些图书里距离那段历史最近的，能够给我们一些比较直观的东西。据了解这套《胡风文艺思想批判论文汇集》一共有6本，均由作家出版社出版。在每本书的卷首，都有一篇由重量级文化大家撰写的批判文字，其他作者现在看来也大多是大家名家，有些人后来的经历也很不幸。

在其中一本书的扉页，居然还夹着一张当年的购书发票，时间是1955年7月13日，60多年之后，它已薄如蝉翼。

（2019-01）

有书的日子

生活不可能总是阳光灿烂的，阴郁的日子里，需要光亮，需要温暖，更需要心灵的安慰。关于这一点，每个人的感受和获取途径或许不一样，但获得时的感受应该大致相同。在我看来，有书的日子就不会太差。

前一段时间，一个突如其来的遭遇，可谓凶险，幸亏有来自各方的助力支撑，让我得以坚持和平静，并最终重归平和的日子。这其中有一种力量，就是来自各位老师和文友的赠书，由它们传递过来的某种气息，是一种慰藉，更是一种强有力的暗示。

去年春天，一本《茶经新解》让我对于茶叶的前世今生、个中奥秘有所了解，也让我结识了它的作者——青年才俊杨多杰。一年来我们时常在微信里彼此关注和鼓励。《茶经新解》面世以来，广受欢迎，有着不俗的销量。今年一月，杨多杰的新著《茶经新读》出版，二月下旬，他给我微信说要送一本新著的毛边书给我，让我很是感慨，一面之交，竟然还能记着我这点小癖好，让人感动！

淮北作家姚中华肩负重任，却始终保持一股文人的气质，很难得。印象中姚中华的文学创作偏于散文，此次获赠的他的新作竟然是一本古代名人传记《桓谭传》，不由得让我对他刮目相看。

桓谭，东汉哲学家、经学家、琴师、天文学家。字君山，沛国相（今安徽省淮北市相山区）人。为这样一位先贤作传，需要勇气，更需要大量耐心细致的工作，很辛苦，很不容易！

如果一定要我说我心目中的"天书"，无疑就是甲骨文。3月初，江世龙先生委托文友给了我一本他的新著《甲骨文释读》，说是"新著"，其实已经做了三十多年，三年前成稿后，反反复复一共10稿，不简单。

虽说这本《甲骨文释读》是一本科普读物，但读起来可不会轻松，我准备把它放在手边，偶尔随手翻翻，没准什么时候忽然就来了兴趣，一口气便看完了。

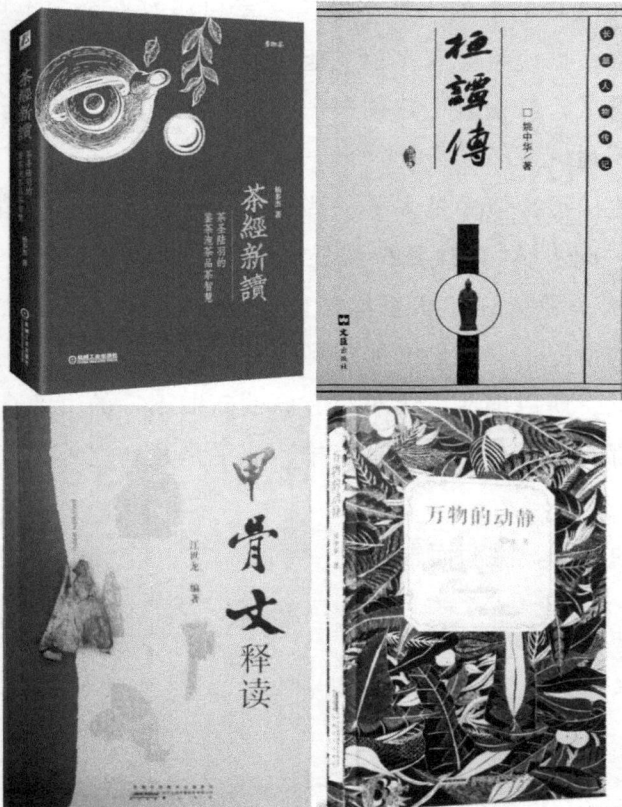

前几天参加一个挺隆重的新书首发式，得到一本印制颇为讲究的诗集《万物的动静》，作者是这几年风头正劲的本土诗人吴少东。我年轻时痴迷诗歌，买了许多诗集，但似乎也只是喜欢，不曾写出

一两首像样的诗。与诗歌疏离多年之后，时常有机会再读一些名家文友的诗，让时间慢下来，让心静下来，感觉真是不错。

少东兄在后记里说："写心，写自己，写生存的状态与环境，写热爱与悲悯。"循着这个目标走下去，自然会写出好作品来。

《上庄的女儿》的作者胡跃华是一位有故事的传奇女子，生于徽州，做过记者，还曾经卧底做了7天的毒贩。这样的人写书，一定很有看头。按照文化大家郭因的话来说，是"篇篇可看，篇篇该看。

今天（13日）下午，新华书店三孝口店有一个《上庄的女儿》新书分享会，据说将会有多位文化大咖出席。一大早起来，寻思着赶紧把书看了，好去赶个热闹——客串一把主持，感受分享与解析的氛围和福利。

有书的日子，似乎是多了一些事情，还会分散一些精力，但恰恰是这些"闲事"，能让我持续处于紧张的神经得以稍许舒缓，或者是让我从一种持续的状态里稍微脱离一会儿，当我处于一种空虚、无感的情况下，它们又能起到一种充实、慰藉的作用，因为对图书有感觉，所以那些大大小小、厚薄新旧不一的书才会对我有作用，一切都有前因，一切都是安排，似乎是意料之外，其实都是冥冥之中。

有书的日子，滋润而自然。

（2019-04）

是我的财富，也是我的底气

几天没去办公室，一下子收到几包书，很开心！平淡清冷的冬日，它们给我带来一些暖意和快乐。

从北京寄过来的是徐迅先生的散文年编：《雪原无边》《皖河散记》《鲜亮的雨》《秋山响水》。精装4本，讲究雅致，内容自然更好，从1985年到2017年，30多年间近350篇（组）散文作品，许多作品入选各种选本文集，最多一篇达到80次。可见其作品影响力之大。

徐迅先生在自序里所说的"散文终是有一种精神的""好的散文一定有好的语言""好的散文应该也有一团气"，都值得我好好地琢磨和思考，训练不够，功底太差，随意而为，没有章法，缺乏定力，是不能够写出好散文的。

最近将会集中精力拜读徐迅先生的大作，系统学习这位从潜山走到北京的皖籍名家的精品佳作。我想，用心去阅读感悟，会让我从中收获得更多一些。

　　表哥霍建明长期工作生活在潜山，业余时间喜欢摄影和写作，今年他终于整理出版了个人作品集《忘归集》。年中时，按照表姐（建明表哥的姐姐）的要求，读了此书电子版后，写了一篇读后感，也被印在书上。在这篇文字里，我写到"没有什么东西能比内心的满足更好"。而做自己喜欢做的事情，持之以恒，乐此不疲，内心一定是满足的。

　　淮南文友钱琨馈赠的几本作品里，有两本是推理小说，我已经很久没有看过推理小说，《寻找亚特兰蒂斯》《猫语者》这两本应该会唤起我这方面的阅读记忆。当然这种记忆里，一定会有那本时常被一帮文友提及的《杀人有理》（李国彬小说集）。

　　在我看来，《100个词串起世界史》更像是一本教科书，开卷有益，不妨学习一番。

　　平生爱看书更爱藏书，名家名作之外，偏爱皖籍作家作品。今年特殊，收到文友的赠书不算多，这两天整理了一下，准备将它们放进我的"皖籍作家专架"。

　　想了一下，我的皖籍作家作品大致有三个来源：

　　一是作家、学者馈赠的，这个大概要占一半的比例，因为在书店工作，做了不少活动，同时又因为自己也写作，结识了不少作家朋友，所以时常会得到一些作家和学者的赠书。这些书的大部分会有签名，因此也都是签名书。

　　二是因为工作和活动，出版社的样书，这部分占的比例不算太大，因为有些样书不是我感兴趣的，一般就丢在书店了。活动用书也大多会有作家、学者的签名，有些名家的签名很难得的。

　　三是购买，实际上我的皖籍作家作品中有很大一部分是我一本一本淘回来的，之所以用"淘"字，是因为皖籍作家的作品除了一小部分是原价购买的新书，大部分都是书店优惠时购买，或者从网上淘来的折扣书，还有一部分是从旧书店、旧书网找到的。一般情况下，皖籍作家的作品，只要价格合适，我都是照单全收的，所以这方面的购书量也不小。近两年我开始收集皖籍名家的文集和精品集，以及一部分名家的全部作品，旧书网无疑是我获取图书的主要渠道。

至于我收集的皖籍作家、学者作品的目的或者说作用，至少也有三点：

第一自然是学习，皖籍作家、学者大多认识，平常的交往和了解加上作品的阅读，其收获自然会更多更大一些，即便是一些未曾谋面的作家，也会因为共同生活在一个大环境中，进入会快一些，没准还会遇见一些熟悉的场景和人物，感悟自然也就有了。

第二则是对于皖籍作家包括学者的作品多一些了解。因为长期从事图书有关的职业，所以了解本省作家作品的出版发行动态，也是我对自己的要求。而作为一个写作者，可以从对这些作品的写作、出版的分析和了解，得出一些自己的判断，汲取一些经验和教训。

第三，我把皖籍作家作品的收藏作为我图书收藏的一个特色和方向。因为各种原因，安徽（特别是合肥）作家作品收藏极有可能是藏书界的一个盲区，但别人可以无视，我们必须重视。我的基本想法是：名家作品尽量收齐，尤其是他们早期作品集；有一定影响力的作品尽量收齐；熟悉的作家作品尽量收齐。

我想，经过一些年的积攒，皖籍作家作品收藏逐渐达到一定规模的时候，其作为我藏书的一个重要特点会逐步凸显。

如今，我收藏的皖籍作家、学者的作品至少已经装满3个大书架，每每面对它们，或者把才收集到的新品种放进书架里的时候，或者抽出它们中的一本翻阅的时候，我会感受到一种踏实感和一些暖意。我想，于我而言，它们不仅仅是一本本新一点旧一点、薄一点厚一点的图书，也不仅仅是一种数量上的增加和积累，因为在我心里，有一种感受越来越清晰：它们是我的财富，也是我的底气。

（2020-12）

关于乱买书

早晨起来，感觉有些轻度沮丧懊悔。

于是整理书，让自己逐步放松下来。

今年7月是生活·读书·新知三联书店九十周店店庆，昨天收到7本三联书店的书，也算得是种巧合。

10年前的2012年，为纪念80周年店庆，三联书店策划出版了《三联经典文库》，并于6月出版了第一辑100种。2014年元月又出版了第二辑100种。

据资料介绍，《三联经典文库》集中收录了三联书店及其前身出版机构于1932年至1951年间出版的代表性出版物，内容涉及政治、经济、社会、军事、思想文化诸领域，涵盖专著、文集、散文、小说、诗歌、传记、报道等体裁，具有重要的史料价值和珍贵的版本价值。

去年夏天淘书时买了几本第一辑里的书，实在是太精致了，爱不释手。前几天在网店买一本精装本《杨振宁传》，顺便在店家"转转"，发现了多种《三联经典文库》第二辑里的书，忍不住挑了6种，都是与鲁迅先生有关的。

第二辑是豆沙色调，到手的品相不是很好，有些脏旧和褪色，但挺括精致依然如故。

爱买书的人，会有各种理由，精致好看也是一个原因。虽然说这个理由是最站不住脚的，既违背了图书的功能，也与书是用来读的这个基本原则相悖。但有人就是喜欢，而且不止一次地花钱购买，因为是个人的事，别人似乎也没有必要操心烦神。

当然，如果买来的书，不但喜欢它的装帧设计，而且还会翻开来看一看，那么就应该是另一种境界了。在我看来，仅仅因为喜欢书的外表就把书买回来放着的人，应该不多，不懂书不爱书而买书，只会是乱花钱，没什么意思。

还有一个版本问题。经常读书的人，才会注意到图书的版本，并逐渐学会分辨不同版本的差异。装帧设计只是版本价值的一部分，同时一些收藏界的标准也适用于图书收藏，包括版本的价值依据。

因此，爱买好看的书，应该属于读书人的雅好，虽然买多少书与有多少学问没有多大关系。但这样的人如果持续保持这种爱好，就很有可能成为一个藏书家。

像我这样一个时常乱买书的人，没有什么大目标，更谈不上什么前途。当然，我也在尝试着让自己藏书的爱好有一些改变和提高，比如某位作者或者某个主题图书的收藏和研究，尽力让自己的藏书有一些更多价值、意义和特色。我明白，要做到这些，需要我的用心和努力，同时也取决于我的积累和悟性，因此能做到哪一步，还真是不好说。

不过，我倒是总记着母亲以前时常安慰我的一句话：买书总比不买书要好一些。呵呵，没办法，总得给自己留条退路和一点安慰不是，何况满屋的藏书能让我逐步放松下来，日子平静而舒缓，也挺好。

（2022-07）

酒后不误买好书

最近买了一些书，一次是在旧书群里订的，一次是在实体书店，都是旧书，都是在酒后。近来喝酒的概率越来越小，酒后乱买东西的情况杜绝了，即便是这两次，也算不得醉酒，所以还算是理性的。昨天拿到在旧书群里买的书，发现还是有些冲动了，有些书是不值得买的，有几本涉嫌盗版，更是让人感觉糟败。

不过有一些书还是很有意义和价值的，比如四卷本的《马克思恩格斯选集》，此书由中共中央马克思恩格斯列宁斯大林著作中共中央编译局编译，

人民出版社1972年5月第一版，1974年3月安徽第一次印刷，纸面精装，定价7.00元。印象中我们家里也曾经有过这套书，但似乎不是精装，现在再买，看中的是它的版本价值。在"文革"那样一个非常时期，对于这套书的翻译出版一定是非常重视的，因此可以说代表了那个年代图书出版的最高水平。

还有两本书很有特色，一本是《辩证唯物主义》，阿里山大罗夫主编，人民出版社1954年8月第一版，1956年3月上海第四次印刷，定价1.78元，纸面布脊精装。另一本是《历史唯物主义》，康斯坦丁诺夫主编，人民出版社1955年7月第一版，1957年5月上海第六次印刷，定价2.18元，纸面布脊精装。这样的装帧，在当时是很讲究的，当然定价也是比较高的。

有一点很有意思：《辩证唯物主义》是竖版左翻，《历史唯物主义》是横版右翻。查了一下，早在十九世纪末，就有人提议改图书竖版左翻到横排右翻，1904年出版严复的《英文汉诂》，是我国真正意义上完全横版的书。1955年元旦，《光明日报》正式从竖版汉字更改为横版，这应该是个标志性的事件，因为从这一天开始，所有图书都从竖版左翻改变为横版右翻，《辩证唯物主义》和《历史唯物主义》这两本明显一个系列、装帧一致的图书，因为出版时间分别在1954年和1955年，形成不同的版式，具备典型的版本价值。

当我在旧书群里看到《合肥风光速写集》时，凭直觉判定它不是一本正式出版物，甚至都怀疑它是一本个人手绘本。当我拿到这本画册时，发现它的确不是一本正式出版物，也不是一本手绘本，它是一本私人印制的个人速写作品集，而速写的内容，都围绕着合肥的城市面貌和人文景观。

通过画册的前言，我们可以了解到，画册里所有41幅速写，都是一位建筑高级工程师画的，并于2004年将它们结集出版，虽然没有书号，但却有内部资料准印证。美术我是外行，没办法从专业的角度判断这些速写的优劣，我看上的是它的史料价值，许多街景和人文景观已经不在了，或者是有了改变，而作者却以绘画的方式将它们保留下来，真是很难得。

大前天在外面午餐后，路过一家新旧图书兼营的书店，花了40元钱买了5本书刊，2本书有些特点，3本《收获》则似乎更具收藏价值。

第一本《收获》是1980年第一期，目录上第一部分"中篇小说"第一篇是我省著名作家鲁彦周先生的《呼唤》，第二篇是谌容的《人到中年》，第三篇是张一弓的《犯人李铜钟的故事》，可谓篇篇经典。在随后的其他栏目的作者里，有陈学昭、丁玲、黄裳等，都是名流大咖。

第二本《收获》是1981年第一期，目录上第一部分"中篇小说"里有水运宪的《祸起萧墙》、谌容的《赞歌》，还有《有个鸽子叫红唇儿》，"电影文学剧本"部分有苏叔阳的《密林中的小木屋》、白桦的《芳草青青》，"散文"部分只有一篇冯骥才的《书桌》。

第三本《收获》是1983年第三期，它最大的亮点无疑是首篇，路遥的中篇小说《人生》，其他作者依次还有张笑天、张天明、刘心武、王安忆、茹志鹃、何为，"电影文学剧本"栏目刊载的是《初夏的风》，作者是萧马和彭宁，这其中，茹志鹃、王安忆是母女俩，萧马是安徽作家，女作家严歌苓的父亲。

这几本《收获》真是很旧了，但其中的作品却依然如此鲜活生动。回想起来，20世纪80年代可真是一个了不起年代，出了那么多的好作品和那么多的好作家，其中一些作品已成经典，一些当时的新人如今已堪称大家。

（2020-01）

周末,晒晒才买的书吧

虽然现在买书算不得时尚,而且没准还会被人讥笑,更何况我今年给自己购书定了一个颇为严格的限量,买书的节奏在放慢。不过最近竟然连续下了几单书,陆续收到时,感觉还是往常一样的美妙。

"短篇经典文库"10本书,阎连科、贾平凹、苏童、王安忆、铁凝、范小青等10位作家每人六个短篇,自然多是精品,做得小巧精致一些,也是情理之中的事。不过这书着实太讲究了些,拆塑封时,有点下不了手。

《书痴旧梦》也是小32开精装,封面贴藏书票,全书分"书痴往事""书痴随想""书痴旧梦"3部分,虽然它的第三部分才是真正与书有关,但我还是得好好看一看。

宝蓝色底子,上面有线条勾出的装饰性花草图案,这本书做得太精致了,乍一看极像一个讲究的笔记本,手感非常好。发朋友圈时有意涂了封面右下角的书名和作者名(一本书最重要的元素居然只占封面的很小的一部分),留个悬念,吊吊胃口。

是一本关于巴金先生《随想录》版本的书,有了它,很多问题就不是问题了,但收集过程中的乐趣会不会因此减少了呢?我为自己有这个疑问感到有些搞笑。不过这的确是一种收藏者的微妙心态,外人是难以理解的,甚至会感觉莫名其妙。

这或许也是藏书和读书的乐趣所在吧。

因为书店的一场活动，买了不少黄山书社出版的书，说起来也算是一种书缘。的确，无论是读书还是买书，冥冥之中都有某种缘分在里面，即便是很狂热很不理性的时候，也是如此。

世间有些事情是说不清楚的，但它却又是真实存在的。

"品读安徽文化丛书"角度不错，《邮票里的安徽》《课本里的安徽》以及诗歌散文小说歌曲新闻非遗里的安徽，是一套很实用的有关安徽的另类小百科。而且是分册出版，读者可以各取所需。翻看了《邮票里的安徽》，感觉编写者的确是花费了不少工夫，但有些地方稍有穿凿附会之嫌，而不知道出于何种考虑，没有收入台湾地区的邮票，造成可用资料的大量缺失，颇为遗憾。

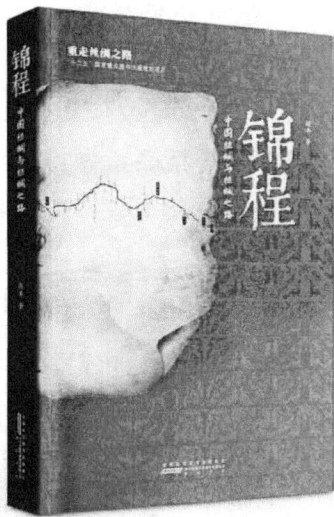

"中国好书"《锦程：中国丝绸与丝绸之路》不久前又入选《教育部基础教育课程教材发展中心中小学生阅读指导目录（2020年版）》。这本书我已经两次在直播中推荐过，的确不错，知识点多，文笔轻松，看起来不累，而且时常会有一些意外收获。

我在4·23世界读书日"安徽图书惠民月活动"正式开启的现场直播中推荐了《锦程：中国丝绸与丝绸之路》后，在微信里写道："这是一本很专业的书，又是一本很好看的书，作者以丝绸为主线，以中外交流为纬度，讲述有关丝绸与丝绸交流的一个个故事，辅以多幅珍贵、精美的图片，深入浅出、娓娓道来。"

"侧看民国"丛书有好几本，买了有关鲁迅和胡适的，有点八卦的心态，不过作者李伶伶似乎是这方面写作的专家，获得中国图书奖在内的不少奖项。

同样一件事，有的人会做得很好、很出彩，有的人却会做得一团糟，让人看不下去。名人往事，写好了，不但好看，还有价值，写不好，那就是花边新闻，八卦故事。而现在靠着东抄西抄、胡编乱写名人往事出书挣钱的人，真是不少。

一套4本"宋词经典"的看点：它不仅是一个有关宋词的特色选本，而且还是经过第一版主编之一的徐培均教授修订的全新版本，自然更加严谨、好看。半价入手一套，只花了50元多点。

看了顾易生的原版前言，又看了徐培均的修订序，感觉老夫子们做书的确是很靠谱。徐教授"历经五载，修订两遍"，完成时已经八十八岁高龄，着实让人感动。

（2020-05）

6·18 购书记

　　很多事情其实都不是偶然的，比如这套精装九卷《公刘文存》，去年初在出版社看到的时候，一下子被它精致大气的装帧吸引住了，想着家里的皖籍名家精品书架不能没有这套书，而且无论是其作品影响还是为人，也应该如此。

　　今年开始在京东关注这套书，定价880.00元，现价828.20元，即便是满100—50，叠加其他优惠，怎么着也要300好几十元。几次都准备下单付款，又都忍住了，决定再等等，渐渐地，等待时间越来越明确：6月18日，如果到时还是这个价格，再下单也不迟。不是没有一点小小的"风险"：最后一套，万一买完之后就下架了岂不是要懊糟半天。

　　618到了，果然是有力度不小的活动，基本上都是与半价同时再减去现价的10%甚至更多，这样算下来也就是4折以下。买《公刘文存》最划算的是用满1000减350优惠券，但这个券只在几个整点发放，需要抢。上午10点钟抢到券，将早已凑好的书下单，1003.00元，只需付353.00元，大约3.5折。如果按照定价计算，就是1074元，那只有3.3折。

　　计算了一下《公刘文存》到手价格是308.00元，真是很便宜了。

　　凑单的几本书里《老照片》（珍藏版）定价80.00元，现价70.40

元，一直在收集这套书，此次购买的是第二十五、二十六卷，至此，能够买到的16本都收入囊中。

2019年第十届茅盾文学奖入选作品，孙慧芬《寻找张展》已经买过了，但这次是签名本，尽管是原价29元，还是要买一本的。4种书价格合计998.00元，差2元钱，找来找去，决定买一本《中华人民共和国劳动合同法》，价格合适（5.00元），以后也许还能用得上呢。

6月21日是时下流行的父亲节，准备在书店的活动中展示几本有关父亲的书，搜了一下，还真不少，于是点了一张400减60的券，凑了404.00元，最后付款144.00元，折扣近3.6折，按定价计算，则是3.3折多点。

具体书单如下，其中"半小时系列"是补缺：《我们的父亲》《我们的母亲》定价合计96.00元；现价84.50元；宗璞的《向历史诉说：我的父亲冯友兰》，定价33元；梁晓声的《父亲》，定价43.00元《半小时漫画中国史》（3），定价39.90元；《半小时漫画中国史》（番外篇：中国传统节日），定价39.10元；《半小时漫画经济学》（生活常识篇）（金融危机篇），定价合计101.90元，现价86.60元；《寻隐记》（误作一位作家的文集一种，有些懊恼），定价78.00元。

还有《呐喊》，因为同时有几种优惠选择，用优惠券时不能够计入总额，只有另外下单。原本想着凑足100元便算了，必须买的书没必要计较那一点点钞票，不想系统提示我如果再买十几元的书，即可使用20元优惠券，而有一本《呐喊》不在半价之内，正好加上。不过优惠券要等到下午6点才能抢。于是等，居然还没忘记，到了6点快速按键，于是120.70元只要付50.70元。

这6本书分别是：北京教育出版社的《呐喊》，定价29.80元，现价19.40元；辽海出版社的《呐喊》，定价38.00元，现价28.50元；江西教育出版社的《呐喊》，定价27.00元，现价17.50元；译林出版社的《跟父亲一起的日子》是一部外国作品，定价25.00元，现价23.80元；北方文艺出版社的两本书，《父亲的格局，母亲的情绪，决定孩子的未来》，定价 24.00 元，现价 21.60 元；《杨绛传》，定价 32.00 元，现价 9.90 元。

徐贵祥是皖籍唯一茅奖得主，这些年买了一些他的作品集，但始终未能买到一套他的成系列的文集，因此犹豫再三，决定还是先买了中国文史出版社的"徐贵祥小说系列"，虽然这套书是去年出版的，不是精装书，定价还很高，但有一种 600—100 的优惠券，可以把满 100 减 50 后的价格拉下来不少。于是下单，9 本书 605.40 元，实际付款 205.40 元。具体书目如下：《历史的天空》，定价 79.80 元现价 79.00 元；《高地》，定价 69.80 元．现价 69.10 元；《八月桂花遍地开》，定价 76.00 元，现价 75.20 元；《明天的战争》，定价 75.00 元，现价 74.20 元；《盛宴》，定价 66.00 元．现价 65.30 元；《对阵》，定价 58.00 元．现价 57.40 元；《枣树里的阳光》，定价 69.80 元．现价 69.10 元；《天下》，定价 69.80 元．现价 69.10 元；《历史的天空》（人民文学出版社）定价 47.00 元。

加了一下，4 单书付了 753.10 元，心里嘀咕了一下：还好，不到 800 元，但显然没有第二单结束时"还不到 500 元"那么坦然了。总是在买，一买就刹不住，而且能找到各种理由，的确有点不可救药。

晚餐后忍不住又搜寻了一下，发现文轩网有几本关于父亲的书看上去不错，另外还有一本《呐喊》，而且半价同时还有满 99—10 的优惠券，于是又下单了。《我的父亲母亲》，是冲着它封面上的一句"民国大家笔下的父母"，及包括鲁迅、胡适、茅盾、老舍、丰子恺等 28 位名家的照片，决定买的，定价 29.80 元，现价 12.38 元；郭庶英写的《我的父亲郭沫若》，定价 28.00 元，现价 19.40 元；韦韬、陈小曼写的《我的父亲茅盾》，原价 36.00 元，现价 24.95 元；田申写的《我的父亲田汉》，定价 32.00 元，现价 22.18 元；山东画报出版社有限公司编辑出版的专辑《我的父亲》，定价 25.00 元，现价 11.09 元；湖南文艺出版社《呐喊》，定价 38.00 元，现价 16.93 元，此书是 2019 年 8 月重印的，换了个封面，所以还得买。

　　夜深了，该睡觉了，洗沐之后，想：如果还有99—20的优惠券，就可以把徐贵祥《马上天下》买了，一个系列也就齐了，于是到网站翻翻，发现还有1000—150的优惠券，在文集系列里试着凑了一下，居然很容易就凑到比较合适的几套书。这时候已经是过了11：55，赶紧上床，迅速翻看了一下，江苏凤凰文艺出版社的《阿城文集》（珍藏版）（精装套装共七册，定价436.00元）一直想买；张爱玲作品没买过几本，似乎应该有一套；新经典的《张爱玲经典小说集》（全五卷，北京十月文艺出版社，定价258.00元）好像是精装，看起来还不错，也值得买。加缪作品集我有一套很别致的上海译文出版社精装单行本，但冠以"全集"的似乎还没有，译林出版社的《加缪全集》（礼盒装，全六册，定价247.00）似乎也可以买。3套书加上徐贵祥《马上天下》（定价79.80元，现价79.00元），合计1020.00元，实际付款370.00元。有些不理智，有些疯狂，这样不节制无休止地买下去倒是如何是好？但是时间来不及了，只有几十秒了，赶紧按确认键，然后付款，然后，长舒一口气，睡觉。

　　估计看这篇文章的朋友已经被我绕得晕乎乎的，最后只记得一个"买买买"，不错，失去理性的书迷，最后可不就是闭着眼睛买买买吗？

（2020-06）

酷热难当翻翻书

天真热，尽管立秋已经十多天了，但还未出伏，日日骄阳似火，出门便大汗淋漓。躲在空调房里，吃喝之外，看看书，写写字，然后就是翻翻新到手的书。

所谓翻书，就是把新近入手的一堆书登记整理之后，翻翻看看。最近再次失控，上周一大箱书居然有33本。选购时种种理由，不妨说说——要知道说服自己付款下单，也是需要理由的。

我收集鲁迅先生《呐喊》的同时，见着《阿Q正传》的版本，也会顺带买下，其实它们往往都是鲁迅先生小说选集，真正的单行本很少，这本也是如此。不过他的封面还有点特色：癫狂的阿Q浪荡在老城的街头。

周作人的作品买了不少，看的不多，这本《故乡的野菜》是文选，版本很一般，纯属凑单。柳青先生的《创业史》（第一部）是"中国文库"的版本，焦菊隐先生遗稿《粉末写春秋》是"大师艺得丛书"一种，都值得收藏。吴敬琏先生著作很少读，但《改革：我们正在闯大关》（也是"中国文库"一种）我毫不犹豫买了，因为我感觉我们现在就是在"闯大关"。

还有一些有关名人的书，比如曾国藩、梁漱溟、沈从文以及延安时期的文人们，因为书名或者内容打动了我，便买了。《"反面教员"梁漱溟》《沈从文家事》，拿到手就会翻一翻的，沈先生长子沈龙朱的素描很有特色，有机会单独展示一下。

《星条旗下的生活》是"叶永烈看世界"系列一种，见到了便忍不住买下来，作个纪念。魏明伦的《巴山鬼话》，葛剑雄等的《我的七七、七八》我不确定可买过相同或者类似的版本，价格不高，也就没有费劲去查对了。

买了几本外国人的作品，《罗生门》《我是猫》《先上讣告 后上天堂》等，有的应该看看，有的有兴趣看看。

不是很了解祝勇，查了一下，作家，学者，艺术学博士，他就职故宫博物院，涉猎的领域多，作品也多，而且所见到的他的作品版本漂亮，这本《禁欲时期的爱情》就是如此。因为版本好而买书，似乎有些不对，但是遇到了还是忍不住想买，这也是没办法的事。

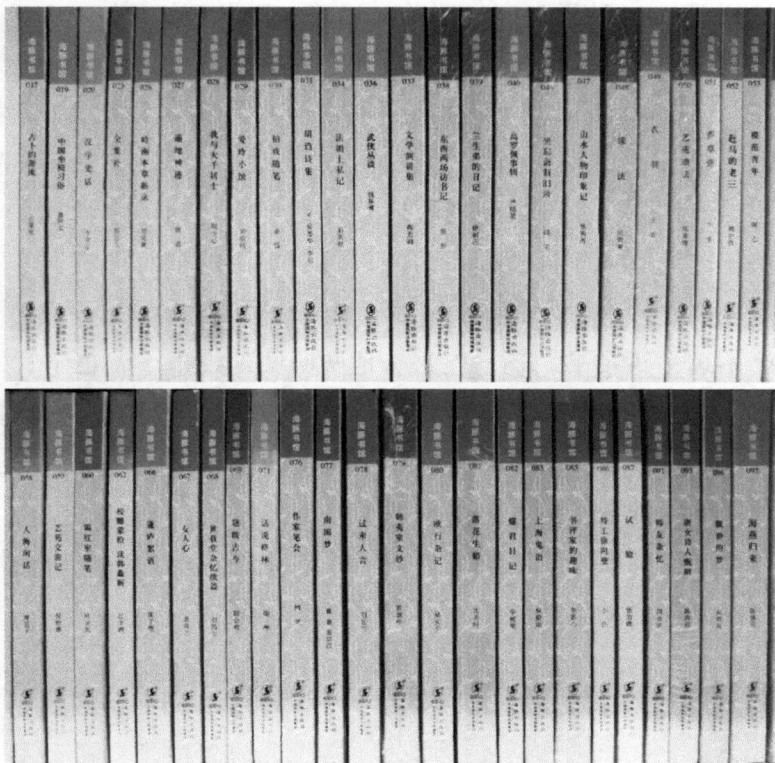

还有 14 本精装书，它们有几个共同点：版本小，制作精良，海豚出版社出版。以前买过一本贾平凹先生《定西笔记》（人民文学版），几万字，精装小开本，感觉很好。这次买的是《前言与后记》，更是典雅。摩挲着这本小 32 开小书，我对一旁的儿子说：你以后发达了，就给我做几本这样的书。儿子没作声，不知道是没在听，还是暗自感觉不屑。

"海豚书馆"是一套很另类的书，无论它的总策划还是各系列的总编（顾问）都很厉害，大名鼎鼎。这套书很小众，卖得似乎也不会太好，但 2010 年以来已经出了 100 多种。我从一本两本挑着买，到现在只要认为价格合适立马买，慢慢也有几十本了，现在看来想凑齐一套难度还不小，不过我也不着急，心里记着，时机合适就收几本，也挺好。

这回买的 11 种里，有早期的《远游·鹅肝·松露》（002）（林行止），熊式一《八十回忆》（007），还有梅光迪的《文学演讲集》，姚克的《坐忘斋新旧录》，熊佛西的《山水人物印象记》，王莹的《衣羽》，苏童的《香草营》，施公硕的《题跋古今》，作者和作品有的知道，有的不了解，如此则更让人着迷上瘾。

关于"海豚书馆"这套书，能说的、想说的东西很多，以后会撰文介绍。

毫不理性买了书，还一脸兴奋地叨叨叨地说出来，也不管别人爱不爱听，其实挺无趣的。不喜欢的人可以视而不见，有因此喜欢了，跟着后面买的（这样的事情时常会有），也不用谢我，家里人问起来不说是我宣传的，就很感谢了。

读书上瘾，买书也上瘾，大热天里这么海说一通，心里松快多了，没有感受过的人体会不到其中的美妙。

（2020-08）

收了4单书

3月31日下了4单书，第二天也就是4月1日开始收到书，2日收到1件，今天收到2件，3天时间，全部到齐，不得不说现在的快递真是很快。

下这4单书的主要目的，是为了购买3月30日去世的皖籍著名诗人刘祖慈老师的4本诗集。但我有一个习惯，既然买了，就不妨在店家翻翻看看，有看上的一起下单。这样做的理由有几点：第一是有所期待，因为有《呐喊》《随想录》《傅雷家书》等大大小小几个收藏目标，平常也会在网上各处扫一遍，但不可能一个店一个店地去看，没那个时间和精力，而顺带转转，时常会有收获，也算得事倍功半；第二个理由很实际，一本书的邮费和两三本书的差不了多少，甚至一样，多买几本划算一些，同时多几本书，邮寄起来不易折损；最后一个理由是希望有意外发现和惊喜，这样的事时常会有，我收藏的不少好书都是这样得来的。

第一单是从上海发来，3本书，刘祖慈老师《我们是大运河的子孙》之外，一本是钱钟书先生的《围城》精装本，人民文学出版社出版，全新，居然只要10元，而且看上去不像盗版，对此我一直有些不踏实。到了一定岁数，对于过于明显的所谓捡漏，总会存着一些戒备。另一本也是人民文学出版社的，"中国现代作家选集"中的《沙汀》，1984年版本，3元钱，尽管早已有了，还是买下了。这套书也是我一直试图凑全的。

经典的版本或者自己喜欢的版本，多买几本，是一种快乐。这样的快乐，也许有人不明白，但一定有人会懂，因为不一定非要是买书，在其他事情上，道理是一样的。

第二单书是从庐江发来的，2本书都是5元一本，快递费10元，平均每本10元，不算便宜。但书的品相很好，刘老师的《五彩集》和皖籍著名诗人汪静之先生二十世纪二十年代出版的诗集《蕙的风》，外观看起来都很好。一次性买两本诗集，而且作者都是安徽人，也是难得。实际上，我不买诗集已经很多年了。

第三单书是从南京发来的，4本书11.50元，快递费11.00元，总价不高。刘老师的《问云集》要8.00元，其他3本书都是人民文学出版社的，著名作家，以《美食家》《小贩世家》等享誉文坛的陆文夫的长篇小说《有人敲门》1.50元，著名诗人李瑛的《进军集》（1976年4月出版）1.00元，苏联人写的《斯大林与苏联文学问题》1.00元，这样的价格，不买似乎都不应该，尤其是最后一本，竖版左翻，1953年出版，至今已经68年了，有点捡漏的感觉。

说一点小感受：有时候，我们真不能太着急出书出名，因为只顾眼前一些东西而过于投机的结果，是日后及身后的尴尬乃至更糟。诗人李瑛是这样，那个时代不少诗人作家也是这样。

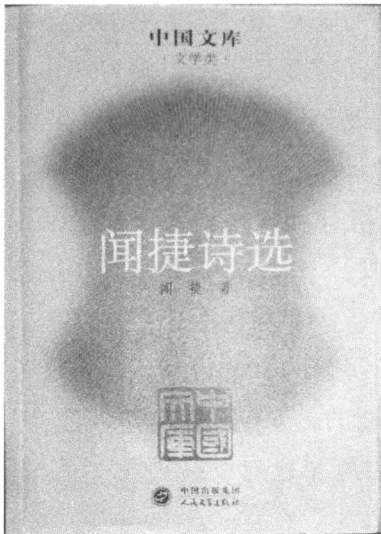

第4单书总价高一点，因为商家总在提醒我满48.00元免邮费。刘老师的《年轮》之外，《鲁迅笔名印谱》和《插图版傅雷家书》都是20.00元，看上前者的理由是它的内容和形式，而后者则完全是一本新书，收到后发现一本品相不好，一本买重了，看来小便宜还真是不能贪。第4本书之所以是《闻捷诗选》，

原因很简单，因为皖籍女作家戴厚英，想看一看闻捷的诗。

应该说，如果不是为了购买刘祖慈老师的4本诗集，这些书基本上没有可能被我发现并买回家。但也不尽然，没准冥冥之中它们会在某一天出现在我的面前，缘分这个问题基本上是讲不清楚的。

（2021-04）

理由依然是充足的

　　一个人想做一件事，理由会很多的。比如我买书，每回都有充足的理由。最近在写一篇关于鲁彦周先生及其作品版本的文章，自然需要购买一些他的作品，早期的和有特色的。之前说过我的一个习惯：如果在一家网店看上一本需要的书之后，通常会查询一番，看看可有其他需要的、感兴趣的书，然后一起下单。如此，既可以事倍功半，又能够相对节省一点邮费。但是，这样比较理性"精明"行为的结果，往往是有一些意外发现和惊喜之外，还有一堆可买可不买的图书，邮费或许省了一点，书款则会多了不少。可见什么事情都不是只有一个结果，稍有差池，结果大相径庭。

　　这两天陆续收到前几天下单的书，我发现，真正需求的书只占一小部分，其他图书则占了大头，典型的本末倒置。当然，理由依然是充足的。

　　最近身体不适，做不得什么正事，又是周末晚上，不妨信马由缰，说道一番。

　　巴金先生的《序跋集》，收录巴金先生1928年至1981年间所有的序跋，此书1982年3月出版，定价1.60元，这个价格在当时不算便宜。我应该是第一时间买了回来，而且感觉的确是很好看，信息量颇大。后来，楼下的一位在上电大的哥哥到我家翻看我的小书柜，把它和巴金先生的另外一本《创作回忆录》借去了，说是写论文时做参考。但是很长时间都没有还回来，我也始终不好意思去问他。大概一两年后，我无意中和母亲说了这件事，母亲说她去帮我要，这让我很忐忑，我母亲和他母亲关系很好，我担心因为这事闹得邻居间不愉快。不想母亲后来告诉我说，那个哥哥说根本没有这回事，这让我感觉很受伤，自然不仅仅是因为两本书。从此，这两本书成了我一个心结，这回买到了这本《序跋集》，而且还是一版一印，对我来说多少是个安慰。

买巴金先生的《随想录》（第一集）和《病中集》纯粹是因为太便宜，1元1本，且品相不错，到手后发现居然还是1986年12月第一版第一次印刷。这是巴金先生5本《随想录》出齐后第一套窄32开本书，在当时显得很时尚。有意思的是，这两本书都是一位名字叫殷宏的人1987年3月7日购于北京东四的书店，在每本书的最前和最后一页都盖有他的藏书章，我据此判断他是一位男士。当初何其的郑重其事，最后还是散了出去，其中或许有故事，或许就是读过了也就算了。

还有一本巴金先生的《随想录》合集有点可疑，虽然它出版社、书号、CIP数据等一应齐全，但人民文学出版社和三联书店拥有版权的书怎么会在南海出版社出合集？尽管有疑问，我还是把它买了回来，3元钱的价格，犯不着犹豫。

杨绛先生的《洗澡之后》，精装本，几乎全新，12.00元钱，还算便宜；《家》和《围城》属于中学生课外读物系列，原价低廉，售价2元一本，买回来攒着，有合适的机会捐出去。《我与父辈》也

115

是精装本，买的时候感觉家里似乎没有，拿到书又感觉家里似乎有，有些搞笑和尴尬。

一直关注鲁迅先生作品版本和有关鲁迅先生的书，所以买了《鲁迅书话》，拿到之后，发现它的写作日期在1976年12月之前，这就让它有一种不一样的味道，如果耐心读下去，没准也会有一些意想不到的收获。8元钱应该没白花，我安慰着自己。

周建人的《回忆鲁迅》《鲁迅书简——致日本友人增田涉》和文物出版社出版的《鲁迅手稿选集三编》（后两本还在路途中），价格分别是2.20、1.00和13.00元，可谓过于低廉，尽管都有其他版本了，但是多一本没什么关系，更何况也花不了多少钱。

哈哈！看到了吧，只要想买书，永远都会是理由很多，多到让别人无话可说。

不过，图书给予我的温暖和安慰，的确是一直存在的。虽然看上去，这似乎也只是一个理由。

（2021-05）

在周谷堆淘书

起了个早，去周谷堆拿书。

现在有了个微信旧书交易群，时常会线上看货付款，线下送货、快递或者自提。今天天气好，正好去转转。

虽然比之前几次要早，其他区域还没有开张，书市这块已经人气很旺了。从口头开始，边看边往里走，不多时就看到几本人民文学出版社的"文学小丛书"。这套书在20世纪70年代末出版，窄32开，统一装帧，品种应该不少，因为定价低，体积小，便于携带，当时颇受欢迎，我也曾买过好几本，类似的书也买过很多。这样的书在市场里一般2元一本，问了一下，果然如此。挑了我没有的6个品种，只收10元钱，真是便宜。

从书上签名看，这几本书原来应该属于一个姓张的男子。这位张先生应该是河南镇平县人，20世纪80年代他在县新华书店陆续买了这些书，然后他到了合肥，最近因为搬家或者其他原因把这些已经旧了的书卖给收废品的了。当然也有可能这些书是从外地流入合肥的，但它们被原来的主人（或者最后一任主人）卖掉了是确定的。

对于处理旧书这件事，我的看法较之以前有了变化，我不再认为把自己买的、也看过了并保存多年的书处理掉卖掉，是一件多么不应该的事。不会再看，兴趣转移了，感觉家里没有地方放，把一些旧书和其他旧物件一样处理了，很正常，何况让废弃不用的图书流动起来，也不失为一件好事。况且世间的东西，从来不会长久属于谁，总在一个地方的，流动，才是它们的特性。当然这件事不能看得太开太透，否则，人生便会少了不少目标和乐趣的。

全新的《读者》1元一本，是我没有料到的，19、20、21期，

也就是这两个月的，翻一翻，或许会有些收获。想起来自己曾经追了不少年《读者文摘》和《读者》，然后渐渐远离了它，至今又是不少年。有些事情不能细想多想，否则会引出回忆啊感慨啊等一大堆东西来。

一位书商开了个店，还在收拾过程中，比较细致地转了一圈，品种真不少，但老板显然很内行，捡漏可能性不大。

买了一本三联书店版的《傅雷家书》（增补本），翻看一下，1990年12月第三版，在这版之前，1984年有过一个增补本，这一版就是在此基础上重新整理摘编，并对书中使用的外文增加了译注。而我一直以为三联书店版《傅雷家书》就是1981年第一版那个样子，所有的内容增加和外文翻译都是从后来的辽宁教育版开始的。由此看来，不做细致的研究，单凭着想当然做判断下结论，真是很糟糕。

一圈转下来，抬起头来看看市场里的人，寻找那些熟面孔，不一会看到好几位，有个别人居然会出现在那里，让我感到有些意外。和以前一样，没有过去打招呼，大家都专心致志，乐此不疲的样子，何苦因为几句不咸不淡的客套话而扰了兴致，于是退出来，一路继续看着愈发熙熙攘攘的人，寻思着下一回该写一写他们了。

（2019-11）

又去周谷堆

2020年最大的特点之一，就是计算时间时，很多时候都是以月为单位计算的。比如我们八个月没见面了吧，比如又有几个月没去周谷堆旧书市场了。

因为有时候没忍住在旧书群里下了单，慢慢也有好几本了，有必要去拿一趟，所以尽管周日有杂事不少，还是决定去一下。

打滴滴过去，一会儿就到了，先到第一家，拿了4本书，老板说还有两本书没找到，我记得其中有一本20世纪50年代的小书，颇有些意思。不过这次拿到的这本泰戈尔的《新月集》也挺不错，郑振铎先生翻译，人民文学出版社1954年10月第一版第一次印刷，定价4500元，自然是旧币。还有3本是"易中天中华史"系列里的，《祖先》《青春志》和《从春秋到战国》，应该是初版本，全新塑封，品相很好。具体多少钱买的不记得了，印象中很低，这次拿回来翻翻看看，喜欢就接着买。

　　到第二家去取的是一套3本书，皖籍名人文集，政治类，印制精良，极具版本价值。这类书或许没有多少可读性，但还是值得收藏的。这套书原价130多，现价20.00元，遇到了，当即下手。

　　取了书，便开始四处转了转，发现标2元一本或10元5本书的不少，于是便在一个书摊前搜索起来，不一会儿就眼睛一亮，发现目标了。

　　20世纪90年代，江苏文艺出版社出了一套"双叶丛书"，每本书的作者都是著名的文坛夫妇，比如鲁迅和许广平、徐志摩和陆小曼、萧乾和文洁若、何凡和林海音，男士的作品从前往后翻，女士的作品倒过来从后往前翻，这样的版式以前没见过，后来好像也没有。这套书有两种版本，我收了好几种，郁达夫和王映霞的《岁月留痕》似乎没有，但如此低廉价格，买重了也无所谓（到家后查了一下，还真是没有）。

　　余华的随笔集《内心之死》没见过，版式有些特别，正文边居然留有"笔记栏"，下回读的时候准备在上面写点什么。

　　还有3本是皖籍作家作品，一本属于文史资料，其中一些资料我最近还真的能用上，有些庆幸。另外一本是一位文友的作品集，扉页撕了，这让我想到一个问题，不想要了准备处理的书，扉页上有签名什么的，怎么处理？如果撕去，是不是可以留意小心一些，否则真是很难看。还有一本是一位作家的散文随笔集，挺厚，其中很大一部分在合肥的报纸上发过，翻看起来常常会感觉眼熟，我注意到其中一篇标题中有"合肥"字样，写的是在合肥吃路边摊的遭遇，这篇文章在省外发的，其中一个细节让我颇为疑惑：小贩使用的是胡萝卜粉加红墨水制成假辣椒酱，另外还有种种疑惑和不放心，文集中这唯一一篇带有城市名的文章，透露出的气息让我感受到不少东西，不少本省人对于合肥的地域偏见，是否应该、合适，不说也罢。

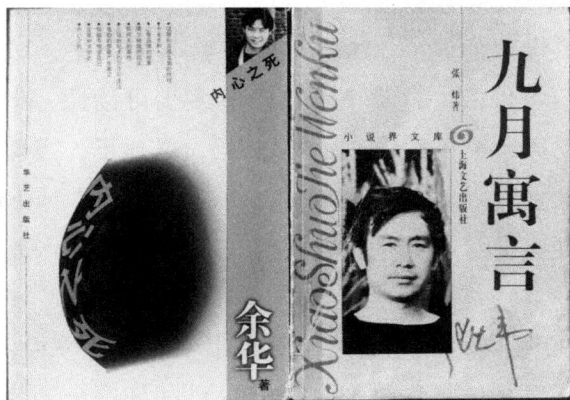

又到一个书摊，一眼看到金芝先生的《舞台影视剧作选》，翻看版权页，2000年1月出版，印数1500本，里面收录金芝先生重要的戏剧影视剧作及相关评论和资料，很难得的一本书。又看到张炜的《九月寓言》，应该是初版本，但不是第一次印刷。接着又发现一位我认识的女作家作品，精装本。3本书一共10元钱，似乎又赚了一把。

出门时，只带了布包和塑料袋各一个，现在都已经装满了。虽然还有一些摊位和店面没有转，我还是离开了，好书太多，便宜书太多，差不多就行了。

（2020-09）

周日去拿书

　　如果每次去周谷堆都要发一个朋友圈，应该没问题，但是每去一次就写一篇小文字，似乎就没有必要了，写出来也不会有什么意思。不过这两年因为疫情，去得很少，还是可以写一写。

　　依然是去拿书，书款早就在旧书网上付了，今天是提货，几本签名书，几本黄皮书。

　　签名书都是送给一个人的，是位领导，一直在文化部门工作，最后的工作单位是安徽省文联，前年去世了，书也就流了出来。关于这样的事其实有很多话可以说，但还是不说了，毕竟这些书还有翻阅的痕迹，相比较那些几乎是直接就被处理掉的签名书，要幸运很多。

　　书商手里还有一些签名本，一念之差没有入手，但见过图片，记录一下。

　　彭拜先生在1990年6月送给他的《清泪沉江》的扉页有一段文字："出版社被撤，此书于善后时幸

得印行，粗糙自是难免。赧就奉请XX方家教正"，出版社是指"广州文化出版社"，1986年10月成立，网上查了一下，现在似乎还在，"被撤"一说不会是空穴来风，具体情况，日后留心考证。

还有一本书《果青室诗稿》，作者杨巩，曾任《淮海报》总编辑、《新华日报》秘书长、江苏师院（今苏州大学）、扬州师院、南京师院的院长兼书记，他在书里附了一封短信：

> 多年不见，时在念中，今奉上拙《诗稿》，以资存念。另两本，请分转李广涛、徐味同志。
>
> 另向你打听一个人，即"文革"前任合肥市长的林德，不知听说否，"文革"后我们曾有联系，后来断了，他是我在《淮海报》的老战友。拜托……

这封信写作时间是2002年7月7日，那一年作者已经83岁了，人到暮年，想念过去的老战友、老同事，应该是往事如烟，全在眼前，让人不胜唏嘘。

又买了两本书，价格很低。其中一本是邹人煜先生的《北窗杂议》，这本书有几点值得说一说。

首先，这本书居然是香港出版有限公司，按说以她的身份和人脉资源，出版一两本书应该没问题，但她没有这样做，我想最根本的原因是她不愿意这样做。这件事，或许有的人看出的是尴尬，而我认为这恰恰是邹先生风骨所在。

邹先生是位有风骨的人，她居高位而不自矜，书生本色，笑傲江湖。

邹先生是位有才华的人，她处要职而不在乎，恣意随性，潇洒自如。

其次，这本书为邹先生八十时作品合集，架构辞藻已不重要，性情胸臆才是第一。不拘长短，直截了当，洗尽铅华，字字是真。

另外，邹先生与我父亲有一些交往，老人家对于邹先生评价甚高，而我对邹先生最初的印象，来自我的父亲。后来我一直关注邹先生的作品，在《合肥晚报》，在《安徽老年报》，在《紫千集》，在《微思絮语》。而这之后，只要是见到邹先生的作品，一定会收藏。就在刚才，我还下了一单，四本邹先生的作品，包括一本签名本。

有一种铁粉，叫作"照单全收"！

（2021-01）

（注：邹人煜先生作品集及相关合集、评论集一共14种，具体书目等资料已在拙作《风雅合肥》里罗列过，这里不再赘述。目前我已收集到其中13种，还有一种也应该能够收到。——2021-07-05）

淘书时的小开心

6月份买书的数量和金额达到今年（2021）的一个高峰，到26日时已经突破2000元，当然巴金先生《随想录》两种宣纸线装书是大头，月半之后突然高涨的购书冲动，主要还是搜寻《随想录》版本。另外，6月23日下的两单书让我小小地开心一次又一次。

因为搜寻合肥籍著名作家刘克先生的作品版本，无意中发现他的一本签赠书，有意思的是受赠者我也认识，原先是市文化局的一位科长。显然因为是在一层楼办公，所以刘克先生将新出版的书送给了他。因为书商标价比较低，我迟迟不敢下单，担心书商反应过来不卖了。23日那天又到这家店翻翻看看，发现店里有几百本作者签名本，其中大多数系本省作家，其中不乏名家。当然，受赠者为名家（尤其集中于某位著名诗人）的更多一些，价格也还适中，于是一口气选了十几本。后来再选，决定先买几本最想要的，而且基本上都是一直求之而不得的。比如欧远方、邹人煜两

位先生书法和诗词作品《两闲集》，私印本，签名送给朋友的，就十分难得。

还有一本合肥籍作家评传的签名本（传主签名），要30元，便在另一家寻了一本，只要4元，顺手又在那家店里找了两本，都是3元一本，加上8元运费，一共18元。

27日早晨拿了快递回来，拆开，各种擦拭后，首先翻看那本作家评传，居然是签名书，很意外，有种得了大便宜的感觉。又看第二本书《浪漫注解》，一些著名知名作家的小说合集，环衬上有一些字，应该是原购买者写的，全文抄录如下：

新华书店处理降价书部，由五楼大厅又移至一层，也是书店迎"五一"的一项活动，并将在五月上旬收市。

已来过多次"淘书"，此次又费了不少时间，看来已经没有适合的书了，又不想空手而返，只随便选购了几本而已。

这两段文字，不但字迹好看，而且很是合适，仿佛印上去一般。让人不能不赞叹：一手好字真耐看，而一个执着书迷的心态也着实让人深受感染，同时也忍俊不禁地会心一笑。

到了这时，我忽然有了个奇怪的念头：第三本书还会有什么故事，或者说意外惊喜吗？这本书是著名作家叶兆言的长篇小说《一号命令》，翻看之后感觉总体品相还是不错的，腰封完好无损，三五元钱肯定是值了。当我再一次翻看图书的扉页时，发现它居然又是一本签名书，而且还是毛笔（或者软笔）签名书，同时加盖两枚印章，真是太意外了。叶兆言老师来过合肥，他的签名书我是有的，但是毛笔签名本不但没有，甚至没有见过，这回也算是开了眼界。

稍微研究了一下，叶兆言老师的这本书和第二本书一样，签名在页面上的位置很合适，"小虎兄教正 兆言 癸巳初夏"，仿佛印制上去一般，这或许是书商没有发现的原因吧。

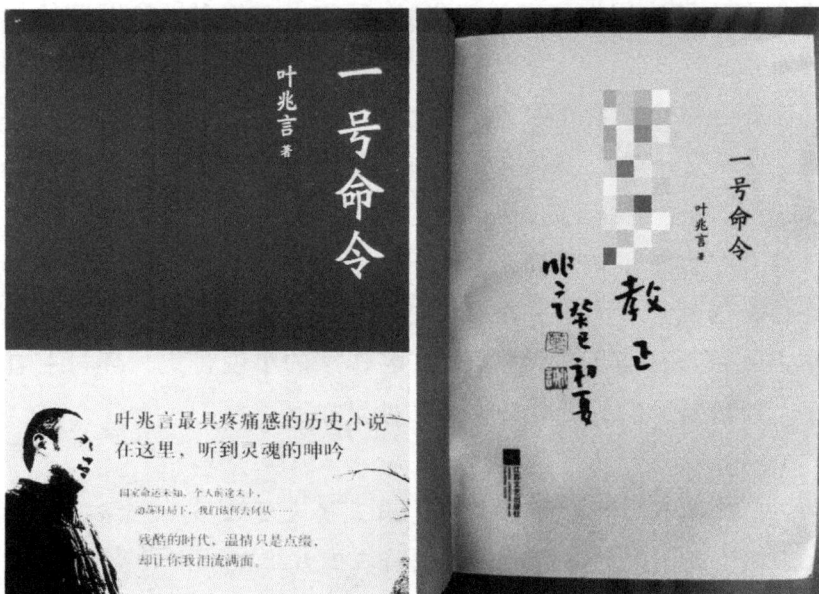

也难说这位南京书商是位大大咧咧的人，不太注意这些细节，哪怕因此可以多赚一些，也不在乎。而且叶兆言老师的签名书在南京估计也比较多见，到了这位老兄手里，自然是没有仔细地翻翻看看的。

人与人之间差距，有时候很小，有时候大了去了，只是到了最后，到底是心眼活、门槛精的人得到的多，还是马马哈哈的更心满意足一些，还真的不好说。

就我而言，应该是一个小开心。同时把它看作是一个意外的小甜头，或者小奖励。

如此而已。

（2021-06）

盛夏购书记

　　每天刷微信朋友圈会刷到很多消息，让人有时会笑一笑，有时会愁一愁，有时会联想很多，有时会无感无语。

　　前两天听说城南一个规模很大的书店要关门歇业了，颇有些诧异，当然也有点淡淡的黯然。

　　之所以会诧异，是因为六七年前它开业时，我就有些不明白，经营者怎么敢在那样一个比较偏远的地方开一个如此之大的书店？顶楼一整层啊，得有多少书填进去才能像个样子？

　　记得很清楚，它开业之初的营销策略是和当当网价格保持一致，颇有些新颖抓人，至于如何做到这一点，就不得而知了。当时我就在心里面想，这样不太看得懂的书店能够坚持多长时间呢？

　　不是时时关注这家书店，只在它弄出一点动静时，才又会想起它，总体感觉是日渐低迷，这一回是它最后一次的动静吗？不知道，不过，能够坚持这么久，已经让我颇有些意外和感慨，不容易的。

　　和两个朋友约了一下，中午下班直接过去看看。原本准备在路边找个地方对付一顿午餐，结果还是到达之后找了家知名快餐店，吃了之后闲聊了一会儿，这才正式过去。

　　到达一楼门厅，就看到书店大幅广告：全场图书饮品一律5折，而且工作日营业时间从下午一点开始，看来我们也算是歪打正着，着急了没准还要等一会儿。

从直达电梯出来，第一印象就是暗，似乎整层楼没有开灯。以前高大的书模全部没有了，这么些年，不知道它经过多少次改变，最终成了如此落魄景象。

接下来就发现，如果来得太早不仅是要等一会儿，而是要多遭受闷热环境的煎熬。经过一个上午太阳的炙烤，位于顶层的书店像一个巨大的蒸笼，入口处上面有一个风口吹着冷风，里面偌大的空间只有两台柜机，只有在近前才能感受到凉意。

心情由此受到影响，有些散漫地在一排排溃不成军的书架前走着看着，也只是看看，连把它们抽出来翻一翻的想法都没有。

其实是有看得上的好书的，比如一本董桥的《景泰蓝之夜》，居然就是景泰蓝色布面精装，或许就是在那一刻，我给今天的选书定了一个标准：只买精装书，好题材或者好版本。

当我顺着长长一排高架拐到另一面书架后，发现图书类别由文学变为社科，而一些社科名社也出现在眼前，于是我看到了十几本灰白色调的精装书，书名等则是金色的，属于那种低调的奢华。书名也有些奇怪，过去式的感觉，抽出书细看，果然如此。

三联书店为庆祝建社八十周年，策划出版了一套《三联经典文库》，文库第一、第二辑所选图书，均来自三家出版单位及其分支机构，以及1948年生活·读书·新知三联书店成立后的出版物，始于1932年，截至1951年。两辑各一百种，包括社科文学各种题材，我看到的是第一辑里的十几种。

老书新印，自然是别有一番味道，心里不禁一动，感觉自己可以下手了。心中一旦破防，立刻便有些手忙脚乱了，三下两下，就抽出好几本，估计也就是这时，我给自己定了第二个标准：十本。同时确定这套书选6本：《我与文学——〈文学〉一周年纪念特辑》《文艺思潮小史》《给初学写作者——高尔基文艺书信集》《人物与纪念》《一位美国人嫁与一位中国人的自述》《莫斯科记》，粗略翻了一下，几乎是每本都可以通过书名了解个大概，又都不是一句两句话能说完的，有时间一本一本说道说道。

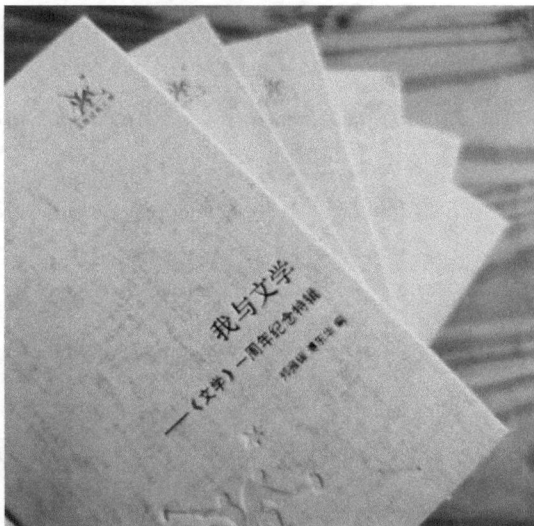

拿起6本书，立马往回走，熟门熟路地找到《景泰蓝之夜》和另外两本书名和装帧都很别致的精装书《无聊的魅力》和《机场里的小旅行》。说来惭愧，作者阿兰·德波顿已经红火到上海译文出版社为他出版精装本文集的程度，我居然既不了解这个人，也没有

读过他的作品。

可见书是读不完的，好书也是读不完的。

最后一本书稍微犹豫了一下，拿了本关于避孕历史的专著，这类书大多有趣。至此，似乎转眼之间，10本书指标完成了。

我把10本书放在一个相对隐蔽一些的架子上，看了看全场，我们之外，依然只有两个读者，一男一女，分别坐在两台柜机扫风范围内。

空着手，继续转，因为光线不佳，不时要凑近书脊上的书名和作者。同时，脑袋里有两个声音在对话（争辩）：

"为什么只能买10本"

"定一个数目，防止失控。"

"那为什么只定10本，不定20本、30本？"

"10本是一个比较合适的数字。"

"可笑，那只是你觉得合适。买书不是买东西，喜欢、有用的才会买，定数字标准是没道理的。"

"关键是你喜欢的门槛太低，一旦放开，不可收拾。"

"这么确定？你放开试试。"

"这个不用试。"

有点无奈地四周看看，大厅里似乎又换了两个读者，而一位朋友正站在一个梯凳上翻看最高两排的书，这倒是提醒了我，回身看去，尽管那些书架最高两排大多是空着的，但也有些是有书的，于是也找了个梯凳，挨个书架看了起来。

也不过就是两个书架吧，发现了一套小开本纸面精装书"海豚书馆"，这套书属于那种小众另类的书，也只有海豚这样的出版社会出这样的书。这些年来，只要有特价的机会，我便收几种，渐渐的也有近六十种，而它号称百本以上，实际上只有八十几种。凭直觉，这排书里有好几种是我没有的，但真要找出确定没有的那几本，还真是不太容易，于是，只好先挑5本。紧邻的书架上排也是

海豚出版社的，同样是
很有特色的精装本，而
且是那种牛皮纸一类的
封面，特别有感觉。一
套"独立文丛"大约有
十来种，几本《祝勇文
集》我大多有了，克制
了一下，挑自己眼熟的
作者，选了5本。

下来后，立马将10
本的规定改为20本，因
为这个时候没有什么理
由能够让我错过这些书，只有买。随后又发现身边的几个矮架上似
乎都是有关读书藏书的书，一色的精装本，有的买过，大多数都没
有，尤其是中华书局、三联书店的图书，真让人眼馋。但我还是很
不容易地忍住了，只挑了一本《阅人应似阅书多》（三联书店），一
本《运书日记》（中华书局）。

这时候问题来了，22本，必须去掉2本，咱可是有原则的人，
呵呵。看来看去，去了一本"海豚书馆"系列，再把那本关于避孕
历史的书拿了下去。中间还闹了一个笑话，因为有一本书是上下
册，所以去了3本，后来发现了，赶紧又找了一本，结果就是这本
买重了。

太热了，心里也有点压力，决定赶紧离开。合肥话里有个词叫
"滑丝"，其中"滑"读类似huō音，意思是螺丝拧坏了后，怎么都
拧不紧，一圈又一圈，没完没了。买书也是这样，一旦滑丝，绝对
是不可收拾的，这点我太知道了。

和朋友抱着书去收款台的时候，发现一个暗乎乎的矮架上有几
排只能看出大概颜色的书。朋友好奇，蹲下去翻看，原来都是有关

图书的书，而且清一色小开本。他举着一本厚厚的《微书话》说：这个好，一小段一小段的，我以后也可以照这个样子写。他是个书迷，买书后也喜欢写点什么，但购书量一大或者工作一忙，便很难坚持。"微书话"无疑是个好方法。

我原本是不想蹲下去的，但这会儿肯定也是要看看的，不过我感觉自己真是很自律了，只拿了两本书便站了起来，然后对自己说，22本，挺好的数字，凑一个"双"字。

一边擦着汗一边看收银员扫码算账，我22本320多元，他的书厚，且多为文史类，11本240多元，相视一笑：还好，也算是一种心情表达吧。

回来的路上，我在想，我们大老远跑来买这些书到底是为了什么？是喜欢吗？的确是喜欢；是同情吗？好像也有一点，还有，应该就是一种情怀，对于实体书店，对于纸质书，对于坚持做文化的人，一种发自内心深处的喜欢和尊重，而与其说有一种伤感和惜别，不如说是一种自我暗示和坚守。

喜欢图书，喜欢阅读，无论什么氛围，无论未来会怎样。盛夏酷暑，寒冬腊月，有书相伴左右，有这些买书的记忆，就会知足。

（2021-08）

有关图书的雅事

2022年6月初，我在朋友圈发了一条微信，内容与书有关，由此引发出一个有关图书的雅事。

爱书者的福利——我真不是做广告

中午接到一条微信："刘老师，因为快要搬家了，有一批全集文集要卖掉，还没有上架，您先过眼是否有感兴趣的？"我看了一下，大多是一些版本相当好的中外名家文集，便回了一句："这么多，怎么舍得？"因为我知道他是个极爱书的人，我认识他就是在书市里。

后来我了解到他是一个历史学博士，再后来他去了外地，三年疫情，我们一直没见过面，都是通过微信和电话联系。

他最近将要到另一处工作，昨天回合肥是想把这边的房子处理了。房子卖起来或许不是太难，但一屋子的书处理起来可是不容易。他留了一批历史类的，感觉文学在自己手里有点浪费，所以决定出手。

我说："都是好书，文集大多我都有，可需要我帮着吆喝一声？你标个价，注明出版社和原定价。"他说好，他去孔网整理下。

下午，他发来一个链接，打开一看，居然是孔网书摊，原

135

来他早些年就注册了，只是没怎么打理，这会儿用上了。

看了一下，大多价格低廉，问了之后才明白，他都是按照孔网最低价定价，而且大多包邮。

我要了《刘文典全集》和《傅雷译品典藏》，一位文友看了我发给他的链接，要了一套《桐旧集》。

据他说，虽然基本都是孔网最低价格，但还能再议，尤其是合肥本地的。但我觉得已经很可以了，不能再还价了。

大家可以看看，如果有心仪的，直接联系或者告诉我，明天他还在合肥。

其实这也算得一件雅事，与钱没多少关系。

我尝试着把他的网店链接发出来，没有成功，只能发一个网址。一时间有朋友（大多是文友）在留言里或者私信里询问有关情况，我自然也乐得从中牵线，一时间，很是忙活，也很高效。在我看来，成人之美，乐在其中。

2天后，我又在朋友圈发了一条消息：

所谓逸闻佳话

前天发了一条朋友圈，是为一位书友，南京某大学博士后。因为要离开合肥，不得已断舍离，将一些他认为放在他那里有些浪费的文学类文集全集放到他在孔夫子网的书摊。我朋友圈发出后，一位微友反复咨询，最后果断出手，直接上门拿了4套书，让我很是感动！

我其实也是近水楼台，只是不好先下手，结果痛失啊！痛失最后下了3套。

今天中午，一位美女级老总私信给我说要《周作人自编文集》，紧接着把900元钱打给了我，那边小书友只要850就可以了，我刚要把50元打给美女老总，他紧接着又发一个微信：

"不不不，标错了！700。"

我说："不能收少了"

他说："那天搜错了孔网最低价是720，但是他的箱子破损"。

我将200元退给美女老总后，她说了两个字："实在！"

到目前为止，下架的套书超过10多套（包括我又下的一单），网店销售也很可观。同时，又有新品种上架，看来他还在继续"断舍离"，因此，有兴趣的朋友可以持续关注

没有计划，没有刻意，总之，无心为之，自然而然，才是所谓的轶闻佳话。

如今，逸闻佳话已然出现，那么，就让我们期待更多的逸闻佳话。

应该说两条消息还是发挥了一些作用，陆陆续续又卖出去一些书，包括几个整套的书。其间我还做了一件很搞笑的事，特意去了一位朋友的办公室，看了我"痛失啊痛失"的两套书，感觉真是很好。搞笑的是，他居然也在为自己稍一犹豫错失了一套很有价值的书而懊悔不迭。最后他执意邀请我和一帮朋友喝了一餐酒，说还是要好好感谢我。那天晚上天气很好，大家都喝了不少。

年轻的书友除了短暂赴外地办理相关手续后，整个暑假一直都在合肥，时常会在整理图书的过程中发图片和消息给我，看得出尽管他一直很纠结，但还是在继续处理他的藏书。我则"时常"会动心选上几本，包括一套《老舍全集》，一些名家签名本。当然更多时候我还是咬咬牙放弃了，不是因为价格，也不是因为不喜欢，实在是因为家里放不下，而且我觉得有些书在我手里有些浪费，它们应该有更好的去处。

2022年的夏天很是炎热，窝在家里的时候比较多。每次与他在微信里聊完书，心情都颇不平静，我都会想一些问题，比如人生与

图书的关系，藏书的价值与意义，等等，有些可以想出个结果，有些则很难想明白，或者说很难说服自己。

8月中旬，他就要离开合肥去浙江一所大学工作了，联系之后，我请一位朋友帮着把还在他那里的书拉回来。因为其他原因，耽搁了许久我才打开这些书，发现除了我付款购买的图书，他执意送给我的一些书之外，还有一堆杂书，五花八门各种类别都有，让人有一种下不了手的感觉。和他聊了一下，才知道他把感觉不好处理（包括没必要花费精力去处理）的书，通通打包送给了我。

一直忙忙碌碌静不下心来，直到深秋的某一天终于下定决心，仔细地整理了这批近百本的图书。擦拭、分类、登记，不时会发现一些对于我来说有价值和意义的书，包括基本意想不到的书，但是大多数都是我看不懂、用不上的书。我在想，应该寻找一个合适的机会把这些书送到最合适的人手里，让它们发挥应有的作用，如此才不会辜负了这位年轻的书友对我的信任，也才能让这件有关图书的雅事有一个比较完美的结局。

（2023-03）

淘书的记录

2021 淘书小记（1）

7月5日

昨天晚上，想起好一段时间没有买到《呐喊》新版本了，感觉有些复杂。去年7月底收集到200种《呐喊》版本之后，我在《第200种〈呐喊〉之谜》里夸了海口，在2022年底收集到300种《呐喊》版本。如今快一年过去了，《呐喊》的版本书居然只增加了23种，大大出乎我的预料。

我们国家出版社众多，《呐喊》属于公版图书，又是政府有关部门推荐的中学生课外必读书目，所以这杯羹谁都想分一点。于是一哄而上，基本上就是开机印刷就可以了。因此，很长一段时间里，无序出版，鱼龙混杂。这两年国家严格出版管理，对于同一品种重复出版卡得比较死，大批公版图书混乱出版得以有效控制，《呐喊》自然也是如此。

对于控制公版书的无序出版我无疑是赞成的，但我没有意识到这个有效举措对于我居然也有影响。当我感觉新版的《呐喊》似乎越来越少的时候，忽然意识到，我的《呐喊》收藏进入一个低谷期。

而这对于我来说，有点哭笑不得。

一定有人会说，控制收紧，无论是对于出版还是发行，特别是对于读者来说都是好事啊，与其胡编乱印，不如集中力量，做一些精品。既节约资源，也有利于市场。

道理我懂啊，可是具体到我的《呐喊》版本收藏，问题就来了，因为很少新品种出版，我的收藏便没有了来源。也就是这个时候，我才意识到，似乎那种更为扩张的出版局面更适合所谓图书收藏，尽管这样的局面并不利于市场健康发展。

幸亏还有些出版机构为了涨价和新面孔等目的，将老版本变换一下封面，让我时而有一两本"新"版本得手。最搞笑的是，前几天得到一本《呐喊》，应急管理出版社出版，查了一下，这家出版社原名煤炭工业出版社，因为隶属关系的改变，变成了现在这个有点怪怪的名字，而这本《呐喊》自然也就成了新品种了。

老是这么想显然解决不了问题，还得找，耐着心在网上大海捞针一般地慢慢找。还别说，果真是功夫不负有心人，不仅找到了，而且还是好几种。单本的3种，成套里的3种，接着便是寻找一家合适的卖家，价格要低一些，还能够免邮费，当然金额必须达到店家的标准。好在我即将开始一个新的选题写作，需要不少资料，所以没费多少时间就下了一单，包括两本《呐喊》，一共5本书，共96.40元。免邮费，省了不少事。

还有一本《呐喊》，找到一家相对价格合适一些的，8.6折，免邮，如果不是《呐喊》，我会等一等的，但这个今天就下单。

几天早晨一睁眼，惯性似的看了看旧书网，居然发现还有出版社自营的折扣书，翻了一下商务出版社的4折书，有几本颇感兴趣，于是开始选书，购买了做过台湾商务印书馆总编辑的浦薛凤作品《音容宛在》、《朱生豪小言集》（精装）、《青山依旧——报人读史札记三集》《北京话初探》、《俞平伯的后半生》，共5本，100.40元，包邮。

就这样，还没起床，100元钱花掉了，居然心情还很好，自己都觉得有点不可思议。

7月7日

今天开始收到书了，第一单是本地的，单一本书，到驿站拿快递时顺口说了句：很薄的一件。不想拿到手很有厚度和分量。晚上发了个朋友圈，第一句话就是："我特地把它照得厚一点。"其实它——《1944：腾冲之围》本身就很厚，848页，印刷字数80万，定价96.00元（二手书，21.60到手）。下单的时候没想到会是这么一本"巨著"，而我只是想了解一点就可以了，所以我感觉到的不仅仅是上手时的沉甸甸。

另外，这样一本专著，居然印刷了4次，总印数41000本，最后一次印了20000本，估计是5000、10000地加印，有点烦了。而在我，还是有点不可思议。

出版社不错，三联书店，挺让人放心，所以，这本书对我一定是有帮助的，我想。

松了口气。

另一单是送到家的，包装一般，路途上摔得厉害，包装袋都破了。里面的书还算好，边角轻微碰损，不过第一本居然就是《呐喊》，而且封面朝上，我一边整理着书一边对儿子说，作为一家专业图书机构，包装太不专业了，上下两本书的封面都应该朝里面才是。

有一本精装，倒是放在了中间，但显然不是刻意为之，顺着拿，顺着放，碰巧在中间。精装书是刘文典先生的《三馀札记》，选书的时候看到了，价格也还好，外观也不错，便买了。至于内容什么的，基本上都不了解，只是觉得应该读一些刘文典先生的作品。太专业的不行，札记一类的应该好一些吧？

不想打开一看，居然是原本影印，虽然看上去版式很舒服，但是没有句读着实是个问题。稍稍看了一下，内容不错，于是决定再买一本黄山书社的点校本，找了一下，一家本地书商，包邮，标价20元钱，毫不犹豫，下单。

7月10日

7日那天，又有个小高潮，一口气下了5单书。虽然总册数不多（只有7本），总码洋也不算大（134.00元），但是居然也让我犹豫了一阵子，尤其是其中的3单书。一本现在看来不是正规出版物的书，薄薄的一本，居然要50.00元。

我不仅仅是感觉它价格高了点，主要考虑的是，我是否应该下这3单书？因为它纯粹就是版本收藏。但是我很快就决定了，下单。

我的理由是：如果我下了单，就能够让一位本地著名作家的作品集，从人们认为只有2种或者3种，变成4种，再加上人们常常会忽视的一本书的不同印次，那就是6种了。

今天收到50元那本书了，有点小激动，絮叨几句。关于这件事，我应该会专门写一篇文章介绍，这里就不细说了，也算是"且听下回分解"。

至于另外两单书，一单是前面说过的点校版《三餘札記》，还有一单是《1944：松山战役笔记》，和《1944：腾冲之围》是一个作者，估计也是本厚实的书。

买一本，再买一本，有时候就像《三餘札記》那样，必须要买，有时候像《1944：腾冲之围》这样，正好需要，而一个作者的系列图书又有其连贯性。至于其他原因或者理由肯定还有很多，实在找不到，喜欢就是理由。

7月25日

这半个月时间一直在做一件事：忍着不再下单买书。

但是今天破功了。

上午，正在写东西，有人在微信朋友圈里找我，打开微信，是一个微友发一本线装书的几张图片，重点是桐城文化大家马其昶（通伯）写的一篇文章《慈竹居图记》，开头第一句："吾友刘君访渠，其为人古所称悃愊（kǔnbì 至诚；诚实）无华者也。"再看书名

《马通伯文钞》（两卷）。心里自然是动了一下，之前在网上也见过，标价1000.00元。但我一般不收线装本，除非与家族或者写作有关系的，价格也不能太高，而且如果有近现代出版的书就不买线装书。所以只聊了几句，没有谈买卖的事。

过了一会儿，又看微信，发现他在一个旧书群里把书挂了出来，标价500.00元，便私信给他，说既然他卖我就要了。他也客气，让了50.00元，于是450.00元成交。因为我正好在办公室，距离他家不远，近中午时便去拿了回来。

书真不错，民国五年（1916）初版，距今105年来，基本完好。其中数篇有关合肥的文章，自当好好研读。

小计算了一下，前面下单9单书，总价370.35元，今天两小册线装书450.00元，果真是大头在后面。

本来应该到31日再做个小结，收个尾的，但我决定今天就结束，余下6天，台风"烟花"要来，人心惶惶，不再买书了。

本月（2021年7月）：购买图书10批、21本，实付书款820.35元。

另外：收到赠书2本：《百年仁心》（许诺晨，浙江少儿出版社，32.00元），《苏州古城街巷梳辨录》（潘君明，古吴轩出版社，35.00元）。

（2021-07）

附注：

25日提前结束了书账，26日又收到一本赠书：陈满意著，黄山书社出版《厦门大学的先生们》（定价：78.00元），28日收到葛亮作品2本，均为人民文学出版社出版：《北鸢》（45.00元），《瓦猫》（59.00元），31日得到样刊一本：《安徽档案》（2021年第一期），另外收到书刊5本：《最美地名故事》（黄山书社出版，68.00元），

《炎黄春秋》（2021年第六期，15.00元），《乡音》（2018年第三、四期合刊），《未来》（2019年第一期）。

如此，本月（2021年7月）：得到赠书（刊）11本，其中7本定价：332.00元。

《炎黄春秋》（2021年第六期）里有对于胡底等"龙潭三杰"艺术天赋及贡献的文章，王晓源处长看到后，特意带给我，如此用心，让人感佩不已。

（2021-08）

2021 淘书小记（2）

8月15日

8月份从8月1日开始，这没问题，可是我差一点就把7月28日变成了8月1日，因为那一天我很自然地刷脸付款，然后，我忽然想起来，我8月书账25日已经结算过了，难不成这几天都坚持不住吗？

当然，理由还是有的，8月15日，年轻的小说家葛亮在安徽图书城有一个新书签售会，请我当嘉宾主持，为此图书城把两本书《瓦猫》《北鸢》送给我了，家里还有3种他的小说集，但还想着趁这个机会多了解他一点，于是网上找书，然后下单。

意识到这是个问题后，我做了两件事，一是暂停其他几单书付款，二是祈祷这单书发货慢一点，8月再到货，以免自己尴尬。

8月1日终于到了，积蓄已久的下单冲动一下爆发（用词有点夸张，呵呵），3单，不算多，钱数也不算大，但册数不少，超过50本。至于到底是什么书，且听我慢慢道来。

第一单书3日收到，一共7本，原价233.80元，实付79.50元。主要是卖葛亮的书，然后顺便看看，为了免邮再为了满减，就从2本变成了7本。书单如下：葛亮的《戏年》《绘色》，北京燕山的《胡适精选集》（属于成套配书），《傅斯年讲诗经》（关于《诗经》的书买过不少），《罗布泊归来》（叶永烈先生的作品），《春天》（阿乙作品，和他是微友，不曾互动)、《白事会》(有点兴趣，不知道可是重口味)，大多属于可买可不买，但是见到了，或者是因为某种理由，就买了，很多时候都是这样。

第二单4日收到，《三联生活周刊》7月份的4期，因为今年第30期上有关于杨振宁先生的大篇幅报道，所以准备在网上买一本，不想遇着《三联生活周刊》下半年5.6折订阅，就付了220.00元。

第三单也是4日收到，《中国新闻周刊》2020年几乎全年(缺4期)的44期，2019年2期，一共92元，如果凑到100元可以减10元，选了《小小说选刊》(2021年第一期)《微型小说选刊》(2021年第三期)，定价均为5元，实付92.00元。看！我的小聪明。

听说合肥的纸的时代书店要关门歇业了，所有图书半价销售，和朋友约着过去淘书，4日中午去的，热得一身大汗，挑来选去，买了22本书，320.60元。买书的过程和感受，写了一篇《盛夏购书记》，这里不再赘述。

5日收到王哲英总编寄来的《传记·传奇文学选刊》(2018年第二、五、八期)《艺术界儿童文艺》(2021年第四、五期)，因为10月份举办的文博会，有计划和王总他们合作做点事。

6日，连头带尾10天，7月28日下单的两本书到了。如果是在平时，我或许会抱怨几句，而现在，心里居然小确幸：还好，8月还是从1日开始的。

还是6日，晚上独自去了纸的时代书店，因为是有备而去，所以花的时间不多，汗也没有上回淌得多。

从另一个入口进去的，看到了原以为不在了的一排大书模，昏暗的灯光下，显得灰头土脸的。

还是22本书，285.40元，海豚出版社的"海豚书馆"系列又配了6种，中华书局的关于图书的系列买了4种，上海辞书出版社"开卷书坊"第二辑又买了3种(上回买过一种)，第三辑买了6种，另外买了《旧时书坊》(三联书店)和2本《丰子恺漫画集》（2）（10）。

此次购书主题很明确，配书，与书有关的书。

如此连珠炮地买买买，网上4单，实体店2次，一共买了127本（包括还没收到的22期《三联生活周刊》），实付款1054.40元。有点多，心里有点懊悔，想了一下，算算原价，给自己一点安慰。

原价2615.80元，总折扣4折，还不错，不是吗？哈哈！

8月16日

14日是周六，早晨格外放松，于是躺在床上下了4单书。

刚刚过去的一周，被一篇文章卡了4天，感觉很糟。想了一下，还是手头资料太少，又不愿意胡编乱抄，于是就写不下去了。

还是因为10月份的合肥文博会，将"在他乡邂逅安徽红色名人"系列的写作提前了，由于疫情影响，不能够外出实地考察、收集资料，所以感觉很困难，于是只有买书。

15日收到两单书，一单书是从江西宜春寄过来的，3本书，《黄镇传》和《詹天佑评传》和我的写作有关系，吉林文史出版社的《呐喊》算得是意外惊喜，又有多日没有买到《呐喊》新版本了。另外一单书是从湖南长沙送过来的，一本是《雄关漫道：陈原道烈士传》《矢志救国的贫民将军冯玉祥》，都是我需要的资料，第二种是搜到第一种后店内搜索到的。前面那单书也是这样，主要目标是《黄镇传》。

合肥的书由于发货慢了，16日才收到。《陈原道百年诞辰纪念文集》《中华散文珍藏本：牛汉卷》一共2本。

第四单是从内蒙古包头发过来的，有点远，估计还要几天，4本书里包括《皮定均》《邓稼先》。

4单书，11本，实付码洋83.86元。包含4位皖籍红色人物，2位皖籍其他人物，其中有2位是合肥籍名人（陈原道、冯玉祥）。

下这4单书，还多了一个环节：查询卖家所在地疫情发展情况，合肥本地没问题，江西属于空白区没问题，包头也是如此，长沙风险可控，似乎没问题。这样的事情现在属于很正常的，以后再看，或许会感觉有点匪夷所思。

8月23日

包头那单书18日到达，19日去拿的，关于这一单，我事先就想好了，等书到了再说话，我这样想，显然已经是有话要说的，只不过慎重一些罢了。

那天，我在这家书店找到一本价格最优惠的《邓稼先》，但是因为太优惠了，只要1.44元，心里有点嘀咕。网上便宜的书见得多了，但总会有点"故事"，比如品相太差，不是又脏又旧，就是破烂不堪；或者疑似盗版，或者那种专门针对馆供、大体量招标的粗制滥造；还有就是"挖坑埋雷"，书价便宜，运费奇高，一账算下来，非但不便宜，还要多掏几个钱。

但老杨显然不是这样（哦，这时候我已经知道店老板大概姓杨，因为他的网店叫作"老杨书店"），他书便宜，运费还低，一本书4.00元，每多选一本书运费加1.50元，还是不多。这让我心里更加嘀咕，这些年网购图书的经验告诉我，捡漏的事儿，基本上不要奢望，永远是卖得比买的要精明得多。

尽管如此，我还是在老杨书店转了起来，不多久，又找到一本《皮定均》，定价4.99元（这样带零头的定价也让我很不适应），其他似乎就没有什么了。这时候如果我下单，书款6.43元，运费5.50元，一共11.93元，但这让我感觉有些不踏实，那么远的距离，还快递，太便宜了吧？真的，我居然没敢下单。

继续找书，一本《爱国抗日三将军》，不知道有没有我近期写作需要参考的内容，但0.99元的定价还有什么可犹豫的，我的目标不就是多买些书让运费高一些吗？

终于，我找到一本张恨水的《上下古今谈》，应该是散文集吧，我想，关键是它的定价要高一点：7.00元，这样一来，4本书，14.42元，运费8.50元，似乎正常一些了。

还是有点不踏实，于是私信询问：看上几本书，有货吧？老杨说发个图片，图片发过去不久，他回答有书。下一步就应该下单了，但我还是犹豫，因为我看到老杨的一个"公告"，

> 书友您好：
>
> 凡在老杨书店下单买的书，书的书籍、封底和封面有灰尘和脏的地方，都要用清水擦拭和洗涤；书籍的两个角有破损，都要用胶带纸黏合；书的封皮、封面和书页有扯破的地方，都要用胶带纸黏合；书籍有开胶的地方，都要用双面胶粘合；书的封底、封面和书脊上有标签的地方，能处理的都要处理掉；有掉色的地方，能处理的都要经过涂染；跟书没关系的东西，能处理的尽量处理，保证擦洗得干干净净。
>
> 我保证书友们买的每一本书，都尽量经过处理后达到最好。等书友们拿到手里的时候，心里特别喜欢，有一种爱不释手的感觉。

老实说，这样的公告非但没让我放心，反而加剧了我的疑惑，因为它不像是真话，现在哪有这样的书商？

——书的书籍、封底和封面有灰尘和脏的地方，都要用清水擦拭和洗涤；书籍的两个角有破损，都要用胶带纸黏合；

——书的封皮、封面和书页有破损的地方，都要用胶带纸黏合；

——书籍有开胶的地方，都要用双面胶粘合；书的封底、封面和书脊上有标签的地方，能处理的都要处理掉；

——有掉色的地方，能处理的都要经过涂染；跟书没关系的东西，能处理的尽量处理，保证擦洗得干干净净。

这哪一句话像是真的？这些不都是我每次收到书之后要做的事情吗？为此，我专门准备了一条大小适中的白毛巾，胶水、胶带纸、双面胶，刀片等，也都是一应俱全。而且我早已经习惯这样了，现在忽然有一个书商说他会做好这一切，"保证书友们买的每一本书，都尽量经过处理后达到最好。""保证擦洗得干干净净。"让我"拿到手里的时候，心里特别喜欢，有一种爱不释手的感觉。"我能相信吗？

而且他的书店还能还价：

凡在老杨书店下单买书的书友们：先下单到待付款，再商量价钱，根据您买书的价钱再给您适当的优惠，能优惠的尽量优惠。一次买几十本的甚至上百本的，根据买书的价格也可以打折，具体打八折还是九折，在平台上和书友们具体协商，直到双方满意为止，希望和书友们合作愉快。

经验（又是"经验"）告诉我，但凡说得太好听的，就要警惕了，这样的书店往往会有问题。

但我实在是找不到它的"猫腻"所在，它也有没能修补好的破书，也有价格高的书，还有一些外版书可谓价格颇高，一切显示都很正常，只不过它的低价格的书偏多，它的"公告"让人有点不放心。

当然，最后我还是下单了，结果或许你们也猜到了，4本很干净的书，被两个泡沫袋包着，完好无损地送到我的手里。我习惯性地用半干的白毛巾擦拭了一下，基本上达到我的干净标准。

显然，我是错了，或者是多虑了，在这个社会里，认认真真、干干净净地卖旧书的，不但有，而且还做得如此之好。更为关键的，老杨他是真懂书，什么书该卖什么价，他有自己的标准。他似乎更像一个修行者，赚钱多少不是他的最终目的，他的终极目标似乎是要让每一位买书人"欢喜""满意"。

应该说，老杨这样的书商让我长了见识，也让我明白，在这个世界上，有很多比较正常的唯利是图，也有一些很不正常的坑蒙拐骗，同时，还有老杨这样心地纯良的人，安安静静地做着自己的一个生意，同时，将一份干净和美好传递给每一个买书的人。

8月28日

25日收到《未来》样刊2本，2021年《未来》杂志1—4期各2本，《有湖的城市——合肥的文学记忆2019》（安徽文艺出版社，48.00元）2本。样刊是2020年第三期《未来》，刊登我去年4月底去长丰草莓种植园采风时写的一首诗，这是我这么多年来第一首正式发表的诗。多年以前和近些年，陆陆续续写了不少分行长短句，自己从不敢说是诗，这次被当作诗发表出来的《周六，空气中有一种香甜的味道》，是当场写的，11行69字，可算是有感而发，据诗人们说还可以，有些小开心。

27日下午，合肥市作家协会召开主席团会议，又拿到2020年第四期《未来》2本，《山上的云朵：2019—2020年安徽中篇小说精品集》（安徽文艺出版社，56.00）2本。

23日之后，就想着提前结束本月书账，一直拖到今天，也该是差不多了，忍一忍，8月就结束了。

本月（2021年8月）：购买书刊138本，实付书款1138.26元。

本月收到样刊3种4本，图书2种4本208.00元，其他刊物11种16本。

（2021-08）

2021 淘书小记（3）

9月1日

9月1日真是个好日子！

严格控制重复出版是件好事，但到了《呐喊》版本收集这块儿，可就不是好消息了。十天半月见不到一个新品种，那种感觉真是很糟糕。想招，新旧版本并举，总算有了些进展，但大半年下来，也就26种，想着到明年底300种的"宏大"目标，估计是悬了。

不过我也明白，收藏这件事，需要热情也需要机缘，干着急没有什么用的。

昨天晚上睡得早，忽然想到好多天没有关注《呐喊》，便随手搜了一下，没承想，立刻就发现了新面孔，进到商家再搜，居然又有两种人民文学出版社的新面孔，着实有些意外，反复确认后立刻下单。

一下子找到3个新品种，自然有点小兴奋，忽然想到一种新的搜索办法，不一会儿工夫，又发现几个新品，其中有一种太熟悉了，熟悉到我以为已经收过了，后来想想，应该是我最早一批收集的《呐喊》封面图片中的一张，看多了，便以为自己已经有了，这回到了眼前，居然会疑惑。

今天抽空把昨天找到的几个新品种逐一比较挑选，顺手又找到几种其他的书，然后再下两单。

于是，这令人愉快的数字，从昨天的一二三，变成了一二三四五，按照这个节奏，明天或许还会有新发现，这让我有些颓丧的信心又勃发起来。

9月1日是开学的日子，也是再一次开始的日子，《呐喊》版本，再次集起来！

9月7日

关于这几天为《呐喊》疯狂了一把这件事，原本准备写点什么的，想想还是算了，没几个人会感兴趣的。不过从颇有些绝望的227种，到即将实现的262种，其间故事算得上励志，也不说了。

不过可以说一说花絮，比如，不认识字还敢买书。

今天才明白，大字不识一个，居然还敢买书，说的就是我这样的人。

听人家说是《呐喊》，便下单了，事后想想不对啊，封面上是上面两个大点的字，下面两个小一点的字，可是从哪里看得出两个大一点的字就是"呐喊"？两个小一点的字就是"鲁迅"？越想越有点没底，几十元钱呢，如果到手一看（不知道怎么一看）不是《呐喊》，岂不是要麻烦吗？不认识字真糟糕。

好在忐忑的时间不算太长，没两天书就收到了，急慌慌打开书，一个字不认得。幸好有原书封面，上面从右到左两个字："呐喊"，让我的心一下子松了下来，再看版权页，没错，"鲁迅"和"呐喊"四个字都有，怦怦直跳的心终于平静下来了。

什么？学习认字？这事估计有点悬。

为什么？不为什么？下回应该不会再买这种文字的书了。

9月8日

忽然想到毛边本，鲁迅先生那个时代毛边本颇流行，但留到了现在，本本都是价格不菲。

买一本《呐喊》原版复印的毛边本，花钱不多，算是填补了一项空白。

毛边本分几种，今天这本是双毛，天头因为是折叠整齐的边，看不太明显，底边则要清楚夸张得多。

至于为什么要这种半成品似的毛边本，一句两句解释不清楚。简而言之：雅趣。

明天估计还会收到一种《呐喊》毛边书，还有几种比较搞怪的版本，期待。

9月29日

称之为有始有终，比较准确，也可以算作乐观。整个九月，似乎一直都在做这件事，频率之高，收获之大，超出以往任何时期。所谓一件事无论多大多小，总有一个突击的时候，估计就是如九月这般。

在达到一定数量时，考验的不仅仅是耐心和细心，而是鉴别能力，于看似没有的地方寻找有，在仿佛雷同的群体里找出不同的那一个，真不容易，也真的很有乐趣。这样的乐趣，超乎以往，似乎之前那些都是简单的快乐。

其实是一件挺辛苦的事，之所以乐此不疲，是因为一路有惊喜、窃喜和收获，因此一鼓作气做下去。"感受"这东西很奇怪，不到一定的时候，不能理解，或许这也是一种境界吧。

相对于"百里半九十"，完成眼前余下的这个"十"的难度不小，沙里淘金的前提是必须有金子在那里，而且不至于太过稀少，这时候需要耐心和持久力，更需要直觉和方向，方向准了，事情自然会好办得多。归根结底，还是智力和经验。

回顾整个过程，颇多感慨，想做成一件事，需要很多东西，也考验着我们各方面的能力，当然，回报也是丰厚的，超出预期，特别是在境界和能力上，给人以启发和提升。

　　——絮叨半天，其实说的就是收集《呐喊》版本的事，这件事本没有什么说头，被我啰唆多了，似乎就有了一些话题可说了。琢磨一下，这话有点什么味道吧？

11月30日补记：

　　以上4则短文都是发在微信朋友圈里的，算得是随笔记下，随手发出，然后10月份居然还在兴头上，加之各种活动和杂事多了起来，这则小记便成了"烂尾"。

　　又想了一下，似乎还有一种不敢面对，因为这两天翻看统计一下9月份的购买图书的记录和数据，发现的确是有些过分，具体如下：

　　下单46笔，161本，1902.99元；

　　到货38笔，141本，1644.27元；

　　也就是说，平均2天下单3笔，其中9月6日和28日两天各下单11笔，可以想象那两天我处于一种怎样的状态。

　　当然，收获还是不小的，尤其是《呐喊》版本，达到42种（9月份没有到货的8单里还有10种），这就意味着我收藏的《呐喊》版本总数从8月份的227种，升至269种，这让我颇有成就感。

　　由于我的习惯，因此很少单买一本书，所以顺便买下的书也不会少，为买《呐喊》版本而下的30单里，这一类书达到61本，其中与鲁迅先生有关系的书（作品和资料）有34本，超过一半，包括买重或者书商发错了的几本《呐喊》。其余27本里，让我感觉不错的是4本皖籍女作家戴厚英的作品集，以及几本皖籍名人资料书。

　　与《呐喊》没有关系的8单里，有两单是收到书之后，发现不能作为《呐喊》版本，名不副实、莫名其妙的事，在名为《呐喊》的书里时常出现，有机会可以专门写一篇文章。

　　还有两单也是与鲁迅先生有关的，一单是人民文学出版社1981

年版《鲁迅全集》精装本里的4卷，标价分别为：第一卷59.90元，第二卷49.90元，第十一卷、十二卷均为19.90元，另外还要付邮费，经过协商，原标价合计149.60元优惠后为120.00元，而且包邮，于是二话不说付了款。这4本书到手后，我凑齐一套1981年版精装本《鲁迅全集》的愿望就实现了，对于我来说，与其说是凑齐了一套书，不如说是圆了一个梦。另一单也算得是圆梦，人民文学出版社前前后后好几套鲁迅作品单行本，但我没有一套是全的，因此今年出的新版便不可能再放弃了。网店做活动，第一批8本书4折到手，很是开心。

既然账都算得这么细了，索性再进一步，反复计算了一下：9月份购买的161本书里，与鲁迅先生有关的书（作品和资料）达到103本。

我相信所有耐着性子看到这儿的读者都应该会问：为什么会这样？过于冲动和盲目了吧？答案其实很简单，因为《呐喊》版本的收集，更因为今年（2021年）9月25日，是鲁迅先生诞辰140周年纪念日。

一个情结，一份感情，就这么简单。

（2021年9月得到6本书和2本样刊，其中4本书是20世纪70年代的，在武汉送出去4本自己的书。）

（2021-09）

2021 淘书小记（4）

10月1日

长假第一天，宅家，做卫生，洗床单被套，而全天里始终在做的事，是整理这两天收到的书，包括《呐喊》版本8种，这几本书都是我想方设法搜到的，其中有几个版本可谓难得。

人民文学出版社1952年11月重排第一版《呐喊》书号总69，是人文社早期图书。品相能够如此之好，更是不容易。

台湾风云时代出版的《呐喊》是"鲁迅作品全集"中一种，封面上有一句话："文学风云数十年，中国文坛第一人"。

这是我收集到的第272种《呐喊》。

10月4日

除了一家老小一日三餐，整天在家里宅着，翻翻书写写字，真是没什么可说的。看着人家游山玩水，或者晒吃喝，或者晒私藏，觉得自己只有晒晒最近收到的《呐喊》版本和收藏的心得体会了。

昨天看到两句话，感觉很有道理：一好二迷三钻研，一层境界一层天。我收藏《呐喊》版本现在应该正处于"迷"，或者说痴迷阶段，接下来会不会进入"钻研"阶段还未可知，不过我希望自己能够在现有基础上有所心得和发现，进而能够达到一定的层次。

前一段时间，发现自己忽视了一个问题，那就是人民文学出版社的《呐喊》版本水很深，需要用心去寻找和研究，比如20世纪50年代那个小开本中国民间特色封面的，居然是糙纸所印，还有印有原封面的那种，简直可以单独成一个系列。

今年，人民文学出版社又出了两种《呐喊》新版本，其中一个是鲁迅作品系列中的一种，该系列又是一个新风格，准备收一套。

10月7日

感觉又蚀了一把米。

不过诺贝尔文学奖不是长假里我最主要关注点，因此失落不算太大。

今天到手的这本1952年2月人民文学出版社出版的《呐喊》，让1949年前后的《呐喊》版本延续脉络逐渐清晰起来。

12月2日补记：

10月的随手小记不多，但书并没有少买，下单34笔，到货32笔，加上9月下单的8笔，一共40笔，1832.02元，总量超过9月。不过册数只有120本，比9月少一些。

具体说来，这120本书可以分为4部分，《呐喊》版本及鲁迅其他作品（70本）、残雪作品（12本）、皖籍名家作品和皖籍名人资料（18本）、其他图书（20本）。

《呐喊》版本又收入30种，总数已达299种，另外1种也下单了，很快就会到手，也就是说，我的300种《呐喊》收藏目标，已经提前14个月完成，这让我长长地松了口气。

随着越来越接近目标，我的心态也发生一些变化，比如会关注一些比较稀缺的品种，当然价格也会高很多，不过既然收官在即，有些品种又是不能没有，多花一些钱也是必需的。

2个月来，70多个品种，一定会有故事，心得和感慨也不少，所以我计划从291种开始，每本书写一篇短文，目前已完成近一半。

又在鲁迅先生的作品集里确定了一个小的收藏目标，在原有基础上，9月增加了15种，本月再增加22种，目前总数超过50了。其他品种里，有一套书重复买了两次，原因是它们实在是太便宜了。去年出版的书，包含《呐喊》《彷徨》《故事新编》和《朝花夕拾》，小32开，薄薄的4本，定价88.00元，不过它们从来没有卖过原价，一直是5折以下。我在他们刚面世时就买过一套，因为封面有些偏，造成鲁迅先生半张脸中的鼻梁少了点，一直想再买一套好一些的，在这点上，我的确有些强迫症。不过，撇开定价，它们的确还是有点特色的，因此，当我发现居然有6.16元这样的售价，自然是毫不犹豫地下单再下单。

当一套88.00元的新书以不到一折的价格出售的时候，给大众的感受估计不仅仅是很便宜了，人们很自然地会质疑图书定价的合理性，乃至对整个图书市场失去信任。因此，有关部门真是应该管一管图书定价等方面的种种乱象。

10月7日的"小记"里所说的"感觉又蚀了一把米"，是指每年10月份的诺贝尔奖开奖，而我总是盯着我们中国几位我看好的作家，并不是很了解残雪，但从去年开始，居然成为得奖热门人物，所以买了几本她的作品，今年正好网店有活动，便把她的其他作品都买了，动机有点不纯，用合肥话说就是"赶热哄"。不过既然买了她的作品，还是要读一读的，有了自己的判断，就不会盲目跟风，做出一些让自己尴尬的事情了。

到手的几本皖籍名家作品主要是配齐早些年安徽文艺出版社的《张爱玲文集》，去年侄儿把他手里的2本送给我做活动，如今配齐4本还他，小伙子蛮开心的。

皖籍名人资料依然是写作的需要，随着涉及的名人越来越多，以及自己学习研究越来越深入，必将会需要更多这方面的书，购买实用图书理由充足，下单时自然一点都不会犹豫。

买书是为看的，这没错，但买多了的确看不了，这也是事实，于是很多书就变成了纯粹的"藏书"，不过即便是藏书，也应该有理由，比如喜欢或者感兴趣，因为价格便宜而买书这样的事现在越来越少了，因为我渐渐想通了：便宜的书是买不完的，买多了也没有地方放，而且一旦精简或者处理藏书，它们必将是最早被放弃的，而那些真爱的书，则会一直在那里，陪伴着我们的人生。

（2021年10月得到4本书，样刊1本，4本书分别是温跃渊老师的新书《文坛纪事》，里面收录了他去年专门我写的一篇文章，还有孙启放老师的诗集《蓝》，淮北档案馆编写的《故时寻踪——档案里的故事》，阜阳档案馆编写的《阜阳简史》；样刊是《安徽档案》2021年第二期，里面收录了我写歙县蜈蚣岭的一组文字。）

（2021-10）

2021 淘书小记（5）

11月份购书总体呈现下降趋势，但是因为三个原因，最终还是册数过一百，花钱过一千，说实话，面对这样的结果，心里真的有些不是滋味，甚至想到这书不能再这样买了。

所谓三个原因其实也是给自己找平衡，作为理由多少有些牵强。

首先是月初的"中国黄山书会"，我因为既要主持活动又有自己的活动，所以6日（周日）全天都在那里，正事做完了，免不了各处转转，面对那么多的书一点不动心，那肯定不正常，而我是一个正常人，所以自然会下手买几本。上午主要是看浙江各出版社的书，买的几本书是我感兴趣或者勉强能够看得懂用得上的，《艺舟双楫》《黄宾虹画语录》《非翁画语录》《白石老人自述》等，这几本书版本装帧也好，雅致得很。下午买了两本皖籍名人的传记，作者都是熟人。

另外，书会上所有书都是5折优惠，这一点太具诱惑力了。下午一起做活动的几个文友个个都是满载而归，如果没有车，简直没办法带走。还有更夸张的，一位我称之为大姐的文友，第二天冒着变天后的狂风暴雨开车再去场馆，拉回一大堆书。

不过，价格的诱惑相比较于随后到来的双十一，还是要打一些折扣的。10日晚上睡觉前，刷了一下微信朋友圈，看到一位文友晒他新买的书，想起自己在网店的购物车里也存了不少书，打开一看，虽然还没到 11 日，活动已经很热闹了，常规的满 100 减 50 的同时，满 400 再送 50 元优惠券，于是，标价 400 元的书，只要 150 元就可以到手，于是，自然毫不犹豫地下了一单，人民文学出版社的《莫泊桑文集》（精装 4 卷）和另外一本书，3.75 折，因为风寒而状态不佳的我，心情变得很好。

第二天就收到书了，然后发了一个朋友圈：

> 这几天学乖了，晚上早早就睡了（其实也不算太早，10 点多钟），可是问题又来了，夜半或者凌晨会醒一次，尽管不多会儿还能再睡着，但有两点很麻烦，一是刷手机费眼，二是下单买书买东西费钱。
>
> 昨天凌晨下一单书，名家名社的精装本文集，不到 4 折，早晨醒了再下一单，小动物吃的，今天买的主要是一些用的东西。某种意义上，双十一是对于我一个提醒，该买而一直没买的，趁着便宜买了，不失为一件好事。
>
> 买书就不一样了，尤其是精装本，架像似乎成了第一位的，颇为虚荣。当然如果是名家名社就不一样了，这么想着，中午又下了一单。

这"又下了一单"还是人民文学出版社的精装本，《福楼拜文集》（5 卷），加上另外一本书，标价 410.00 元，实付 160.00 元。

不过总体来说我还是比较理智的（自夸一下，哈哈），两单过后再没有下单买书了，省下来的钱买了大大小小好几个我和儿子都能用的包，心里的负疚感由此减轻不少。

第三个原因比较"正当"，撰写有关安徽名人的文章，需要大量的资料，本月集中购买了 36 本这方面的书，皖籍名家作品也买了 8 本。

不过，即便理由正当，书买多了还是很有问题，在我看来，"往哪里放"首当其冲，这样的问题可以说一直是个困扰，所以有时候解决问题，不需要在所谓关键环节下手，比如谁会想到家里到处都是的图书是打击我买书欲望的七寸，如果想让客厅清爽好看一些、卧室温馨舒适一些，楼板承受少一些的重量，只能是少买书，或者一边买书一边清理书。如果舍不得清理书，就必须少买书。

当然，我并不是一个说到就能完全做到的人，况且买书一旦成瘾真不是一时半会儿就能够改变的，在我这篇不长的文字里，按捺不住的窃喜和炫耀依然是踪迹可寻。

好了，再说下去就太啰唆了，还是记一下本月收到哪些书吧。

月初因为要参加《清明》杂志的读书分享会，得到季宇老师的新作，长篇小说《群山呼啸》和几本《清明》，还得一本苗秀侠老师的新作《大浍水》，也是长篇小说。

月中收到《诗歌选刊》的样刊，同时还收到《安徽档案》的样刊，能够在专业杂志上发一首诗也算是圆了我早年的一个梦，虽然心里还是有些发虚。

月底在安徽博物院看展时，得到《方以智文物集萃》等两本书，同时收到《散文选刊》（下半月·原创版）编辑部寄来的6本刊物（包括3本《海外文摘》），因文字结缘，真是不错，或许就是下个月，我会收到另一本样刊。

本月一共收到书刊21本，送出图书3本。

本月购买图书19笔，107本，1158.95元。

本月，终于把一个厚厚的笔记本用完了，从2018年9月开始，3年多一点的时间，一笔笔记下的，是下单或者直接购买图书时的种种理由和心情，其中，兴致勃勃、心情愉悦一定占比最大，说来也是，如果不开心，谁会花那么些的时间和钞票去寻找、挑选和购买那么多的书，又怎么可能不厌其烦、喋喋不休地写出一篇又一篇关于买书读书的文字。

通常，说不清楚的东西，往往最难以改变。

我想是这样的。

（2021-12）

2021 淘书小记（6）

其实吧，我这个人平时说话还是挺算数的，但就是买书这一样不照（合肥方言：不行的意思），总是出尔反尔，哈哈。

前一段时间统计了一下这一年的买书账目，有点触目惊心的感觉，于是决定 12 月下半月不再下单买书了。后来因为写作需要，下了两单三本书，又决定今年最后 10 天不再下单。不过因为今天这件事，我有些动摇了。

前天到达的一本书，因为这几天事情有点多，耽误了，今天下午上班之前取了，放在青桔单车的车筐里。到了办公室，一推杂事做完后，坐下来刚喝一口水，忽然想起书没有带上来，"坏了，落在车筐里了"我一边自言自语着一边穿上大衣戴上口罩往电梯间跑。

——这么久了，一定让人拿走了。

——一本书，没准人家不感兴趣，又还回来了。

——应该没人发现，否则会打电话给我的，毕竟还是好人多。

——如果车子被人骑走了，而骑车人也没发现那个快递，就麻烦了。

我一边急匆匆地走着，各种念头在脑海里闪过。出了院子北门，再往前几步，老远看到那辆青桔单车还在，车筐里好像有一个白色东西，我不由得加快了步伐。这时一个中年女士由西向东即将路过那辆车，我立刻将她认定为假想敌，想着如果她拿起那个快递，就糟糕了。于是我三步并作两步冲过去，一把将快递拿到手，那位女士这时也刚好到达车旁边，见状似乎吓了一跳。我有些尴尬，讪讪道："这么长时间，居然还在。"

《李绅集校注》，失而复得，煞是开心。想着自己的那个改了又改的"决定"，以及放在网店购物车里那22本书，我决定改了原先那个"决定"，今天晚上就下单，非文学，虽然是一时兴趣，但开本小巧，定价不高，大多5折之后还有优惠，总共不到一百元，还有什么好犹豫的，万把块钱都花了，还在乎这一点吗？再说了，今年多一点明年不就会少一点吗？没错，这就下单！

于是，2021年又多买了22本书，数字挺好，心情大好！

总体来说，我在2021年最后一个月里还是比较理性克制的，到目前为止，一共5单，38本，350多块钱。虽然算不上全年买书第一第二少的，第三还是没问题的，前提是守住最后4天不再下单。

买书自然都有理由，而且大多会有故事，本月也是如此。前面的"失而复得"算一个，下面再说两个。

第一个故事发生在本月第一单书里的。购买《吉城日记》时顺便买了一些鲁迅先生的作品集《呐喊》《彷徨》和《阿Q正传》等，其中各有一本属于两个"百年纪念系列"，《阿Q正传》今年12月面世100周年，可谓正当其时；《呐喊》和《彷徨》则分别还有两年和五年才到出版百年，显然有些性急了。

《阿Q正传》版本不错，精装，压印，素净，大气厚重。但偏偏这一本脊背这边的后上角有很明显的硬擦伤。如果是平装书，或者不是属于"百年中篇典藏系列"，我会选择不计较，但这本不行，于是我要求调换。

不一会儿，收到一条短信，才知道刚才没接的两个广告电话中有一条是京东客服打的，于是下午我接了电话。客服告诉我鉴于我属于优质客户（这话不假，我在京东花的钱可不少），给我两个解决方案，一是按照我的要求换书，确定后快递员会上门取书；另一个是退款不退书。我说我是要书的，即便是退款不退书我也还是要重新买一本，况且我感觉退款不退书也不合适，有点不好意思，还是换书吧。客服说，她有这个权限，而且我也符合条件，意思很清楚，希望我退款不退书，这时我也想明白了，此书实售价不高，17块多，两种解决办法付出的费用也大抵相同，所以同意第二种方案。很快，16.80元书款（似乎少算了近1元钱）也退了回来。

3天后，我重新下单买了一本《阿Q正传》，这一次，品相还是有点问题，原包件打包时留下来的硬伤颇明显，但我决定自己想办法修整一下，这件事到此为止。

第二个故事有点弯弯绕在里面，下了单，但没有收到书，所以没统计在本月购书里。而没收到书的原因属于不可抗力。

21日，有个没见过面的文友在朋友圈发了一条消息，说他在孔网的小店正式支起来了，目的是让看过的旧书流转起来。这种做法让我感觉挺好，于是到他的小店转了一下，只有十多本书，没看上什么合适的。

过了两天，他又发了一条朋友圈，看上一套两本的书，到他网店看了一下，书多了一些，于是又挑了一本，三本都是有关芜湖的文史资料。虽然不是特别需要和感兴趣，还是决定下单，也算是支持一把。

文友很高兴："刘老师，这是帮我开张呀，我抽空给你寄过去。"我说："不着急，有时间再寄。"谁料想，说着说着，西安的疫情形势紧张了起来，而这时我才想起这位安徽文友现在居住西安。

于是这单书就变得有些遥不可及了，显然年底之前西安不可能解封，那么只有寄希望明年一月中旬，因为有专家说那个时候西安的疫情将会得到控制。当然我更关心那位文友和所有西安人的安危，灾难面前，几本书真的是不值一提，但我又是多么想能够早一点收到这几本书，大家自由自在，路上物流顺畅，就是一种平安幸福啊。

祝福！期待！西安，还有我的那几本书。

（2021-12）

榜单与下单

——2022年书事闲谈&100种
杨振宁主题图书收藏散记

卖书与藏书——当清雅遭遇现实

回头看榜单和回头看书账，心情自然是不一样的，但也不是一点共同点都没有，只是这样的共同点不太一般，得细心去品咂。

先看 2022 年 1 月的全国畅销书排行榜。

虚构类前 10 名里，排名第一《红岩》是老面孔了，《遥远的救世主》升至第二也不算意外，倒是网文纸书《告白》势头有点强劲，与之相关的关键词有"言情""黑马"等，《三体》系列霸榜太久，已经习惯了；《红楼梦（上下）》升位与假期及开学季有关，《三体 II·黑色森林》第六，《三体 III·死神永生》第七，《苏菲的世界（新版）》第八，《活着（2021 年版）》第九，都是老面孔；排在第十位的《天官赐福（壹）》有点意思，网文漫画版，粉丝从网上追过来，网络对榜单的影响越来越大了。相比之下，莫言的《生死疲劳》能够进入榜单前 30 名，居然会让人感觉有些不容易。

非虚构类前 10 名里，《蛤蟆先生去看心理医生》连续 8 个月位居第一，第二名是《次第花开（2017 修订版）》、第三名《如果历史是一群喵（9）——五代十国篇》保持住了上个月的位次；第四《苏东坡传》和第五《傅雷家书（2018 版）》（精）不仅和另外 4 种书一起重新进入前 30 位而且进入了前 10 名，显然是受到开学季的影响；位于第六至十名是：《半小时漫画中国史（全新修订版）》《被讨厌的勇气："自我启发之父"阿德勒的哲学课》《如果历史是一群喵——夏商西周篇》《如果历史是一群喵（8）——盛世大唐篇》《半小时漫画中国史（5）》，其中，"半小时漫画系列"与"如果历史是一只喵系列"各占两位，可谓平分秋色，而在榜单前30名中，它们分别占8位和9位，显然"喵"们占了上风。在这两个系列漫画越战越勇的厮杀中，一本又一本其他图书跌出了榜单前30名。

照说卖书应该是卖一些好书和经典书，但实际的情况是：必须要去卖那些畅销的书，至于图书的品次、质量，基本不在考虑之列。传统的介绍和推销显然落伍了，网络的力量，公众的兴趣点，让图书的商品性日益彰显，而所谓"文化"就显得有些落寞和尴尬。

分析榜单有些看热闹的意味，回看书账则有些不是滋味了。一个月买书花了1100多元，买了近100本书，虽然原价2990多元，似乎很划算，但还是让我感觉有些懊恼：至于吗？真的有必要吗？

梳理一下，或者说借着梳理解释一番，或许是减轻尴尬的一种方法，记得有一种说法是：寻找问题的根源是解决问题的有效途径。显然，目前我的心态已经是自认这是个问题了。

先归个类，大概有5个系列，尝试着三言两语简单说一下：

人民文学出版社"短经典精选"系列：看到别人在看这个系列的书，也想找几本看看，结果因为折扣大，刹不住地下单，于是就有了十六七本。显然是买多了，既费钱又占地方，有时候见着，还会有一种压力。

非虚构作品：原因同上，数量少一些，不到10本，但定价不低，钱没少花。最大的问题是，什么时候才能看完它们。

"大家墨宝""最美的字"系列：属于书法方面的书，因为要写一个皖籍书法名人，想找两本他的字看看，其中有个小册子是"最美的字"系列里的，感觉不错，手一抖，买了20种，价格的确不高，3.00元或者3.50元，开本也小（64开），但对于我这个暂时静不下心来欣赏书法艺术的人来说，的确是浪费。目前它们还放在沙发把手上，总想着什么时候翻翻，一边欣赏一边感慨。

名人日记、年谱系列：因为从几种近代名人日记、年谱中受益不小，加之受周围那么一两个有此喜好的文友的影响，开始有意识收集一些可能用得上的日记和年谱，一共十多种，还算是比较克制。理想的结果是：空闲时间翻翻它们，又会有一些新的发现和收获。

"老照片"系列：24本，原因很简单，单行本、合订本买过很多了，又想着要把它们凑齐了。理性地想想：书是好书，看一批买一批才是，没必要买那么多堆在家里。贪多求全，这是我一个根本性问题，似乎也是有收藏癖好的人的通病，基本上改不了，奈何。

还有几本书，属于我一直关注的几个主题：鲁迅先生的《呐喊》《彷徨》的版本、《傅雷家书》的版本、皖籍名家作品，有关杨振宁先生的书，主题图书收集贵在日积月累，轻易增加目标则又是个问题。

说来说去，其实无非是懊悔、为自己找理由，当然也有一些反思，收藏图书的标准到底是有收藏价值还是有使用价值？我似乎还在迷糊中，不过自我感觉已经有往"使用价值"偏移的势头。看来我最终成不了一名藏书家，无论是心理状态还是在财力与硬件方面，都有些距离。

卖书与藏书自然是两个概念，不过有时候它们的确又有些相似之处，时下"初衷"这个词很热，比如"不忘初衷"，卖书者，藏书者，到最后往往都是忘了初衷。

当清雅遭遇现实，赢家大概率是现实。

（2023-02）

写书与买书——用心做成一件事

写书和买书也是既有关联又很不相同的两件事，如果一定要将"用心做成一件事"这句话用在它们身上，无非就是：写书者努力去把书写好，有人爱看，有人受益；而买书者则尽量把钱花得值当，买来的书要么有阅读价值要么有收藏价值。

这话说得好像有些不着边际，还是先看2022年2月的全国畅销书排行榜。

虚构类前10名是：《遥远的救世主》《三体》《三体Ⅱ·黑色森林》《三体Ⅲ·死神永生》《红岩》《人世间（全三册）》《天幕红尘》《告白》《百年孤独（30周年纪念版）》《生死疲劳》。

虚构类榜单中，最大看点似乎不是升至第一位的《遥远的救世主》，而是进入前10名的《人世间》，这两本书在榜单的位置，都是热播电视剧的影响在发力。《生死疲劳》能够进入前10名，也是很给莫言先生的面子了。

非虚构类前10位是：《蛤蟆先生去看心理医生》《曾仕强详解易经（1）——易经真的很容易》《次第花开（2017修订版）》《被讨厌的勇气："自我启发之父"阿德勒的哲学课》《法制的细节》《傅雷家书（三联初版纪念本）》《底层逻辑：看清这个世界的底牌》《你当像鸟飞往你的山》《置身事内：中国政府与经济发展》《如果历史是一群喵（9）——五代十国篇》。

非虚构类榜单变化不小，罗翔的《法制的细节》上月进入榜单前30名，本月第五，其旧作《圆圈正义》本月第十二名，网络的力量，热度在持续发力。《傅雷家书》这两个月有三种版本出现在各种榜单里，也是难得。

图书销售从来都会受到各种外界因素的影响，热播影视剧的影响力、网络的力量则是渐渐出现并越来越大的新的外界因素罢了，未来还会有新的因素出现吗？应该会的，或者说一直都在出现，只不过能量不够强大，不足以引起我们的注意。

2022年2月1日是农历正月初一，按理说2月份的购书量不会太大，因此10批81本881.30元这样的数字让我自己都有些诧异，不免用心研究一番。

在这81本书里，1月份书账中"人民文学出版社'短经典精选'系列""非虚构作品""名人日记、年谱系列"和"'老照片'系列"合计又买了13本，人民文学出版社中、外两个比较精巧作品系列买了9本，安徽及合肥地方文史类图书12本，其他图书10余本，其中值得一提的是10.00元钱买了3本新文艺出版社1950—1957年出版的契诃夫短篇小说单行本，窃喜了好半天。

很让人感觉搞笑的是，正月初一居然收到了1件书（1套10本的《鲁迅先生作品集》，定价高折扣低那种，因为包括《呐喊》《彷徨》两种，便下单了），初六又收到2件书，不过它们也都是过年前下的单，没承想新年前几天里能送到。2月份下的第一单书时间是12日，正月初十之后了，算不得太过分。

新年第一第二单买的都是鲁迅先生的书，正是它们了了我一个多年的心愿：收齐一套完整的"鲁迅作品单行本"，当然是人民文学出版社的。

人民文学出版社出版的"鲁迅作品单行本"应该有十多种吧，远的不说，1973年之后至少有五六种，这些系列我都有，但都不全，有的差一两种，有的只有一两种，我特别喜欢的2006年那个系列，因为其制作精美，价格不菲，凑齐一套基本不可能，很是失落。

2021年是鲁迅先生140周年诞辰，人文社又推出新版的"鲁迅作品单行本"，虽然对于这个版本的装帧设计有那么一点不适应，但我决定不再放过这个机会，不但要收全套，而且还要全部都是一版一印，这意味着我必须在第一时间下手。

2021年底买了这套"鲁迅作品单行本"第一批面世的7种，本月则将余下的21种26本全部收入囊中。价格也很合算，26本书定价702.00元，付款299.48元，4折多一点。

至此，的确是了了一个心愿，说大一点，是当机立断地做成了一件事。这个正月因为这件事，心情颇佳。

写书的人能做到把书写好，有人爱看有人受益，已经很好了，至于这书是否卖得好，他基本上是无能为力的。那么"用心"去写了，是不是就算是做好一件事了，我觉得应该算。

买书就不一样了，买到自认为有价值的书，钱花得值当，还不能算用心做成一件事了，这些书被看过了用上了，或者虽然没看但是有收藏价值升值了，才能算。

如此看来，不论是做什么事，"用心"是第一重要的。至于人民文学出版社这一套新版的"鲁迅作品单行本"于我而言到底是哪种价值更大一些呢，似乎收藏价值更多一些，不过这中间还有一种特别的满足感，对于藏书者来说，满足是一种难与人言的快乐。

（2023-02）

当生活几乎处于停顿的时候

一般来说，让人类的生活处于停顿的状态基本上不可能，但在2022年，疫情做到了。学校延迟开学，全国图书市场的开学季效应随之减弱，虚构类那些原本会突突地往上升位次的书只有《红楼梦（上下）》一种表现正常，倒是非虚构类图书因为原本就与开学季关系不太密切，因此基本上是该怎么样还是怎么样，真可谓成也萧何败也萧何。

在2022年3月的全国畅销书排行榜虚构类前10名中，《遥远的救世主》继续第一，《人世间（全三册）》升至第二，《三体》《三体Ⅱ·黑色森林》《三体Ⅲ·死神永生》《红岩》《天幕红尘》《百年孤独（30周年纪念版）》依次往下降，新进入前10名的《红楼梦（上下）》和《杀死一只知更鸟》分列第八、第十位。老面孔，变化少，自然就没有什么看头。

非虚构类前10名是：《曾仕强详解易经（1）——易经真的很容易》《次第花开（2017修订版）》《蛤蟆先生去看心理医生》《被讨厌的勇气："自我启发之父"阿德勒的哲学课》《法制的细节》《圆圈正义》《最温柔的教养：做温和而坚定的父母，让爱在对话中流动》《底层逻辑：看清这个世界的底牌》《你当像鸟飞往你的山》《如果历史是一群喵（9）——五代十国篇》。

连续9个月居于榜首的《蛤蟆先生去看心理医生》掉到第三位，

网络热门人物罗翔的旧作《圆圈正义》第六位，书名长达23个字，似乎可以一眼就能够看明白是在说什么的《最温柔的教养：做温和而坚定的父母，让爱在对话中流动》首次进入榜单前30名便排在第七，这些都是看点。大众的关注和追随，直接反映到榜单中，如果仔细琢磨一下，榜单又何尝不是当下世道民心的反映呢，缺少什么，需要什么，自然会去寻找什么。

疫情影响着畅销书榜单，也影响了我的下单，因此，2022年3月的31天里我居然只下了一单书，不仅如此，这唯一的一单还只有一本书，是不是有些匪夷所思？其实原因很简单，由于疫情，今天这里管控，明天那里封了，不是发不了货，就是收不到货，同时还有安全上的考虑，本地都减少接触，何况外地呢。

虽然只买了一本书，但赠书却收了不少，一共6批9本。超过前两个月的总和。其中有参加文学活动时得到的赠书，比如许春樵的新著，人民文学出版社出版的长篇小说《下一站不下》，就是在新书分享会上得到的。蚌埠作家君娃的新作《风吹过》是3月初寄给我的，11日去蚌埠参加她的新书首发式，再次应邀担任对话嘉宾。宿松作家储劲松的新书《草木朴素》文字好，插图素雅。还有两本以图为主的书，绘画者是榆木先生，两本书分别是《我的父亲》《漫画二十四节气》。王蒙先生的《这边风景（上下）》等3本书得来最有趣，单位的福利，可以自主选一本书，经办人友善，允许我突破一点，于是就把这套人民文学版"茅盾文学奖全集"里的新书拿到了手。这套书基本上都收藏了，只是现在书价越来越高，动辄就要小一百，而且原作大多都有了，只为凑齐版本，实在是纠结，早有就此打住的念头，只不过一直没有下决心。

当生活几乎处于停顿的时候，是这些书陪伴着我们，让我们充实，给我们安慰，不然的话，我们的心情还不知道会有多糟。

畅销书榜单上那些数字的背后，是一本本各式各样的书，是一个个需要书的读者，他们和我一样，需要图书的陪伴，庆幸还有图书陪伴。至于榜单上的起起落落的变化，他们并不关心，也不需要关心，对于他们来说，手中的这一本或者几本，就是全部。

当生活几乎处于停顿的时候，幸好还有书。

（2023-02）

奔着一个明确目标行动起来

　　总体来说，2022年4月的全国畅销书排行榜没什么亮点，尽管虚构类有那么一两种网文纸书势头还算强劲，但网文纸书整体下滑，自带流量再大也会有穷尽的时候，正常。非虚构类也是如此，一本10年前的"全新修订版"图书因为网络推荐火了一把，多少有些奇怪。倒是前10位中没了漫画书的影子，比较稀罕，其实两个系列都还是很有能量的，只不过整体在缓缓下行。

　　虚构类前10名：《遥远的救世主》《三体》《三体Ⅱ·黑色森林》《三体Ⅲ·死神永生》《百年孤独（30周年纪念版）》《红岩》《人世间（全三册）》《云边有个小卖部》《杀死一只知更鸟》《活着（2021版）》。

　　非虚构类前10名：《次第花开（2017修订版）》《被讨厌的勇气："自我启发之父"阿德勒的哲学课》《曾仕强详解易经（1）——易经真的很容易》《蛤蟆先生去看心理医生》《最温柔的教养：做温和而坚定的父母，让爱在对话中流动》《圆圈正义》《底层逻辑：看清这个世界的底牌》《如何说　孩子才会听　怎么听　孩子才肯说（2012年全新修订版）（平装）》《置身事内：中国政府与经济发展》《阅读的方法》。

　　看完榜单，我来说一说4月份下单的故事，一个月30天，37批（其中仅2单没有杨振宁主题图书），100本（张），近1800.00元，这样的数据自然会有说头，不然的话，绝对是失控和非理性。

"奔着一个明确目标行动起来"是一句有些煽动意味的话，但在"目标"前面加了个"明确"又说明这个行动不是那种盲目冲动的。事实也的确是如此，应该说这个目标已经酝酿了一段时间了，只不过一直没有下决心去做。

一个藏书人的理想与纠结故事。

2022年10月1日是诺贝尔物理学家得主杨振宁先生100周年诞辰，杨振宁先生是从合肥老城区四古巷走出去的世界著名科学家，多年以来我一直关注杨振宁先生及其著作以及有关他的图书和报刊，基于以上3点，我一直在想如何在2022年为杨振宁先生做点什么，一直到4月13日下午，与几位档案和文史专家、达人小聚，大家似乎很快就议定，在10月1日举办一个"百年振宁"图片图书展，我负责提供100种杨振宁主题图书报刊图片。

我所定义的"杨振宁主题图书报刊图片"是指杨振宁先生的作品集和刊登有杨振宁先生作品的书刊，但必须在封面上有杨先生的姓名或者图片；另外很大一部分是作家、记者等写的有关杨振宁先生的作品集，包括访谈、传记、侧记、故事等，同样必须在封面上有杨先生的姓名或者图片。

当天晚上我就把家里能够找到的杨振宁主题图书都搜了出来，不到20种的数目让我很是不安，甚至可以说是惶恐，太少了，比我想象中的要少了太多，其中有分散在各处（包括其他房子里），一时找不到的，还有不少的相关报纸由于没有归类收藏，更是很难找到。

14日那天，我一共在网上下了5单书，包含5种杨振宁主题图书，17—19日收到4种后，我开始做了一个图书目录，22日又添加了最后一种，至此，一共有22种。我发现我这个最初的目录有一个很好的特点或者说贡献，就是它为这22种图书报刊图片进行了分类，这个分类（包括逐步拓展部分）为之后大量的主题藏品的登记和查找提供了方便。

以下是最初从家里找到的17种"杨振宁主题图书报刊图片"的简要清单，放在这里，也算是个纪念。

一、杨振宁著作

1.《曙光集》（杨振宁著，翁帆编译，生活·读书·新知三联书店2008年3月一版二印）

2.《晨曦集》（杨振宁，翁帆编著，商务印书馆2018年3月一版一印）（精装）

二、杨振宁访谈等

1.《杨振宁谈读书与治学》（杨振东，杨存泉编，暨南大学出版社1998年5月一版一印）

2.《人间重晚晴：杨振宁翁帆访谈录》（科学出版社2007年1月一版二印）

3.《杨振宁谈读书教学和科学研究》（杨振东，杨振斌，杨存泉，杨存睿，编，安徽大学出版社2011年1月一版一印）

三、杨振宁传记

1.《杨振宁》（徐胜蓝，孟东明编著，中国卓越出版公司1990年1月一版一印）（精装）

2.《杨振宁传》（徐胜蓝，孟东明编著，复旦大学出版社1997年1月一版一印）

3.《规范与对称之美——杨振宁传》（江才健著，广东经济出版社2011年5月一版一印）

4.《杨振宁传》（黄芬香编著，河南文艺出版社2019年3月一版二印）

四、杨振宁别传

1.《奇迹的奇迹——杨振宁的科学风采》（余君，方芳著，上海科技教育出版社2003年1月一版二印）

2.《人情物理杨振宁》（叶中敏著，译林出版社2003年7月一版一印）

3.《物理大师杨振宁》（杨晓明，高策著，中国科学技术出版社2012年1月一版一印）

4.《杨振宁在昆明的读书生活》（苏国有著，云南人民出版社2009年11月一版一印）

五、杨振宁故事

1.《物理学全才杨振宁》（项星主编，武汉大学出版社2016年2月一版一印）

六、杨振宁资料

1.《杨振宁》（中国邮政邮资明信片）

2.《合肥历代名人》（中国邮政邮资明信片）（包括杨振宁）

3.《三联生活周刊》（2021年第30期）《杨振宁，天才：创造力与平衡感》

清单出来了，心里也清楚了，我决定加快速度，加大力度，同时也有一种义无反顾：这件事一定要做好，100种的目标一定要尽快达到。

4月22日，下8单，9种；

4月23日，下16单，22种；

4月24日，下1单，1种；

4月27日，下1单，1种；

4月28日，下13单，15种；

4月29日，下2单，2种；

4月30日，下1单，1种。

加上4月14日下5单，5种，4月总共下47单书（当月收到35单），其中杨振宁主题图书报刊等56种，其中重复3种，总品种达到70种，这样的数字，对我有很大的激励，可以说所有的付出都不算什么了。

在这50多个新品种里，有杨先生在中国大陆出版的第一本作品《基本粒子发现简史》，有讨价还价之后，花了260.00元得到的《杨振宁文集》（上下）（精装本），还有比较早期出版的《杨振宁演讲集》的精装本和平装本，有意思的是，杨先生的《六十八年心路》这本书，我先是犹豫半天，花了50.00元买的一本价格相对较低，但有些残次的，紧接着又很意外地在另一家大的旧书店用20.00元买到一本品相很好的。

一些图书之间存在着某些细微的差别，不是懂一点书的，或者不够细心的话，很容易会错过。一些图书的书名或者作者名里的"杨振宁"三个字不够明显，也容易错过。还有一种书的不同版本和印次，也是这样。

在购买有关杨先生的重要报道的报纸时，我有些急于求成，因此多花了些钱。这样的着急和饿了许久的人饥不择食有点相像，也可以理解。

奔着一个明确的主题行动起来，是一件有趣更有意义的事情，也是一件很辛苦的事情，那种深陷其中寝食不安的状态，那种时而焦虑时而亢奋的状态，很折磨人，如果不是有一个目标在那里，的确是很难坚持下来。

虽然一直在关注图书资料的定价高低，并将其作为重要的下单依据，但一次又一次付款时，并没有多少纠结，时常出现的可遇不可求的状况让我不再犹豫。

在发现新品种的店家转转看看，顺手买一两本其他心仪的图书，是我一直以来的习惯，摊薄邮费是一个原因，减少图书受损概率也是一个原因。在这些顺带买来的图书里，有自己其他收藏目标的书，也有看到就会买的书，还有就是一些价格特别低感觉可以翻翻的书。

《呐喊》《彷徨》《傅雷家书》的版本，皖籍名家作品和资料，人物年谱、文学名家作品集等，其中不乏精品和稀见品种，也算是意外收获吧。

（2023-02）

附：2022年4月购进杨振宁主题图书书目（37种）：

《杨振宁的故事》（名人故事文库）（张宝利、王艳华著，时代文艺出版社2003年11月二版一印）

《物理全才——创造奇迹的杨振宁》（吴燕、杨建邺著，湖北少年儿童出版社2004年1月一版一印）

《杨振宁》（黄芬香编著，大象出版社2001年8月一版一印）

《科学家故事文库——杨振宁的故事》（下）（张宝利、王艳华著，时代文艺出版社2009年7月二版二印）

《杨振宁传》（徐胜蓝、孟东明著，江苏文艺出版社1999年9月一版一印）

《杨振宁传》（树人 姜葳编著，时代文艺出版社2013年3月一版一印）

《从杨振宁到屠呦呦：科学天空里的华人巨星》（杨建邺著，武汉出版社2016年6月一版一印）（农家书屋版）

《物理奇才杨振宁》（唐涛等主编，远方出版社2005年1月一版一印）

《杨振宁传》（杨建邺著）（生活·读书·新知三联书店2011年12月一版二印）

《足迹——杨振宁、李政道、丁肇中、李远哲成功之路》（《神州学人》杂志社编）（北京语言学院出版社1989年5月一版一印）

《科学、教育与中国现代化》（杨振宁著，人民日报出版社1987年9月一印）

《大师情怀·杨振宁》（徐胜蓝、孟东明著，山东画报出版社2001年9月二版一印）

《杨振宁传》（杨建邺著）（长春出版社2011年7月三版一印）

《诺贝尔奖坛上的华裔科学家：杨振宁与李政道的故事》（陶路、刘金江编著，吉林科学技术出版社2019年1月一版三印）

《大师情怀·杨振宁》（徐胜蓝、孟东明著，山东画报出版社1998年1月一版一印）

《基本粒子及其相互作用》（杨振宁著，湖南教育出版社2009年5月一版三印）

《杨振宁科教文选——论近代科技发展与人才培养》（南开大学出版社2001年6月一版一印）

《杨振宁传》（杨建邺著，生活·读书·新知三联书店2016年3月北京二版三印）

《曙光集》（十年增订版）（杨振宁著，翁帆编译，生活·读书·新知三联书店2018年10月北京二版一印）（精装）

《杨振宁传》（最新修订本）（杨建邺著，商务印书馆2021年2月一版一印）（精装）

《晨曦集》（修订版）（杨振宁、翁帆编著）（商务印书馆2021年8月一版一印）（精装）

《杨振宁演讲集》（南开大学出版社1989年12月一版一印）（精装）

《杨振宁——20世纪一位伟大的物理学家》（丘成桐、刘兆玄编，甘幼坪译，广西师范大学出版社1996年11月一版一印）（精装）

《基本粒子发现简史》（杨振宁著，上海科学技术出版社1963年9月一版一印）

《杨振宁的故事》（张宝利、王艳华著，科学家故事文库）（时代文艺出版社1998年6月一版一印）

《从杨振宁到屠呦呦：科学天空里的华人巨星》（杨建邺著，武汉出版社2016年6月一版一印）

《杨振宁演讲集》（南开大学出版社1989年12月一版一印）

《六十八年心路：1945—2012》（杨振宁著，杨建邺、杨建军译，生活·读书·新知三联书店2014年9月一版一印）（精装）

《拓扑与物理》（杨振宁等编，江西科学技术出版社2021年1月一版一印）

《杨振宁的故事》（湖南人民出版社2022年1月一版一印）

《科学之美》（学术报告厅）（杨振宁、李政道等著，中国青年出版社2002年1月一版一印）

《杨振宁传》（黄芬香编著，河南文艺出版社2013年4月一版二印）

《杨振宁传》（杨建邺著，长春出版社2003年9月一版一印）

《诺贝尔奖坛上的华裔科学家：杨振宁与李政道的故事》（陶路、刘金江编著，吉林科学技术出版社2022年1月一版四印）

《杨振宁文集》（上下）（华东师范大学出版社1998年4月一版一印）（精装）

《杨振宁谈读书与治学》（杨振东、杨存泉编，暨南大学出版社2005年5月一版二印）

《求学的方法》（学术报告厅第二辑）（杨振宁、霍金等著，陕西师范大学出版社2002年7月一版一印）

越是困难的时候越是有惊喜

2022年5月的全国畅销书排行榜有些看头。

虚构类前10名：《三体》《三体Ⅱ·黑色森林》《三体Ⅲ·死神永生》《遥远的救世主》《人生海海》《红岩》《百年孤独（30周年纪念版）》《杀死一只知更鸟》《云边有个小卖部》《活着（2021版）》。

非虚构类前10名：《素书：感悟传世奇书中的成功智慧》《曾仕强详解易经（1）——易经真的很容易》《次第花开（2017修订版）》《被讨厌的勇气："自我启发之父"阿德勒的哲学课》《父母的语言》《蛤蟆先生去看心理医生》《每天懂一点人情世故》《如果历史是一群喵（10）——宋辽金夏篇》《法制的细节》《最温柔的教养：做温和而坚定的父母，让爱在对话中流动》。

虚构类榜单主要是位次的调整，20名之后有两个新面孔：余华的《在细雨中呼喊》，东野圭吾的新作《透明的螺旋》。余华的《活着》2018年大火以来，一直稳居榜单，新书《文城》甫一面世便进入榜单前10名，本期更是3本书同时在榜，也是了得。

非虚构类变化要大很多，比如《素书：感悟传世奇书中的成功智慧》入榜即直接冲至首位，为此调整中有5个品种掉出前10名。新进入榜单的还有4种《父母的语言》（第5名）《每天懂一点人情世故》（第7名）《妈妈的情绪决定孩子的未来（插图版）》《父母的语言》，引进版的两种版本，关于孩子，关于人情世故，都很现实，又都很无奈，如果将它们与"如果历史是一群喵"系列和"半小时漫画"系列分别在榜10种和5种联系起来看，非虚构类的榜单整体给人的感觉有点不是滋味。

下单这块也是比上个月厉害，到货53批，近2500.00元。其中4月下单的13笔，本月下单40笔。4月几乎全部是为搜集杨振宁主题图书下单，5月份有14笔其他图书。看似分心的背后，是越来越大的搜集难度。

报纸多，刊物多，画像明信片等多达10种，因此，尽管5月12日我终于收集到100种杨振宁主题图书报刊图片，但我心里还是清醒明白的，这样的收藏有些注水的意味。或许就是从那一天开始，我就想着优化百种主题藏品的结构，比如，争取把十几种图片明信片替换掉，不过当时对是否可以找到十几种图书报刊没有太大的信心，在我印象中，似乎除了几种价格比较高的品种没有下手，似乎很难再找到新品种了。

就这样卡住了。人生到底应该怎样给自己定目标才算合适？是在一个大目标下确定一个个小目标，还是随着时间的推移、情况的变化，不断制定和修改目标？这是一个问题。

我们时常会遇到困难，但我们又常常会回避这些困难，匆忙而镇静地转移方向，以图得所谓的安心和体面。但我们往往忽视了一点：当你觉得有些困难或者很难的时候，如果坚持一下、努力一下，或许就有惊喜。当杨振宁主题图书版刊等的收集变得比较困难时，每一次的发现，每一个新品种都会让我很开心。这一点我很清楚。

与此同时，让我自然而体面地转移方向的机会出现了，或者说我寻找到了回避困难的理由。我很清楚，但我还是想回避，这或许就是所谓的人性吧。

为写作的需要，在网上寻找资料时，发现了几种人民文学出版社的"中国现代作家选集"系列，或许是出于偏爱吧，这个系列我已经追了不少年，忽然又有了几个新品种，而且多为港版，自然不会放过。也许是有一段时间没有关注了，随便找找居然有10多种，除了两种价格过高的，其余都收入囊中。

还有《傅雷家书》版本，已经有了一定的规模，决定打一个突击，达到一个目标，于是集中下单，收获了20多个品种。

我想，这样的偏离似乎也是收获满满，如果不去想心里那个目标，似乎还不错，只是，那个目标对于我来说很重要，因此这样的偏离就有些问题。

想明白了这点，我知道后面该怎么做了。

（2023-02）

附：2022年5月购进杨振宁主题图书书目（16种）

《科学的品格》（学术报告厅）（杨振宁、王选等著，陕西师范大学出版社2003年1月一版一印）

《杨振宁文录：一位科学大师看人与这个世界》（杨振宁著，海南出版社2002年8月一版一印）

《中国文化与科学——人文讲演录》（杨振宁、饶宗颐等著，江苏教育出版社2003年7月一版一印）

《基本粒子及其相互作用》（杨振宁著，杨振玉、范世藩译，湖南教育出版社2000年6月一版二印）

《聆听大师——北京大学百年校庆著名华人科学家演讲集》（杨振宁等著，北京大学出版社1999年5月一版二印）

《基本粒子发现简史》（杨振宁著，上海科学技术出版社1979年6月一版二印）

《杨振宁传》（增订本）（上下）（杨建邺著，生活·读书·新知三联书店2015年9月北京一版一印）

《清华校友通讯》（复50期）（2004年11月出版）

《名人演讲在清华》（大众文艺出版社2003年9月一版一印）

《杨振宁的人生传奇》（苏建军编著，凤凰出版社2011年10月一版一印）

《李政道杨振宁》（付安云、许小羚编著）（未来出版社1998年5月一版一印）

《杨振宁科教文选——论近代科技发展与人才培养》（南开大学出版社2001年6月一版一印）（精装）

《杨振宁的青少年时代》（董骏、吴珊编著，山西人民出版社1999年12月一版一印）

《永远的清华园——清华子弟眼中的父辈》（杨振宁等著，北京出版社2001年4月一版二印）

《和平崛起》（"中国科学与人文论坛"演讲录第二辑）（杨振宁等著，高等教育出版社2005年4月一版一印）

《SELECTED PAPERS 1945-1980 With Commentary（杨振宁论文选集）》（世界图书出版公司1994年出版）

搜寻的辛苦与带货的大动静

6月份的合肥有点水深火热的感觉了，热，潮热，都不好受。杨振宁主题图书报刊的收集在6月里也进入了一个新阶段，锲而不舍、苦苦搜寻到的15种新品加上5月下旬收进的2种价格较高的书，妥妥地替换了图片、明信片等，"100种"的含金量显然高了不少。

《杨振宁论文选集》《百年科学往事：杨振宁访谈录》《杨振宁的科学世界：数学与物理的交融》《杨振宁评传》等几种价格较高的书购进，多次试错之后，终于可以通过图片分清《基本粒子发现简史》第一次第二次印刷的区别，又有几种杨振宁先生作为封面人物的期刊的发现和购进，是本月的亮点和收获。

与此同时，有关介绍杨振宁主题图书的文章也开始写作，在我的计划中，集中写出一个系列，作为一本书的下册，单独印制，或者作为资料，自行印制，在我一心想做成的有关杨振宁百岁诞辰纪念展上分发给参观者。

这是一件很不容易做到的事情，但通过写作，我对杨振宁先生的了解，对于收集杨振宁主题图书报刊意义的认识，都有不小的提高。而这或许就是一种进步吧？让收藏更加有动力，让藏品更加有价值，努力让更多的人认识和了解杨振宁先生的非凡的成就和人生，可以做、应该做的事情还有很多。

这真是一件想想就会很激动的工作。

2022年6月的全国畅销书排行榜的大动静也让人刮目相看，原因很简单："东方甄选"和董宇辉的出现。

直播平台带货、卖书已经闹腾了不少时间了，有效果，也会影响到榜单的排序，但能够有巨大影响的，是"东方甄选"和董宇辉。先看一下相关介绍文字：

> 如果问6月带货圈最火的都有谁，董宇辉无疑可以榜上有名。这位从新东方英语教师转型而来的主播近期成了直播带货的新晋顶流，先是凭借"双语直播带货"冲上热搜，之后又因富有文采和知识的带货文案火遍全网，在他的带动下，"东方甄选"直播间粉丝数很快突破两千万，跻身头部带货行列。董宇辉的带货在图书赛道同样表现出色，几乎对每本书，他都能说出一篇来自读书人视角独一无二的推荐语，给人十足的沉浸感，让人不由想立刻去看看那本书。从东方甄选直播间带货的图书品种来看，他们在图书方面选品的主要方向为经典图书，与新东方本身的教培背景以及董宇辉偏文艺的推荐风格比较契合。

再看一下6月的全国畅销书排行榜：

虚构类前10名：《活着（2021版）》《额尔古纳河右岸》《三体》《三体Ⅱ·黑色森林》《三体Ⅲ·死神永生》《平凡的世界（全三册）（2021年版）》《遥远的救世主》《百年孤独（30周年纪念版）》《生死疲劳》《杀死一只知更鸟》。

非虚构类前10名：《刻意练习：如何从新手到大师》《林深见鹿：美得窒息的唐诗》《纸短情长：美得窒息的宋词》《燕燕于飞：美得窒息的诗经》《在岁月中远行》《法制的细节》《蛤蟆先生去看心理医生》《素书：感悟传世奇书中的成功智慧》《曾仕强详解易经（1）——易经真的很容易》《被讨厌的勇气："自我启发之父"阿德

勒的哲学课》。

然后我们将"东方甄选"和董宇辉与6月的全国畅销书排行榜联合在一起看一看：

因为董宇辉带货，本期虚构类前10名中的《活着（2021版）》《平凡的世界（全三册）（2021版）》《生死疲劳》3种书的销售增长2—6倍。之前一直不温不火的《额尔古纳河右岸》（迟子建）的销量更是比前一个月飙升163倍。进入榜单，成为第二名，可谓一飞冲天。

本期非虚构类有10种书进入到销量前30名，它们分别是：《刻意练习：如何从新手到大师》《林深见鹿：美得窒息的唐诗》《纸短情长：美得窒息的宋词》《燕燕于飞：美得窒息的诗经》《在岁月中远行》《极简学习法：考试高分的秘密》《苏东坡传》《在成长的路上全力奔跑》《明朝那些事儿（增补版全集）（2021年新版）》和《在峡江的转弯处：陈行甲人生笔记》。《极简学习法：考试高分的秘密》之外的9种图书是因为"东方甄选"的引流与带动。

有评价说："东方甄选"在直播带货中异军突起，其文雅的直播风格与过往喧嚣的直播形成了鲜明的对比，主播们携优质的内容，用自身的文化底蕴描述着推荐的产品，整个直播显得文明、浪漫、舒服、雅致。而这样的直播风格与图书类产品相契合，因此，"东方甄选"直播间对图书的带动非常明显，成为6月图书市场的强大助力。

似乎是一夜之间，图书市场，畅销书排行榜，都变了，而改变它们的，不过是一个团队，一个直播间，一个人。仅仅就是这些吗？显然不是。

成熟的市场，成熟的读者，需要时间，需要许许多多图书之外的东西。

（2023—06）

附：2022年6月购进杨振宁主题图书书目（10种）

《百年科学往事——杨振宁访谈》（季理真 王丽萍编著，华东师范大学出版社2022年2月一版二印）（软精装）

《海外合肥名人》（合肥市政协文史资料委员会皖[1996]-14）

《SELECTED PAPERS 1945-1980 With Commentary（2020Reprint）（杨振宁论文选集）》（商务印书馆2020年10月一版一印）（精装）

《走在时代前面的科学家——杨振宁》（高策著，山西科学技术出版社1999年3月一版一印）

《李政道与杨振宁》（顾迈男著，广东高等教育出版社2022年4月一版一印）

《杨振宁的科学世界：数学与物理的交融》（季理真、林开亮主编，高等教育出版社2018年9月一版一印）（精装）

《基本粒子发现简史》（杨振宁著，上海科学技术出版社1963年9月一版一印）（贴购书发票本）

《杨振宁评传》（甘幼坪著，广西科学技术出版社1992年5月一版一印）

《三十五年心路》（杨振宁著，广西科学技术出版社1989年9月一版一印）

《杨振宁》（黄芬香编著）（大象出版社2001年8月一版一印）（套装版）

那个车站的灵感和榜单波澜

2022年7月15日的早晨，我在吴夹弄公交车站转车时，有些心绪不宁，因为我在继续想着一件事，或者说为一件事纠结。应该说这件与杨振宁主题图书有关的事我已经想了很久，只不过最近整理图书时它又强烈地冒了出来。

7月已经过半，杨振宁主题图书刊物100种的目标已经实现，是不是再进一步，实现暗藏心底的最高目标：杨振宁主题图书100种，我拿不定主意。6个月主题图书有77个品种，上半个月花了300.00元收进3种比较重要的版本，距离100种还差20个品种，不是一个小数字，即便是把那些不合体例没有计算在内的、封面主题不明显不妥当的、主题元素在封底或者塑封上的都计算上，甚或把上下册算作2本（我也不想这么做），也还需要十一二种，短时间内收集到应该很困难。

其实我知道自己已经决定了，只不过感觉心里没有底，有些忐忑不安。

忽然（真的是"忽然"），我想到了"故事"这个关键词，立刻用手机上网查询，很快，一个又一个新品种出现了，虽然它们中有的只是版次、印次不同，但截然不同的封面完全符合要求。公交车还没有到，我索性站在那里下单再下单。办完事回到家接着查询、下单，4单4种6本书，对于我来说绝对是个刺激。《科学人生：

50位中国科学家的风采》精装两大册，全品相，只要15.00元，邮费7.00元，太合适了。

那个公交车站的灵感不仅让我得到4种书，还给了我一个启发：利用各种关键词查询，很是便捷有效。10天之后，又在3天时间里，下8单书，得到8个新品种，一月之内，15种新品，让暗藏心底的那个最高目标成为可能。当然，如果放低标准，可以认为已经实现收集100种杨振宁主题图书这个目标。但我不愿意这样做，因为2个月内搜集到8种新品，应该可以做到。

我感觉了自己的信心满满。

2022年7月的全国畅销书排行榜也很有看头。

虚构类前10名：《额尔古纳河右岸》《活着（2021版）》《三体》《平凡的世界（全三册）（2021年版）》《红岩》《三体Ⅱ·黑色森林》《三体Ⅲ·死神永生》《百年孤独（30周年纪念版）》《红楼梦（上下）》《遥远的救世主》。

《额尔古纳河右岸》更进一步，升至榜首；暑期又到《红岩》《红楼梦（上下）》重又进入前10名，古典小说"四大名著"的其他3种也表现不俗；唯一一种网文纸书《告白（完结篇）》位列16，虚构类榜单总体平稳。

非虚构类前10名：《极简学习法：高考高分的秘密》《素书：感悟传世奇书中的成功智慧》《蛤蟆先生去看心理医生》《曾仕强详解易经（1）——易经真的很容易》《每天懂一点人情世故》《红星照耀中国》《如果历史是一群喵（10）——宋辽金夏篇》《被讨厌的勇气："自我启发之父"阿德勒的哲学课》《法制的细节》《南京大屠杀：第二次世界大战中被遗忘的大浩劫》。

带货热潮来得快去得也快，"刻意练习""美到窒息"（3种）（"窒息"这样的词真的要慎用）等位次掉得厉害，张纯如的《南京大屠杀：第二次世界大战中被遗忘的大浩劫》，以及《借势》《做自己的心理医生》等6种书首次进入榜单前30名。

从上个月开始，风云变化，摧花斫柳，"半小时漫画"瞬间不见了踪影，"如果历史是一群喵"系列保持住的 10 个品种 6 月份掉了 3 个，按照这个势头，下一个月估计还会再少一些。

总体说来，榜单上有些波澜，新面孔多一些，文字类的图书多一些，是一件好事。毕竟，无论是于生活而言，还是就畅销书榜单来说，一成不变绝对是沉闷而无趣的。

（2023-06）

附：2022 年 7 月购进杨振宁主题图书书目（15 种）

《杨振宁传》（增订版）（杨建邺著，生活·读书·新知三联书店 2016 年 3 月一版二印）（布面精装）

《杨振宁文集》（上下）（华东师范大学出版社 2000 年 3 月一版二印）

《读书教学四十年》（杨振宁著，三联书店香港分店 1985 年 12 月一版一印，生活·读书·新知三联书店 1987 年 3 月重印）

《科学家故事文库·杨振宁（上下）》（张宝利 王艳华著，时代文艺出版社 2009 年 5 月一版二印）

《科学人生：50 位中国科学家的风采》（上下）（学习出版社 2006 年 7 月一版三印）

《科学家的故事·杨振宁卷》（张宝利 王艳华著，银川出版社 2003 年 11 月二版一印）

《杨振宁》（徐胜蓝 孟东明编著）（中国卓越出版公司 1990 年 1 月一版一印）

《基本粒子及其相互作用》（杨振宁著，杨振玉、范世藩等译，湖南教育出版社 1999 年 8 月一版一印）（精装）

《诺贝尔物理学奖获得者（1901—1984）》（R.L. 韦伯著，李应刚、宁存政译，上海翻译出版公司 1985 年 10 月一版一印）

《诺贝尔物理学奖获得者》（吴芝兰、郑钦贵编译，福建教育出版社1983年4月一版一印）（精装）、

《名人演讲在清华》（上下）（大众文艺出版社2006年6月二版一印）

《世纪大讲堂》（精选本）（辽宁人民出版社2004年1月一版一印）

《诺贝尔获奖者的故事》（季风、曾智成、康云海、张先德、孟歌、老摩编，四川少年儿童出版社1996年4月一版一印）

《科学大讲坛》（晨光出版社2010年2月一版一印）

《科学大讲坛访谈录——影响我们生活的科学巨匠》（李梅著，云南人民出版社2011年4月一版一印）

炎炎夏日里埋头赶稿与搜寻

对于我来说，2022年8月是埋头赶稿的日子，从6月5日开始，逐渐进入，慢慢找到感觉，然后一篇又一篇地写，风雨无阻、挥汗如雨地写，终于在8月25日完成最后一篇。然后整理好交给出版社，那时候我心里还有一个奢望：在10月1日杨振宁先生百岁华诞时正式出版此书。

6月22日在安徽出版集团会议室的一个会议，促成了《杨振宁"书"话》的选题，之后一切顺利，而我主要的工作就是赶稿，尽快写完书稿，尽早交给出版社。

当然也会继续搜寻杨振宁主题图书，根据一点点线索，通过仔细比对分析，成功找到了6种（还有相关图书及副本6种），距离100种的目标只差2种了，可谓一步之遥。

《非常言：来自诺贝尔的声音》里只有杨振宁先生的一句话，《西南联大行思录》里只有关于杨先生一页纸的内容，不过都很难得。《世界华人学者散文大系》印制得很好，第五卷封面标注作者时，杨先生居汪曾祺等人之前，排在第一位，有些意外。

登记，翻阅，仔细收好。但是，当这些书越来越多的时候，往哪里收就成了问题。家里所有的书架都是满满的，而这些书因为需要随时查看，也不能放到其他地方去，于是，我想到了周转箱，那种大小合适、透明的周转箱。先买了4个，价格合适但尺寸不合适，后来又找到一种尺寸合适的，价格高时买了4个，做活动很优惠时买了6个，不但彻底解决了存放的问题，还为其他几个小主题图书找到了容身之处，还多出的4个为后来越来越多的主题图书预留了空间。虽然这些周转箱占据了客厅的一些地方，但是它们整齐清爽，可以摞成2层或者多层，倒也不是太难看。

闲书也买了不少，《呐喊》《彷徨》《傅雷家书》（共10本）之外，多达37本，8月一共购书16批59本，618.00元。得书3本，181.00元。

相比较于6月的27批82本1115.41元、7月的22批1360.00元，还有多次从一位即将离开合肥的博士手里购买的11种1900.00元全集合集签名书等，8月的购书量可算是"小巫"了。

赶稿、搜书是一种辛苦，看看榜单则要有趣轻松得多了。

在2022年8月的全国畅销书排行榜虚构类前10名里，《额尔古纳河右岸》热度不减，继续保持第一，大冰小蓝书系列收官之作《保重》上市之后直接冲至榜单第二，也算得保持住这个系列图书的奇迹了。榜单第三至第十名依次为：《活着（2021版）》《遥远的救世主》《百年孤独（30周年纪念版）》《三体》《红岩》《红楼梦（上下）》《杀死一只知更鸟》《三体Ⅱ·黑色森林》。

非虚构类榜单前10名是：《素书：感悟传世奇书中的成功智慧》《易经真的很容易》《蛤蟆先生去看心理医生》《最温柔的教养：做温和而坚定的父母，让爱在交流中流动》《每天懂一点人情世故》《薛兆丰经济学讲义》《习近平在上海》《被讨厌的勇气："自我启发之父"阿德勒的哲学课》《让群众过上好日子+闽山闽水物华新（上）（下）+干在实处+勇立潮头+当好改革开放的排头兵（套装全5册）》《如果历史是一群喵（10）——宋辽金夏篇》

《最温柔的教养：做温和而坚定的父母，让爱在交流中流动》及前10名之后的《次第花开（2017修订版）》《正面管教（修订版）》因为被樊登多次提及，缓过劲来，重回榜单前30名。

榜单里排名第六的《薛兆丰经济学讲义》、第十六的《底层逻辑：看清这个世界的底牌》则因为作者做客东方甄选直播间重新回到榜单前30名。

在未来一段时间内，这样的事情估计还会不断地发生，带货公司的超级能量和相当可观的收入，或许也将渐渐成为一个热门话题。

"如果历史是一群喵"系列只有3种在榜了，如此掉落的速度算不得意外，乱世风云，起起伏伏，很正常。

（2023-06）

2022年8月购进杨振宁主题图书书目（6种）

《非常言：来自诺贝尔的声音》（威廉·布莱特著，王正林译，中国友谊出版公司2012年月一版一印）

《西南联大行思录》（张曼菱著）（生活·读书·新知三联书店2017年3月一版八印）

《杨振宁传》（徐胜蓝、孟东明编著，吉林科学技术出版社1995年5月一版一印）

《杨振宁传》（杨建邺著）（长春出版社2004年8月一版一印）

《世界华人学者散文大系》（5）（杨振宁、汪曾祺等著，大象出版社2003年8月一版一印）

《博萃》（《读者参考》丛书）（学林出版社1990年10月一版）

这是一种煎熬也是一种偿还

合肥 2022 年的夏天可谓酷暑，赤日炎炎，汗流浃背。我年届九旬的老母亲却在这时候病了，脑梗，需要 24 小时陪护。幸亏有三位兄长分别照看医院和家里的两位老人，我则负责各种联络、安排和后勤保障。

母亲是 8 月 9 日住院，30 日出院，这期间我要赶写《杨振宁"书"话》书稿以及其他任务稿件，27 日在中国黄山书会上有两场活动，一场是主持许春樵《下一站不下》读者见面会，一场是我的新书《合肥风雅往事》的首发式暨签售会，另外还要参加一些读书活动，匆匆忙忙，紧紧张张，自然是有些辛苦，也为 9 月初这场病埋下伏笔。

9 月 4 日晚上开始发烧，其间稍有好转又去参加一项工作，于是这场看似没来由的高烧一直持续了 8 天 8 夜，38 度多，39 度多，居高不下，而且又不是新冠。

我明白，这是一种煎熬也是一种偿还，只不过这样的煎熬有些超出预期，差一点让我绝望。好在有类似落实了"百种杨振宁主题图书版本展"这样的好消息传来，让我获得努力尽快康复的信心。

杨振宁主题图书版本收藏这块压力不是很大，得到《跨域时空——物理学天才》这本封面印有杨振宁签名手迹的小册子，还是关键词的功劳，而 2022 年 8 月出版的《我知道的杨振宁》（葛墨林口述并审定）作为第100种也挺合适，收到书的那一天是9月25日。

总体来看，9月的购书量继续走低，8批34本489.09元，算得是比较理性的，倒是收到的6本赠书，码洋高达424.00元，其中有一本是来自北京的知名青年作家赠送的，我得收好。另外5本书虽然属于大众普及型图书，印数极大，但因为都是第一版第一次印刷，就有了一些收藏价值。

再看一看2022年9月的全国畅销书排行榜。总体来说虚构类基本不变，非虚构类变化不小，直播带货的影响力还是不小。

虚构类前10名：《额尔古纳河右岸》《遥远的救世主》《三体》《三体Ⅱ·黑色森林》《三体Ⅲ·死神永生》《活着（2021版）》《保重》《红岩》《百年孤独（30周年纪念版）》《云边有个小卖部》。

非虚构类前10名：《回家》《百病食疗大全（超值精装典藏版）》《最温柔的教养：做温和而坚定的父母，让爱在交流中流动》《易经真的很容易》《素书：感悟传世奇书中的成功智慧》《不负我心：俞敏洪随笔精选（定制版）》《蛤蟆先生去看心理医生》《大国大民：王志纲话说中国人（平装版）》《被讨厌的勇气："自我启发之父"阿德勒的哲学课》《借势：以弱胜强的128条黄金法则》

非虚构类中，共有8种图书首次进入到前30名，据称，直冲第一的《回家》的作者孙悦是电影《亲爱的》原型之一孙卓的姐姐，在这本书里，"孙悦用细腻的笔法将父亲孙海洋多年寻子的细节和艰辛尽可能客观地还原出来。书中细腻的文字，掀开了生活的褶皱，围绕孙海洋的生活，揭开了平凡生活的'一地鸡毛'，也揭开了许多普通人对于家庭与亲情的坚守"。在我看来，这样的作品应该有不少背后的故事，而《回家》究竟能走多远，也值得关注。

《不负我心：俞敏洪随笔精选（定制版）》因为作者本身的经历，因为其旗下东方甄选直播间的解读，能够有很好的表现是预料之中的事。东方甄选直播间还通过邀请作者到直播间，进行访谈式直播，让《大国大民：王志纲话说中国人（平装版）》和《韧性：

不确定时代的精进法则》销量大涨。《百病食疗大全（超值精装典藏版）》《可复制的沟通力：樊登的10堂表达课》和《蒙台梭利家庭教育：养出孩子好性格,好习惯》在网店渠道中销量有所突破也都得力于短视频、自媒体的推荐和解读。

日本著名企业家稻盛和夫拥有不小的一批比较稳固的痴迷读者，其作品因此一直销售颇佳，2022年8月24日稻盛和夫去世后，其作品销售会出现上扬，进入榜单前15名，属于正常现象。

畅销书榜单里各种图书的上上下下、起起伏伏，有各种各样的原因和理由。所谓实力取胜基本上是幻想，因为任何作品都必须面对市场，市场则有它的一套规则。而所谓营销为王也很难持久，毕竟喧嚣过后，还是要靠文本说话。东方甄选和董宇辉之所以成功率高且较为持久，在于其自身实力，更在于其选品能力，或者说其选品的标准。能说会夸还得看说的夸的是什么，有钱挣就张嘴夸个天花乱坠，非但不能持久，最终还会砸了自己的牌子。

做人何尝不是如此？成熟的市场一定要有一批成熟的人——写书的人，卖书的人，买书的人。

（2023-06）

2022年9月购进杨振宁主题图书书目（2种）

《跨域时空——物理学天才》（博览群书·诺贝尔奖故事系列）（杨建邺、止戈编著，武汉出版社1995年11月一版一印）

《我知道的杨振宁》（葛墨林口述并审定，商务印书馆2022年8月一版一印）

常变常新呈现出的一种活力

2022年10月1日上午10点，"恭贺杨振宁先生百岁诞辰·百种杨振宁主题图书版本展"在安徽省图书馆开幕，近半年来一直努力在做的一件事终于有了第一项成果，感觉有些激动。当人们围拢过来，听着我的讲解，为之惊叹，向我表达鼓励和祝贺时，我的确是很开心，同时如释重负。

10月开始，我的杨振宁主题图书收集兼顾新品种搜集和老品种品相的提高，这就意味着需要继续投入精力，寻找，比对，将一些品相好一些的图书收集到手。

这是一个必然的过程，也是一个必须的过程。不然的话，就谈不上提高，更谈不上收藏的意义和价值。

杨振宁主题图书本月只增添了一个新品种：江才健的《杨振宁传——规范与对称之美》，这是本书在中国大陆第二次出版，较之2011年5月广东经济出版社出版的《规范与对称之美：杨振宁传》，增加了一些新内容。普遍认为这本书写得好，但也存在着一些争议，此次能够在杨先生百岁诞辰之际再版，很不容易。因为体例原因，5月份收进的一本杨振宁主题图书算作101种，而这本新版的杨振宁传记只能算作102种。

这本书我在9月份就下单预订，但因为疫情等原因，迟迟收不到书，一个月后重新下单，终于在10月底拿到书。

10月一共购书12批，34本，484.80元，主要是为两个合肥题材的小系列文章搜集资料，因为书写的对象均在合肥之外，又都涉及作品版本，因此必须要拥有和阅读一定量的图书，才敢下笔。

兵马未动，粮草先行。写作又何尝不是如此。

2022年10月的全国畅销书排行榜有点好看，虚构类有6种图书首次进入榜单前30名，非虚构类则有7种图书首次进入榜单前30名，另外还有5种图书返榜。

虚构类前10名是：《额尔古纳河右岸》《活着（2021版）》《遥远的救世主》《三体》《起初·纪年》《云边有个小卖部》《三体Ⅲ·死神永生》《百年孤独（30周年纪念版）》《三体Ⅱ·黑色森林》《杀死一只知更鸟》。

法国当代著名女作家安妮·埃尔诺获得2022年度诺贝尔文学奖，她的作品《悠悠岁月》随即销量大增，位列第16名。据介绍，此书出版之后即获得了法国当年的"杜拉斯文学大奖"。对于她以及她首创的"无人称自传"的写作方式都不了解，读过之后或许感觉就有了。

余华的作品火了好些年了，尤其是《活着》，超乎意料的红火。最近余华凭借《兄弟》获得了俄罗斯第20届亚斯纳亚·波利亚纳文学奖，成为继帕慕克、略萨、奥兹等文学大师之后，第一位获得这个俄罗斯最负盛名的文学奖的中国作家。《兄弟（2022版）》因此首次进入销量前30名。其作品入榜总数因此达到5种，真是厉害。

作品好，口才也好，关键是情商高，余华的成功并不偶然。

非虚构类前10名是：《真希望你也喜欢自己》《陪孩子走完小学6年》《易经真的很容易》《被讨厌的勇气："自我启发之父"阿德勒的哲学课》《百病食疗大全（超值精装典藏版）》《蛤蟆先生去看心理医生》《钝感力》《法制的细节》《素书：感悟传世奇书中的成功智慧》《宝宝脾胃好，病不找》。

7种首次进入销量前30名的图书中，网络知名旅游博主房琪的新作《真希望你也喜欢自己》是10月新书，《陪孩子走过小学六年》《宝宝脾胃好，病不找》《即兴演讲》《陪孩子走过小学六年（全新增订版）》《趣说中国史》《了不起》等6种图书，要么是因为直播间的宣传带动，要么是以通俗的语言为家长讲解中医育儿知识，介绍了一些孩子常见脾胃病的家庭护理方法，成功击中家长的需求，要么是一向为读者追捧的漫画型历史读物。"如果历史是一群喵"系列也有6种进入到销量前30名，"半小时漫画"系列则彻底不见了踪影。

榜单也好，人生也罢，上上下下，起起落落，都很正常。从读者的角度来说，榜单里越多的新面孔、越多的变化，自然是越好。

（2023-06）

有时候所谓理由也不是理由

如今回首 2022 年 11 月，那时候绝对是暴风雨的前夜，只不过当时并没有意识到这点，该卖的书照卖，该买的书照买。

全国畅销书排行榜虚构类前 30 名中，有 4 种首次进入榜单，它们无一例外都是和东方甄选、俞敏洪、董宇辉等关键词联系在一起。蔡崇达的《命运》，阿来的《尘埃落定》，马伯庸的《长安的荔枝》，和易中天的《曹操（全三册）》，分列第五、七、九和十三名，由此可见，实力之外，有效的宣传推广是多么的重要。

虚构类前 10 名是：《三体》《额尔古纳河右岸》《三体 Ⅱ·黑色森林》《三体 Ⅲ·死神永生》《命运》《活着（2021 版）》《尘埃落定》《遥远的救世主》《长安的荔枝》《百年孤独（30 周年纪念版）》。

第一名变成了《三体》，无疑是与动画版《三体》的发布有着密切的关系，其他几种书也是后劲十足，榜单内外的角力，还会继续。

非虚构类前 10 名是：《真希望你也喜欢自己》《即兴演讲：抓住沟通瞬间　开口征服他人》《陪孩子走完小学 6 年》《被讨厌的勇气："自我启发之父"阿德勒的哲学课》《易经真的很容易》《即兴演讲：年好口才的第一本书》《如果历史是一群喵（11）——南宋金元篇》《生命的重建》《蛤蟆先生去看心理医生》《宝宝脾胃好，病不找》。

10月份的新书《如果历史是一群喵（11）——南宋金元篇》进入榜单，巩固了系列图书的地位，一共10个品种在榜，有点一家独大的感觉。

看了一下，首次进入榜单前30名的5种图书和返榜的5种图书，有网络直播间的解读和推荐，有新书带动老书，当然，双十一的因素也不可小觑，重点推荐，组合销售，都很有效果。

买书这块，11月份收到27批、98本图书是我没有料到的，虽然1440.00多元的金额在2022年全年中只是勉强进入前三，但还是让我很意外。

看了一下图书清单，应该说我还算是比较理性，基本是奔着几个小目标，一本本收集，比如杨振宁主题图书增加了7种，其复本及期刊增加了好几种，虽然总册数不算多，但700.00多元的金额占了半壁江山。也是没办法的事，重要的版本，难得一见的版本，都必须买，有时甚至容不得你多考虑。

有关合肥的两个小主题还在搜集图书资料，有几本合肥籍前辈作家的作品，真是很不错。又确定的1个新主题属于感情用事，不过其史料价值还是有的，时间越久搜集起来越困难。

《呐喊》《彷徨》的版本也还在搜集，另外还有20余本资料期刊，陆陆续续到达。

还有3套折扣力度巨大的鲁迅作品系列，30本，不到90.00元的售价，因为其中有一些版本元素，让我没忍住，下单购入。

最后的结论：还是有些随意了，买多了。

这样的事情还会发生吗？估计还会。因为有时候，理由就是理由；有时候，所谓理由，也不是理由。

（2023-09）

有时候下单买书也是种奢侈

2022年12月的这篇记录分析性的文字我不是太想写，准确说我不想回顾那一个月里的经历，一天又一天，一个时辰又一个时辰。又想了一下，有始有终吧，简单说一说这一个月的"榜单与下单"，权作画一个潦草的句号。

实际上2022年12月的全国畅销书排行榜变化真是不小，虚构类前一个月进入前10名的3种又都下去了，前30名中，有5种图书返榜，非虚构类里则有6种返榜，另外还有两种新入榜图书：《他改变了中国：江泽民传》《我与地坛（纪念版）》。

具体榜单如下：

虚构类前10位：《三体》《三体Ⅱ·黑色森林》《三体Ⅲ·死神永生》《额尔古纳河右岸》《活着（2021版）》《遥远的救世主》《苏菲的世界（新版）》《曹操（全三册）》《百年孤独（30周年纪念版）》《云边有个小卖部》。

非虚构类前10位：《即兴演讲：练好口才的第一本书》《被讨厌的勇气："自我启发之父"阿德勒的哲学课》《蛤蟆先生去看心理医生》《钝感力》《真希望你也喜欢自己》《法制的细节》《置身事内：中国政府与经济发展》《他改变了中国：江泽民传》《圆圈正义》《易经真的很容易》。

买书这块基本上没有什么可说的，只收到一批书，分别是10月

19日和12月8日在一个旧书交易群里付的款，第二次付款时，疫情风声已紧，次日我和书商在路边交接的，大家都戴着口罩，几乎没说话。

一共8本书，都是有关合肥的人物及文化资料，颇有些价值，但在当时，基本上没心情，拿回家简单清洁整理一番，就摆在一边了。

急急慌慌，匆匆忙忙，从2022到2023。

还是有些感叹的：有时候，下单买书也是一种奢侈。

（2023-09）

后　记

　　《有书的日子》收录了关于搜书、购书、藏书，以及一些有关
图书的基础研究的内容，也是对与书相伴的岁月记录。2018年8月
至2023年9月的5年间，无论是对于我个人的小家庭及大家庭，还
是对于我们的国家乃至世界来说，都很不平静，有时甚至是很艰
难，突如其来的疾病和疫情，给我造成极大的压力。幸而有书，并
且我和家人都喜欢有书的日子，否则真不能想象我们将如何度过每
一年每一个月每一天。

　　书中的内容是一边编辑一边写作的，也由此变得更为充实和多
元，最终形成3个部分：正文和两个附录。其中，正文大多以一时
一事的记录和感受为主，"淘书小记"是2021年7—12月的购书记
录，"榜单与下单——2022年书事闲谈100种杨振宁主题图书收藏
散记"是我2022年全年的搜书购书记录，其重点则是100种"杨振
宁主题图书"的收藏过程。所有这些，算得是五味杂陈，特殊的时
期，特别的过程，让我进一步体会到围绕着图书的各种滋味，复杂
而印象深刻。

　　当一个人的比较单纯的爱好逐步向专业和研究转向，即便只是
些许，也很不容易，因为它意味着你得去用心学习和揣摩，当然，
慢慢的你也会有所获得，与书相伴时的感觉也会因此醇厚舒缓
起来。

正文的大部分内容都是第一时间发在微信朋友圈里，之后又做了一些补充和修改。现在想来，幸亏有这些痕迹留下，否则本书里的大部分插图简直无从查找。

感谢我的家人始终如一的理解和支持，感谢诸多文友书友真诚友善的帮助和指导，感谢安徽师范大学出版社的各位领导和编辑老师辛苦付出。尤其要感谢温跃渊老师热情的鼓励和关心。

一本小书，可谓凝聚了太多的岁月沧桑，也集聚了太多的温暖和感动，有书的日子是清淡的也是美好的，我会继续这样的生活，付出的同时得到我所追求、向往的一切。

图书让我们简单，图书也能够让我们相遇。

在某一天，某个时刻，某一句话……

刘政屏

2024 年 11 月